ちくま学芸文庫

天丼 かつ丼 牛丼 うな丼 親子丼

日本五大どんぶりの誕生

飯野亮一

筑摩書房

はじめに

どんぶり物の誕生は、日本の食文化史における一つの革命であった。こんなことを言うと、「そんな大げさな。ごはんの上におかずをのせればどんぶり物の出来上がりじゃないか」という反応がすぐに返ってきそうだ。しかし、日本人にとって、ご飯の上におかずをのせるという行為は、まちがいなく「革命」だったのだ。江戸の町には白米が出回っていた。だから、一膳飯、茶漬飯、菜飯などのさまざまなご飯ものを食べさせる店が生まれていた。だけれども、どんぶり物を食べさせる店はなかった。

天丼や親子丼は、言うまでもないが、それぞれご飯に天ぷらをのせたもの、親子とじをのせたもの。江戸時代には、蕎麦に天ぷらをのせた天ぷら蕎麦、親子とじをのせた親子とじ蕎麦が生まれていたものの、それをご飯にのせるという発想をわれわれの祖先は持たなかったのだ。

そうしたなかで、ご飯の上におかずをのせるという革命は、今からおよそ二〇〇年前の文化年間（一八〇四〜一八）に起こった。鰻丼が発明され、売りだされたのだ。この新しい食べ物は、発売されるや否や、すぐに江戸っ子の心と胃袋をつかんだ。そして、鰻丼人気に支えられて、天丼、親子丼、牛丼、かつ丼といった日本人に人気のあるどんぶり物が誕生してくる。ただし、それは明治以降のこと。いかに、ご飯の上におかずをのせるという行為が、われわれにとってハードルの高いことだったかがわかるだろう。

どんぶり物には、ご飯とおかずを別々に食べるのとはまた違う魅力がある。丼の蓋を取った瞬間、食欲をそそる匂いが立ち昇り、心のときめきをもたらす。どんぶり物にはおかず、ご飯、つゆが一体となってつくり出す味のハーモニーが演出されている。この魅力に魅せられて、どんぶり物について書いてみたいと考えて取り組んできた。ひとくちにどんぶり物といっても数多くあるが、本書では歴史があり、人気の高い鰻丼、天丼、親子丼、牛丼、かつ丼に注目して、史料に基づき、これらが誕生し、人気食になっていった過程を描き出してみた。

多くの史料にあたることで、これまで明らかにされていなかった、鰻丼が生まれた時期やその背景、天丼よりも天茶が先行した事実、鶏肉と鶏卵を食べるようになってもなかなか親子丼が生まれなかった理由、牛丼ブームが起きたある事情、かつ丼が生まれてくるまでの過程、等々を突き止めることができた。

このほかにもいろいろと発見があったが、それはお読みいただくとしよう。本書では、挿絵を多用して、これらのどんぶり物が誕生し発展していく過程を視覚的にもとらえていただけるよう心掛けた。その場に居合わせた気分でどんぶり物の物語を楽しんでいただければと願っている。

なお、引用した文や句については、適宜、句読点を付し、漢字には読み仮名、送り仮名をほどこし、漢字を仮名に、片仮名を平仮名に書き改めたりした。仮名遣いについては、いわゆる歴史的仮名遣いと異なる場合もあるが、引用元の表記に従った。また、引用に際しては省略・意訳・現代語訳したものもあり、引用文中には〔 〕内に筆者の注を付した。雑俳・川柳の下には出典を示したが、頻出する『誹《はい》風柳多留《ふうやなぎだる》』の句については「柳」と略記している。

目次

第二章 天丼の誕生 091

第四章　牛丼の誕生　192

第五章　かつ丼の誕生　258

紙切り　林家二楽

天丼　かつ丼　牛丼　うな丼　親子丼——日本五大どんぶりの誕生

序章　どんぶり物が生まれるまで

一　白米を常食していた江戸市民

ご飯の上におかずがのったどんぶり物は江戸で生まれて発展した。その要因のひとつに江戸にはうまいご飯が炊ける白米が出回っていたことがあげられる。

江戸時代、幕府や大名などの領主経済は農民から徴収した年貢米をおもな財源にして成り立っていたので、年貢米の多くは換金のために都市に流入した。なかでも大都市の江戸には幕府米、藩米、商人米などが大量に廻送されてきて、米問屋や米仲買人らの手を経て、舂米屋《つきごめや》の手に渡っていた。舂米屋は入手した玄米を精米して江戸市民に販売していたが、その数は延享元年（一七四四）には二〇四四軒に達していた（『享保撰要類集』九）。当時の江戸の人口は一〇〇万人くらいと推定されて

図1　江戸の舂米屋。米舂き男が踏臼を踏んで精米している。『虚言弥次郎傾城誠』（安永8年）

いるので、五〇〇人に一軒ほどの割合で舂米屋が存在していたことになる。今の東京の町を歩くと至るところでコンビニを目にするが、それでも一九〇〇人に一軒ほどの割合に過ぎない。人口比でみると、江戸の町には、今のコンビニより多い割合で舂米屋が存在していた。

江戸の舂米屋は、

〇「泊り木にならんだやうなつき米や」（川柳評万句合　明和二年・一七六五）

と詠われているように、米舂き男が店内に並び、踏臼（唐臼）を踏んで米を舂いていた（『虚言弥次郎《うそつきやじろう》傾城誠《けいせいのまこと》』安永八年・一七七九、図

図2　大道での米舂。四月の風景として描かれている。『四時交加』（寛政10年）

1)。

舂米屋のほかにも、「米舂」「舂屋」「舂人足」などと呼ばれる大道で米舂きをする人が街を巡っていた。その姿は『四時交加《しきのゆきかい》』（寛政十年・一七九八）に描かれているが（図2）、天保十五年（一八四四）には「舂人足」が一一一七人もいたことが記録されている（『諸色調類《しょしきしらべるい》集《しゅう》』）。

○「杵おんぶ臼をば舂屋あんよさせ」（柳一六五　天保九～十一年）

と詠われているように、彼らは杵を担ぎ、臼を転がしながら往来を巡り、求めに応じて玄米を賃舂きしていた。

二 ご飯もの屋の繁昌

白米が出回っていた江戸の町には、ご飯ものを食べさせる店が多数生まれていた。今から二〇〇年ほど前の文化二年（一八〇五）に『茶漬原御膳合戦《ちゃづけがはらごぜんかっせん》』と題する合戦物語（絵入り小説）が出版された。室町時代中頃から流行していた、人間以外のものを擬人化して二つのグループに分け、そのグループが対立して合戦に及ぶ、といった異類合戦物語の手法をとったもので、これまで繁昌していた一膳見世（店）が、茶漬見世の進出によって営業を脅かされるようになったため、仲間を募って一膳飯グループ軍を編成し、茶漬見世グループに合戦を仕掛けるというストーリーになっている。

一膳飯グループ軍は、「一膳飯をえもん山盛」を総大将にして、麦飯とろろ、強飯、粟餅、豊年団子、風鈴二八そば、辻見世・屋台見世など、当時繁昌していた食べ物屋を味方に加えて合戦に臨んでいる。対する茶漬飯グループ軍は、「ふく山茶漬」を総大将にして、あやめ、げんじ、春日野、めばへ、山吹、武蔵野、ふじむめ、

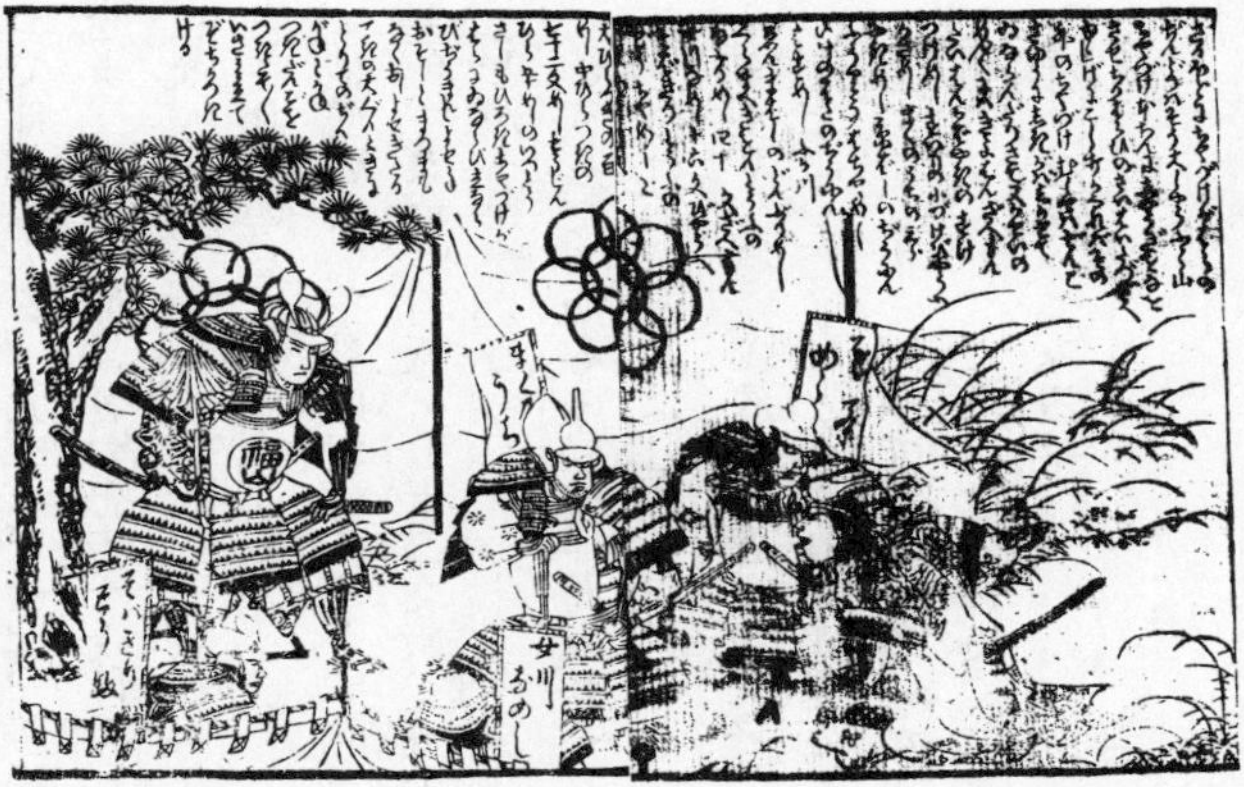

図3　茶漬飯グループの軍陣。総大将福山茶漬をはじめ、幕の内、女川菜飯、葉茶飯などが勢ぞろいしている。『茶漬原御膳合戦』（文化2年）

あさひ、五しき、蓬萊、かよいぢ、ふたば、あげだしといった茶漬飯屋をはじめ、鯛飯、蒲焼付けめし、幕の内の焼飯、風流葉茶飯、蓮飯、祇園豆腐の菜ぶり飯、女川菜飯、豆腐茶飯、大平付き百飯、中平付き七十二文飯、精進平五十飯などのご飯もの店を味方につけて応戦体制をととのえている（図3）。両軍はついに茶漬が原で合戦に及ぶが、決着がつかないでいるところへ「俵ひやう太げんまい一族」が両陣営の間に突っ立って、「もとは皆同生《どうしやう》の米ならずや。その同生の米と米、敵となり味方となり、益なき共食いの戦いせんより、そうそう和睦あるべし」といって仲裁に入る。元をただせば、所詮は米と米との争い、無益な戦いはやめて和睦せよ、という仲裁者の忠告を受け入れ、両陣営は和睦の盃を交わす、といった結末になっている。白米同士の合戦に「げんまい一族」が仲裁に入るといった趣向も凝らされている。

他愛のない茶番劇ではあるが、江戸の町には一膳飯、強飯、茶漬飯、鯛飯、茶飯、蓮飯、菜飯、百飯、七十二文飯、五十飯といったご飯ものを食べさせる店があったことがうかがえる。

こうしたご飯もの屋の仲間入りをしてきたのがうなぎ屋で、うなぎ屋は蒲焼にご飯を付けることをはじめるが、さらに鰻丼を売り出すことによってどんぶり物という新しいジャンルを生み出した。そして鰻丼が生まれると天丼・親子丼・牛丼・かつ丼といった順にどんぶり物が誕生してくる。

どんぶり物といっても数が多いが、ここでは特に人気のあるこの五種類のどんぶり物について、これが生まれてくるまでの歴史的過程を辿り、人気食になっていった様子を探ってみる。

第一章　鰻丼の誕生

一　鰻丼の誕生前夜

(一) 酒の肴として食べられていた蒲焼

ウナギは裂いて焼くからこそ美味い。元禄時代(一六八八〜一七〇四)には江戸の町にうなぎ屋があって、ヌルヌルしてつかみにくいウナギを裂いて焼く技術を身に付けて蒲焼を売っていたが、宝暦年間(一七五一〜六四)になると、うなぎ屋は、「江戸前大蒲焼」を看板にして蒲焼を売ることを始めた。もともと江戸前とは、享保十八年(一七三三)ころから、江戸城前面の海や川でとれる美味な魚を指すことばとして使われ出したことばだが、うなぎ屋はウナギを江戸前ブランドにし、名物に仕立て上げた。そして、安永年間(一七七二〜八一)になると、江戸前以外のウ

図4　「江戸前　大かばやき」の看板を店前に立てているうなぎ屋。入口で蒲焼を焼き、その奥でウナギが泳いでいる。『絵本江戸大じまん』（安永8年）

ナギは旅ウナギとして差別化することをはじめた。今ではすし屋が「江戸前」を看板にしているが、江戸時代にはうなぎ屋が江戸前ウナギのブランド力を利用して業績を伸ばしていった。

また、うなぎ屋は営業方法にも工夫を凝らし、生け簀に生きたウナギを飼い、入口で蒲焼を焼いてデモンストレーションし、匂いで客を惹きつけていた。『絵本江戸大じまん』（安永八年・一七七九）には、店の前に「江戸前　大かばやき」の大看板を立てたうなぎ屋が描かれているが、入口で団扇を使って蒲焼が焼かれ、奥の生簀にはウナギが泳いでいる（**図4**）。

○「江戸前の風は団扇でた丶き出し」（柳七二　文政三年）

で、通りがかった親子づれが店の中を覗いている。

うなぎ屋のこうした企業戦略によって、蒲焼は江戸っ子の人気食になっていったが、うなぎ屋を訪れる客層は限られていた。蒲焼は酒の肴として食べられていたからだ。

（二）付け飯を始めたうなぎ屋

うなぎ屋がさらに業績を伸ばしていくには、客層を拡大させる必要があった。そこでご飯をメニューに加えれば、酒を飲まない人や女性を客層に取り込むことができると考え、うなぎ屋は看板や障子に「付けめしあり」と書いて、ご飯を提供することをはじめた。

その早い例が『女嫌変豆男《おんなぎらいへんなまめおとこ》』(安永六年・一七七七)に描かれたうなぎ屋で、「江戸前　大蒲焼　つけめしあり」と書いた行灯看板が店の前に立てられている(図5)。この頃には付けめしが始まっていることがわかるが、この五年後に出版された『七福神大通伝』(天明二年・一七八二)には、うなぎ屋が「付けめし」を始めたいきさつが載っている。

「今、煮売屋や居酒屋などがたくさん出来ているが、これは酒飲みが多いからだ。江戸前大蒲焼の名店もたくさん出来ていて、居酒屋と違って入りやすいので、顔を真赤にして出て来る人が多くいる。しかし、いくら鰻好きでも、下戸《げこ》(酒が飲めない人)は入りにくく、土産にするにも衣類に匂いが移るのを嫌って、店先を通り過ぎてしまっている。これを悲しんだ大通天が、米俵を江戸中の鰻屋に授けた。鰻屋はこの米で付けめしということをはじめ、上戸《じょうご》も下戸もありたけの銭を鰻の匂いに使うことになった」

図5　「つけめしあり」と看板に書いてあるうなぎ屋。『女嫌変豆男』（安永6年）

図6　「付めし　大蒲焼」の看板を掛けたうなぎ屋。店の前を通りがかるさまざまな人が描かれている。『七福神大通伝』（天明2年）

ここに描かれたうなぎ屋の格子には「付めし　大蒲焼」と書かれた行灯看板が掛けられ、店の前にいる女性や女性と子供を交えた五人連れが、店内に視線を向けている（図6）。

七福神の大黒天は米俵を踏まえているので、その大黒天をもじった大《だい》通天《つうてん》が米俵をうなぎ屋に授けた結果、うなぎ屋が付けめしを始めるようになったとするこじつけ話ではあるが、付めしをすることによって、これまでの酒客ばかりでなく、酒を飲めない人や女性が客としてうなぎ屋を訪れるようになっている様子がうかがえる。

ご飯を出すことを知らせる「付めしあり」は、的を射たキャッチコピーで、これを看板に書く店が増えていった。なかには、

○「附け飯のしの字うなぎのやうに書き」(柳八三　文政八年)

と、看板の「附めし」の「し」の字を鰻のように書く工夫を凝らした店も現われている(『千里一刎勇天辺《せんりひとはねいさみのてつぺん》』寛政八年、図7)。

序章で述べたように江戸には白米が出回っていた。蒲焼は酒にも合うが白米のご飯ともよくマッチする。付けめしによって、うなぎ屋は新たな客層を獲得し、その数は増えていった。文化八年(一八一一)の町年寄《まちどしより》による調査によると、「蒲焼屋」の数は二三七軒を数えるに至っている(『類集撰要』四四)。

二　鰻飯の誕生

(一)大久保今助と鰻飯

やがてうなぎ屋は付けめしにしていたご飯を蒲焼と一緒に盛り合わせて出すことをはじめた。鰻飯の誕生である。

鰻飯の始まりについては、宮川政運《まさやす》の『俗事百工起《ぞくじひやっこうき》原《げん》』「うなぎ飯の始並に蒲焼

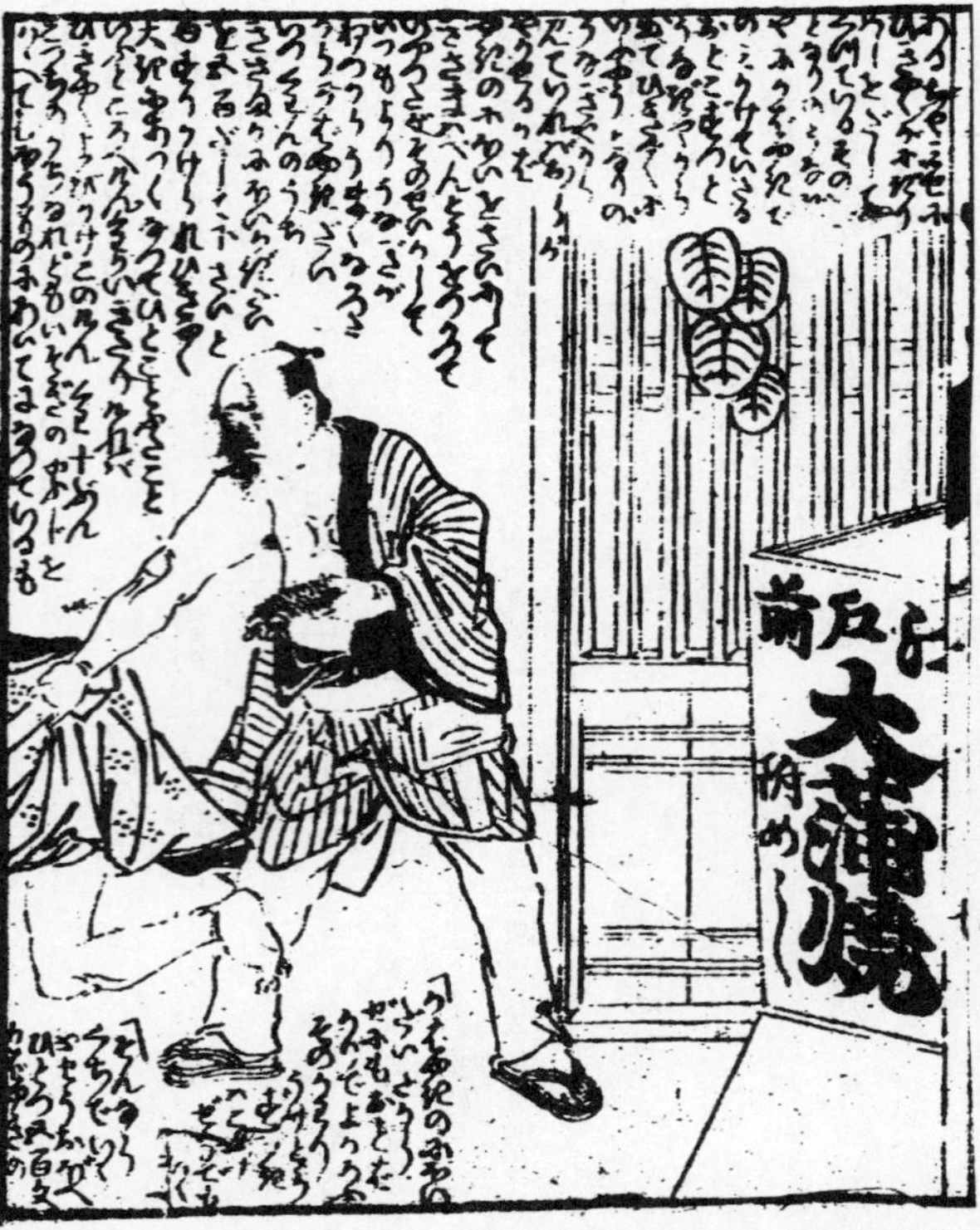

図７　「附めし」の「し」の字をウナギのように書いているうなぎ屋。
『千里一刎勇天辺』（寛政８年）

の事」（慶応元年・一八六五）にそのいきさつが載っている。

「うなぎ飯の始は文化年中、堺町芝居金主大久保今助より始る。此の今助は、昔は至て軽き者の方に勤めしが、（略）何事にも気転抜群の者故、段々都合宜敷、終《つい》に芝居の金主と迄になれども、（略）少しも奢る心なく日々自身芝居に出る。此《この》今助常に鰻を好み、飯毎に用ふれども百文より余分に用ひしことなしと。いつも芝居へ取寄用ひし故、焼ざましに成しをいとひて、今助の工夫にて、大きなる丼に飯とうなぎを一処に入交ぜ、蓋をなして飪にて〔熱いままで〕用ひしが、至て風味よろしきとて、皆人同じく用ひしが始なりと云ふ。今は何れの鰻屋にても丼うなぎ飯の看板のなき店はなしと云ふ。右故うなぎめしは百文に限りし処、当時〔現在〕は二百文より三百文となりしと或人予に語りぬ」

文化年間（一八〇四～一八一八）に、堺町芝居小屋（中村座）の金主《きんしゅ》（スポンサー）をしていた鰻好きの大久保今助が、焼きざましにならないように丼の飯の間に蒲焼を挟ませて芝居小屋に届けさせていたのが鰻飯の始まりで、とても風味がよいのでみんなが真似するようになった。今ではどのうなぎ屋でも鰻飯を出している、とある。

（二）大久保今助とは

大久保今助は、水戸藩領の出身で、『三百藩家臣人名事典』「常陸国水戸藩」（昭和六十三年）によると、

「大久保今助　宝暦七年～天保五年（一七五七～一八三四）水戸藩郷士。八代藩主徳川斉脩《なりのぶ》の時に取り立てられた。父は久慈郡亀作村の農民文蔵。早くから江戸に出て商売をはじめ、富豪となり、水戸藩の勝手方に出入りして功績を認められ、文化十四年に五人扶持を給せられた。以後水戸藩への多額の献金により、〈略〉累進し、今助を伊痲祐秀房と改名した。さらに重臣と結びついて政商として活躍、〈略〉同〔文政〕十一年御城付格と昇進」

とある。

今助は常陸国久慈郡亀作村の農民の子として生まれたが、早くから江戸に出て商売をはじめ、富豪となって文化十四年（一八一七）には水戸藩士に取り立てられ、以後めざましい昇進を遂げて、文政十一年（一八二八）には「御城付格」にまで昇

進している。「御城付」とは、家老、若年寄、御側御用人、御用人に次ぐ水戸家の要職にあたる。

今助が水戸藩に召し抱えられる前の様子については、今助と同時代に生きた加藤曳尾《えいび》庵《あん》（宝暦十三年〜天保四年頃）の「今助が伝」に詳しい。

「今助は常州水戸領辺《へ》垂《だれ》村といふ所の産也。幼少より我儘ものにして、一七、八歳の比《ころ》江戸に至り、所々に仲間《ちゆうげ》（中間）ン奉公する事八、九年。廿六、七の比《ころ》、水野出羽侯の出頭人《しゆつとうにん》（家老）土方縫殿《ぬいの》助《すけ》草履取と成る。夫《それ》より勘三郎芝居（中村座）の火縄売となり、段々登庸《とうよう》（出世）するに随ひ倹約を専らにして多く金銀を貯え、或は権貴《ごんき》の人（権力者）にも便りて莫大の金銀を融通し、芝居の金主と成り是を渡世とする事凡二十年余り。黄金の盛んなるに随ひ、人多く尊敬す。小児といえども今助が名を知らざるはなし」（『我衣』巻十九　文政八年）

今助は水戸藩領の辺垂村に生まれ（『三百藩家臣人名事典』では亀作村）、十七歳（安永二年・一七七三）のころ江戸へ出て中間奉公し、二十六歳（天明二年・一七八二）のころ老中水野忠成の家老土方縫殿助の草履取になる。その後中村座の火縄売

（見物人のタバコの火種売り）をしながら倹約をして金銀を貯え、金融業を営んで財をなし、芝居の金主になったという。

（三）大久保今助は中村座の救世主

今助が堺町中村座の金主となった時期については、歌舞伎役者・三代目中村仲蔵（文化六年〜明治十九年）の自叙伝『手前味噌』（昭和四十四年）に収められている「中村歌右衛門伝」に詳しく載っている。今助は資金難に苦しんでいた中村座に対し、文化四年（一八〇七）に三代目歌右衛門が大坂から江戸へ下るときの資金を提供し、中村座での興行を実現させたところ、

「初日を出せしところ、〈略〉歌右衛門が芸道江戸の人気にかなひ、割れる程の大入りにて、この歌右衛門を見ぬ人は、恥のやうなり。日数多く興行して、大蔵《おほくら》入りなれば、一旦萎《しぼ》みかゝりし中村座はもちろん、茶屋・出方《でかた》（客の案内や雑用をした人）とも芽を吹返し、今助と歌右衛門を神の如く敬ひしとぞ。

また今助は、八十両の元手にて、これも千両からの利潤《まうけ》を得しかば、その次の興行よりは、一手持《いってもち》の金主となり、わづかな内に巨万の富をなし、後には、地

面・家作をも多く所持し、出入屋敷《でいりやしき》へ御用金を差出して、大久保といふ苗字を名乗り、侍分《さむらひぶん》となり、水戸家御家来分にて、ときめき渡りしは、皆人の知るところなり」

とあって、今助は芝居興行のスポンサーとして大成功をおさめている（図8）。その後、今助は巨万の富を得て水戸家に仕官し、大久保の姓を名乗っている。

歌右衛門が江戸に下った時期については、ほかの史料と少し食い違いがみられる。『三升屋二三治劇場書留』（天保末頃）には「文化五年に中村歌右衛門始て下る」とあり、石塚豊介子編の『街談文々集要《がいだんぶんぶんしゆうよう》』（万延元年）も「文化五戊辰三月廿三日より、中村座江、三代目中村歌右衛門初下り」と、文化五年のこととしている。

また、今助が芝居の興行主として活躍していた時期についても、『三百藩家臣人名事典』が文化十四年に水戸家に仕官、としているのに対し、加藤曳尾庵の「今助が伝」には「芝居の金主と成り是を渡世とする事凡二十年余り」とある。今助は文化五年（一八〇八）ころには金主になっているので、これだと水戸藩に仕官したのは文政十一年（一八二八）ころのことになる。

このように史料による食い違いはみられるが、今助は文化五年ころから約十年間

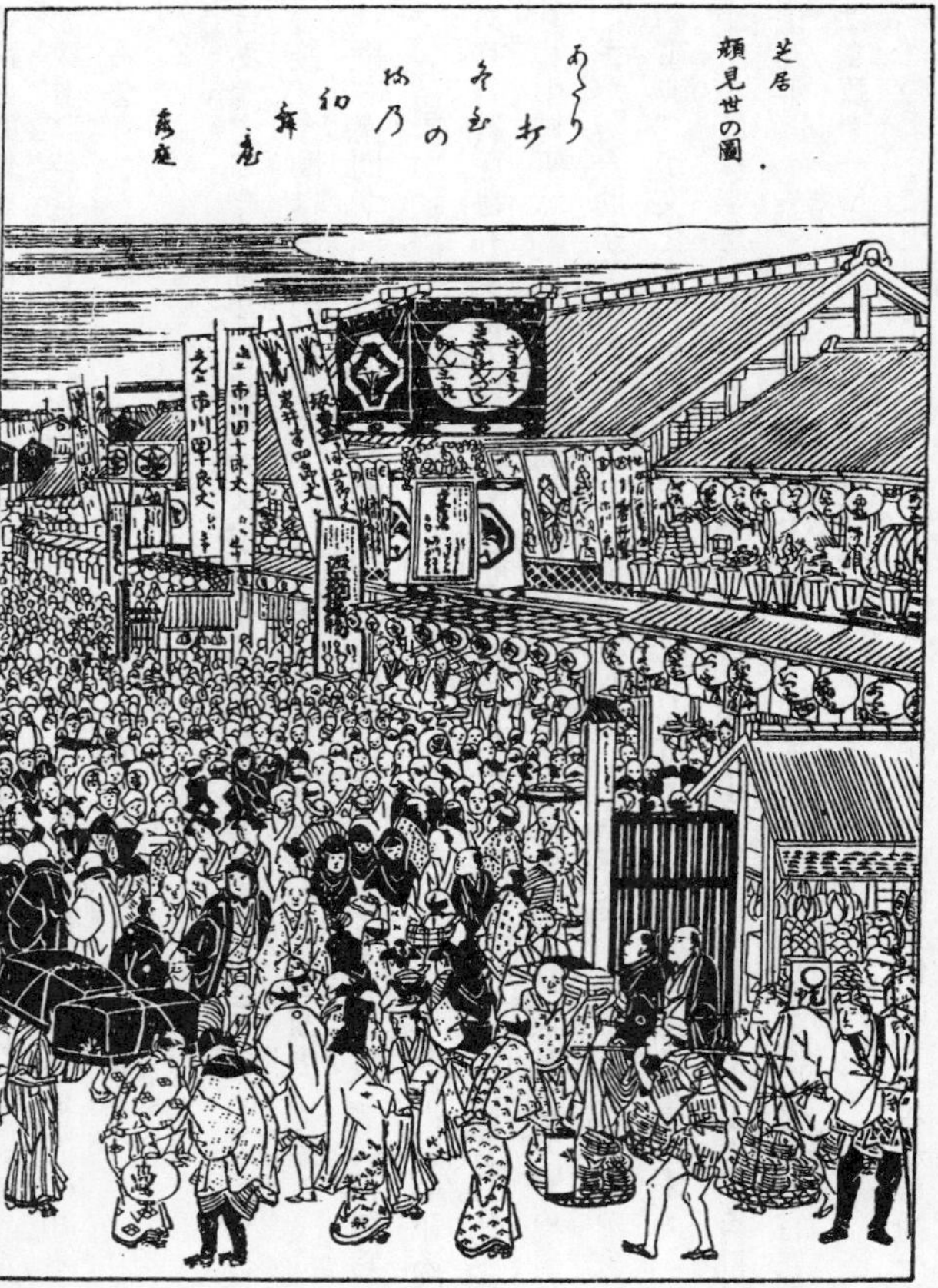

図8　堺町の中村座。屋根上の櫓には「かん三郎」（中村座の座元）と書かれている。『東都歳時記』（天保９年）

(文化年間)は堺町中村座の金主として活躍していた、とみなすことができよう。そしてこの時期に鰻飯が売り出されている。

(四)文化年間に売り出された鰻飯

青葱堂冬圃《せいそうどうとうほ》の『真佐喜のかつら』には、鰻飯を売り出した人物の話が載っている。

「市中に鱣《うなぎ》めしといふ事始しは、四谷伝馬町三河屋某之家に勤たる男、暇とりて後、ふきや町のうら家にて売始しは、予が幼年の頃にて、次第に繁盛しけり。めづらしと評判しける故、人と倶《とも》に行見るに、丼の飯へ鱣《うなぎ》の蒲やきをさし挟みたる也。わずか価六十四孔〔文〕、この見世大に流行《はやり》ける故、皆ならいてする事にはなりけれど、価も年をへて貴《たか》くなりぬ」

『真佐喜のかつら』の成立年は不詳だが、序文や文中の記述によると、著者は江戸深川の商家に文化元年(一八〇四)に生まれている。その後父とともに四谷に移り住み、天保(一八三〇~四四)のはじめころに一時江戸を離れたが、弘化(一八四四~四八)のはじめには江戸にもどってきている。したがって鰻飯が売り出されたとする「予が幼年の頃」とは、文化年間（一八〇四～一八）のことで、その頃深川か四谷に住んでいた著者は実際にその様子を確かめに行っている。

鰻飯が売り出されたのは今助が芝居の金主をしていた時期になる。そして、売られた鰻飯は蒲焼きの中入れ（今助スタイル）である。また、その場所の葺屋町（中央区日本橋堀留町一丁目・人形町三丁目）は、今助が蒲焼を届けさせていた中村座のある堺町に隣り合っていた。葺屋町には市村座があって、この二つの町は中村座と市村座を中心に、人形浄瑠璃や見世物の小屋、料理屋、各種の茶屋などが立ち並び、江戸最大の歓楽街をなし、ひとまとめにして二丁町《にちょうまち》と呼ばれていた（図9）。

鰻飯は、今助のアイディアをヒントにして文化年間に堺町で売り出された、とみなすことができよう。

『真佐喜のかつら』に「この見世大に流行《はやり》ける故、皆ならいてする事に」なったとあるように、この新商売は大当たりし、鰻飯を売る店が増えていった。人情本の『風俗粋好伝』（文政八年・一八二五）には、若い夫婦が、鰻飯の店をはじめた話が載っていて、「大磯の聖天町へ、花街通ひのお客を見込みに、鰻飯の見世を出しましたは、丁度七年跡〔前〕の事で御座ります」と女房が語っている。江戸の文学や歌舞伎の作品では、江戸の地名を憚って、鎌倉や大磯の地名を代用することがよくみられる。この場合は、大磯には廓があったので、吉原の代りに使われている。夫婦が鰻飯の店を出したのは吉原近くの浅草聖天町に想定できる。物語上の世界ではあるが、文政年間（一八一八～三〇）の初め頃には、葺屋町以外にも鰻飯を売る店が生まれているのがうかがえる。鰻飯を売る店は増えたとみえ、文政十二年には

○「鰻めし菩薩の中に虚空蔵《こくうぞう》」（柳一一〇）

といった句が詠まれている。菩薩は米（飯）を、虚空蔵はウナギを表わしているので（ウナギは虚空蔵菩薩の使わしめと考えられていた）、鰻飯は飯の間に蒲焼が中入れにされている。そして、

○「一ト筋にどんぶりはまる鰻飯」（柳一二三別篇　天保三年）

とあって、鰻飯は丼に盛られていた。

（五）今助以前に存在した鰻飯

今助のアイディアに基づいて、文化年中に鰻飯が売り出されたが、今助以前に同じような工夫をしている人はいた。尾張藩士の石井八郎が江戸勤番中にしたためた『損者三友』（寛政十年・一七九八）には、相撲好きな荻江節（長唄の一派）の演者荻江東十郎が、飯の間に蒲焼を入れた重箱を持参して相撲見物に行っている話が載っ

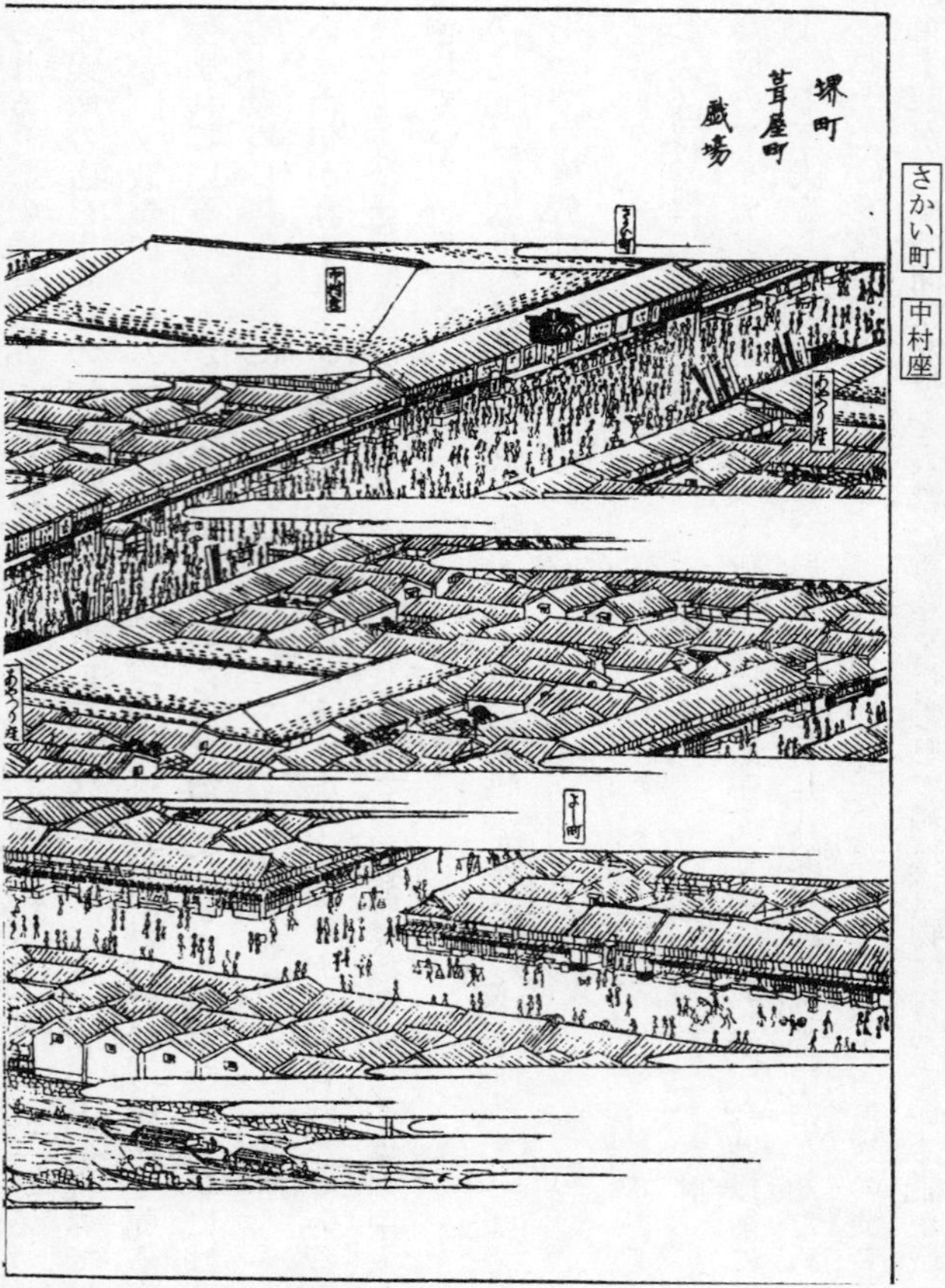

いる。『江戸名所図会』（天保5～7年）

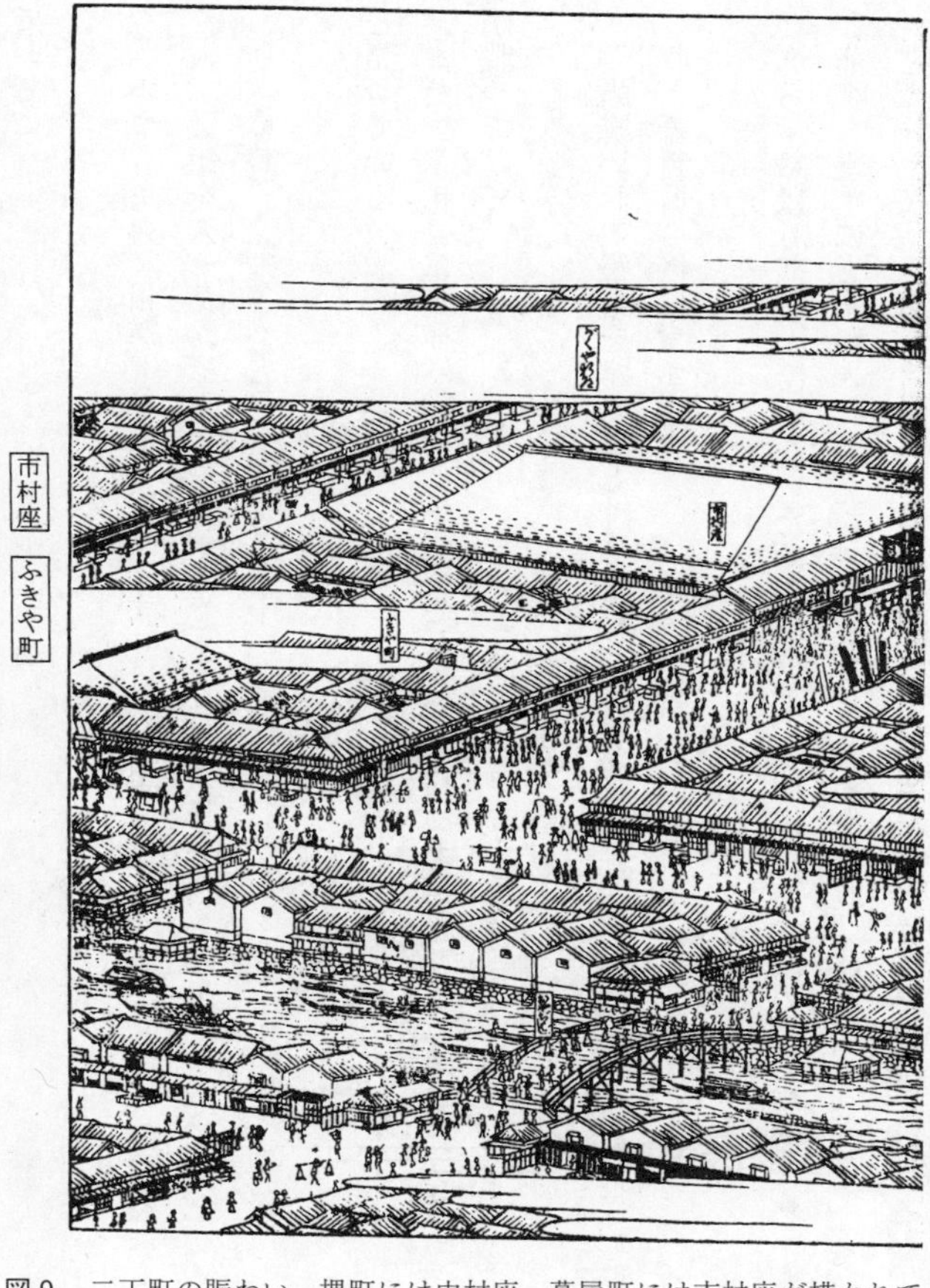

図 9　二丁町の賑わい。堺町には中村座、葺屋町には市村座が描かれて

ていて、

「いつも角力〔相撲〕を見に参ります時は、小重へ飯をつめ、其間《そのあいだ》へかばやきを入、又飯を入、又かばやきを入、めしを入れて蓋をぐつとつよくして、大どつくり〔徳利〕へ茶を入て持て参りまする」

と語っている。

また、享和二年（一八〇二）に出版された料理書『名飯部類』にも鰻飯の作り方が載っていて、

「鰻鱺《うなぎ》めし　鰻鱺を常のごとく蒲焼《かばやき》にし、家常飯《できあいめし》の熱《あつ》きと鰻鱺と層重《だんだん》に注子《めしつぎ》に貯《うつし》収《いれ》、蓋《ふた》封置《しおき》、後に食ふ」

とある。やはり蒲焼が冷めないための工夫で、「後に食ふ」ために、飯櫃に熱い飯と蒲焼を幾重にも重ね入れて、蓋をしておく方法が示されている。

したがって、大久保今助は鰻飯が売り出されるきっかけを作った人ではあるが、

鰻飯を最初に工夫した人、とはいえないことになる。このあたりが「元祖」説のむずかしいところだ。

（六）鰻飯の元祖を名乗る店

図10　「ふきや町がし　うなぎめし」の店。「新版御府内流行名物案内双六」（嘉永年間）

歌川芳艶画の「新版御府内流行名物案内双六」（嘉永年間）には「ふきや町がし　うなぎめし」とあって、丼に盛られた鰻飯が描かれている（**図10**）。所在地からみてこの店が鰻飯の元祖店のようで、幕末から明治初期にかけての江戸の様子を記した鹿島萬兵衛の『江戸の夕栄』（大正十一年）には「鰻丼《どんぶり》の元祖は葺屋町《ふきやちやう》の大野屋（大鉄）です」とある。この店は大野屋といったようだ。大野屋自身も元祖を名乗っていて、『東京《とうきよう》買《かい》物《もの》独《ひとり》案《あん》内《ない》』（明治二十三年）には「元祖鱣飯　日本橋区ふきや町　大野屋鉄五郎」の広告が載って

図11　元祖鰻飯を名乗っている「大野屋」。『東京買物独案内』（明治23年）

いる（図11）。

大野屋が鰻飯の元祖店と思えるが、問題なのはこの店が鰻飯を売り出した時期で、『東京名物志』（明治三十四年）には「大野屋　日本橋区葺屋町　天保七年、此家の主人始めて鰻丼を工夫して売出したるが、世人の嗜好に合ひ、鰻丼と共に名声を博せり」とあり、『月刊食道楽』第七号（明治三十八年十一月号）にも「鰻丼は、天保七申の歳、江戸葺屋町（日本橋区）の大野屋が始めたり」とあって、どちらも天保七年（一八三六）に売り出したとしている。だが、このころには、すでに鰻飯が売り出されているので、時期が合わないことになる。

大野屋元祖説には問題があるが、定説のようになっていて、大正六年四月二十七

日の「東京朝日新聞」は、

「江戸人の代表的な食物は初鰹と蒲焼ではあるまいか。一は気で食ひ、他は味で食ふ。所謂江戸前の蒲焼は、霊巌島の大黒屋、島原の竹葉、鰻丼の元祖である葺屋町の大野屋などを宗《そう》（おおもと）とする」

と報じている。事実を確かめたいが、大野屋はすでに暖簾を下ろしてしまっている。深川「宮川」の店主をしていた宮川曼魚《まんぎょ》は『深川のうなぎ』（昭和二十八年）のなかで、「この大野屋といふ見世は、つひ先年まで葺屋町にありまして、路地の入口に「元祖うなぎめし」と書いた行燈が出てをりました」と、在りし日の大野屋を偲んでいる。

大野屋は『東京買物独案内』（明治二十三年）で元祖を名乗り、戦後間もない頃まで「元祖うなぎめし」を看板にして営業していた。こうしたことが大野屋元祖説を生んだ一因なのだろう。

三　鰻飯を人気食にしたアイディア商法

（一）『守貞謾稿』にみる鰻飯

天保八年（一八三七）から嘉永六年（一八五三）にかけての江戸の風俗を記録した『守貞謾稿《もりさだまんこう》』（嘉永六年・一八五三〈慶応三年・一八六七まで追記あり〉）には「鰻飯」の詳しい説明が載っていて、

「鰻飯　京坂にて「まぶし」、江戸にて「どんぶり」と云ふ。鰻丼飯の略なり。京坂にては、生洲等にてこれを兼ね売る。江戸にては、右の名ある鰻屋にはこれを売らず。中戸以下の鰻屋にてこれを兼ね、あるひはこれを専《もっぱ》らにす。江戸鰻飯百文と百四十八文、二百文。図のごとく蕣《あさがお》形の丼鉢に盛る。鉢底に熱飯を少しをいれ、その上に小鰻首を去り長《た》け三、四寸の物を焼きたるを五、六つ並べ、また、熱飯をいれ、その表にまた右の小鰻を六、七置くなり。〈略〉必らず引裂箸《ひきさきばし》を添ふるなり。この箸、文政以来比《ころ》より、三都ともに始め用ふ。杉の角箸半《なかば》を割りたり。食するに臨んで裂き分けて、これを用ふ。これ再用せず。浄《きよ》きを証すなり」（「巻之五・生業」）

とある（図12）。ここにはうなぎ屋が鰻飯を江戸っ子の人気食に仕立て上げていったアイディア商法がいくつか示されている。以下それについて述べてみよう。

図12　鰻飯の絵。鰻飯の丼が二つ描かれているが、左側の蓋つきの丼の上には割箸が乗り、右側の丼には小ウナギの蒲焼が乗っている。『守貞謾稿』（嘉永６年）

(二) 主食と一品料理を盛り合わせた鰻飯

まず初めに、鰻飯は「丼鉢に盛る」とあることに注目したい。どんぶりという食器の名は、元禄時代にみられるようになる。当時の男性の日常生活に必要な情報を集めた『男重宝記《なんちょうほうき》』（元禄六年）の「料理《りやうり》に用《もちゆ》る諸道具字尽《しょどうぐじつくし》」には「丼《どんぶり》」の名が挙げられている。

丼は料理を盛る食器として使われ出したが、やがて一膳飯屋が現われ、ご飯をどんぶりに盛って出すようになり、文化年間（一八〇四〜一八）には、江戸の町に多くの一膳飯屋が生まれていた（図13）。

こうした一膳飯の丼に蒲焼という一品料理を盛り合わせて売り出したのが鰻飯だ。このころの江戸の町には一膳飯屋のほかに茶漬屋、奈良茶飯屋、菜飯屋、百飯屋などのご飯ものを売る店があったが（序章参照）、ご飯と一品料理を盛り合わせたものを売る店はなかった。鰻飯は、主食のご飯とおかずをひとつの丼の中に盛り合わせた画期的なアイディアメニューだった。『守貞謾稿』に「鰻飯」を「江戸にて「どんぶり」と云ふ」とあるように、鰻飯は「どんぶり」で通用している。ほかにどんぶり物がなかったからで、鰻飯は「どんぶり物」第一号ということになる。日

図13　雑司ヶ谷の一膳飯屋。「一ぜんめし　御酒肴」とあり、酒も出している。『雑司ヶ谷紀行』（文政４年）

本料理の歴史におけるひとつの革命である。

人情本『春色恋廼染分解《しゅんしょくこいのそめわけ》』四編（文久二年・一八六二）には、遊里での客と遊女のやり取りのなかで、客が遊女に「丼飯《どんぶりめし》でも取《と》つて貰《もら》はうか。夫共唯焼《それともただや》いたのにしようか」というと、遊女は「ア、丼《どんぶり》の方《はう》が、お飯《まんま》へ露《つゆ》が染《し》みてうまいね」と、鰻飯を希望する場面が描かれている。鰻飯が「丼飯」とか「丼」と呼ばれていたことが分かるが、明治四年に出版された仮名垣魯文の『西洋道中膝栗毛』六編には「稲半のしやも鍋か、伊豆熊の鰻飯《どんぶり》にしなせへ」といった台詞がみられる。鰻飯に「どんぶり」のルビが付されていて、明治になっても鰻飯はどんぶりといわれている。

ちなみに、江戸では、鰻飯を丼鉢に盛るから「どんぶり」といったのに対し、京坂では、蒲焼に飯をまぶすから「まぶし」といったようだが、これが変化して、奈良・大阪・京都・岡山では「まむし」と呼ばれるようになっている（『全国方言辞典』昭和二十六年）。東京の根岸で病床生活を送っていた正岡子規は「大坂では鰻の丼を「まむし」といふ由、聞くもいやな名なり。僕が大坂市長になつたら先づ一番に布令を出して「まむし」といふ言葉を禁じてしまう」といっている（『仰臥漫録《ぎょうがまんろく》』明治三十四年九月十六日）。

（三） 割安な小ウナギを活用した鰻飯

次に鰻飯には小ウナギが使われていることに注目したい。鰻飯には頭を取った長さ「三、四寸」（約九センチ～一二センチ）の小鰻が十匹以上も盛り合わされている。ウナギの養殖が行なわれていなかった江戸時代、捕れるウナギは大小まちまちだったが、うなぎ屋は「大蒲焼」の看板を掲げて営業していた。江戸では大きなウナギの商品価値が高く、大串の値段は高く、小串の値段は安かった。うなぎ屋は小ウナギを売るために大小の蒲焼を盛り合わせて売っていたが、大串しか扱わない一流店もあった。こうした状況のなかで、うなぎ屋は鰻飯というメニューを開発することによって、小ウナギの活用法を見出したのだ。

小ウナギを使った鰻飯は蒲焼より割安で、『守貞謾稿』の「鰻蒲焼売り」(「巻之六・生業」)によると、蒲焼の値段は「江戸は陶皿に盛る。大一串、中二、三串、小四、五串を一皿とす。各価二百銭」とあって、一皿二〇〇文していたが、鰻飯は一〇〇文で食べることができ、

図14 「うなぎめし　蒲焼」の看板を吊るしたうなぎ屋。『たねふくべ』十二集(弘化年間)

○「百出すと　ぼさつの
中に　虚《こ》空蔵《くうぞう》」(たねふく
べ十二集　弘化年間)

と詠まれている(図14)。前述のように(三九頁)、菩薩は米、虚空蔵はウナギを表している。

これでも十六文で食べられる蕎麦よりはずいぶん高

いが、蒲焼が江戸の市民にとってより身近な食べ物になった。

小ウナギを鰻飯に使うことはその後も続いていて、大正四年（一九一五）五月二十一日の「都新聞」は、今年のウナギの「相場は大あら（七八十匁から百匁位）までが一貫目六円五十銭内外で、中あら（四五十匁）は五円、丼物（十匁から十五六匁）は二円五十銭位、また夜店や居酒屋などで使ふめそは一貫目一円位である」と報じている。

ウナギの相場は、小さくなるほど一貫目あたりの単価が安く、十匁から十五六匁（約三八〜六〇グラム）の丼物用小ウナギは、七八十匁から百匁位（約二六三〜三七五グラム位）の大あらの三分の一近い値段で、四五十匁（約一五〇〜一八八グラム）の中あらの半値で購入出来ている。夜店や居酒屋向けのさらに小さい「めそ」（メソッコ鰻）は、もっと安い値段が付けられている。

その後、養殖ウナギが普及していくと（後述）、小ウナギを使った鰻飯は姿を消していった。昭和二十九年に出版された『うなぎ』の「鰻に関するアンケート」には、各界の著名人が寄稿しているが、その一人で、あぶらの強い大串より、中串や小串の蒲焼を好んだ日本画家の鏑木清方《かぶらききよかた》（明治十一年〜昭和四十七年）は、

「近来とんと出合はないのが私には淋しい。それは小串の部にはいるのだろうが
メソッコで凡そ二寸ぐらいのすんなりした、とんと脂ッ気のないような、これが
鰻丼の場合まず飯を底の方へかるくよそつて、そのメソッコをならべる、また飯
をその上へよそつて、更に鰻をまた上へならべる、二重に鰻が載つている、この
丼は今でもあつたら子供に悦ばれるだろう」

と、すでにみられなくなった小ウナギの鰻丼を懐かしんでいる。

（四）割箸が添えられた鰻飯

次に鰻飯には「必らず引裂箸を添ふる」とあることに注目したい。

箸を使って食事をすることは中国で始まった。それが日本に伝わり、日本では一三〇〇年前頃から箸を使って食事することが始まったが、割箸は日本の発明品で、江戸の食べ物屋が発展していくなかで使われ出した。

江戸での割箸づくりは、十八世紀の終わり頃には始まっていた。山東京伝作の『金々先生造化夢《きんきんせんせいぞうかのゆめ》』（寛政六年・一七九四）には、「御誂　御はし品々」の看板を掲げて箸作りをしている箸屋が描かれているが、文中に「ひつさきばし」（引裂箸）の

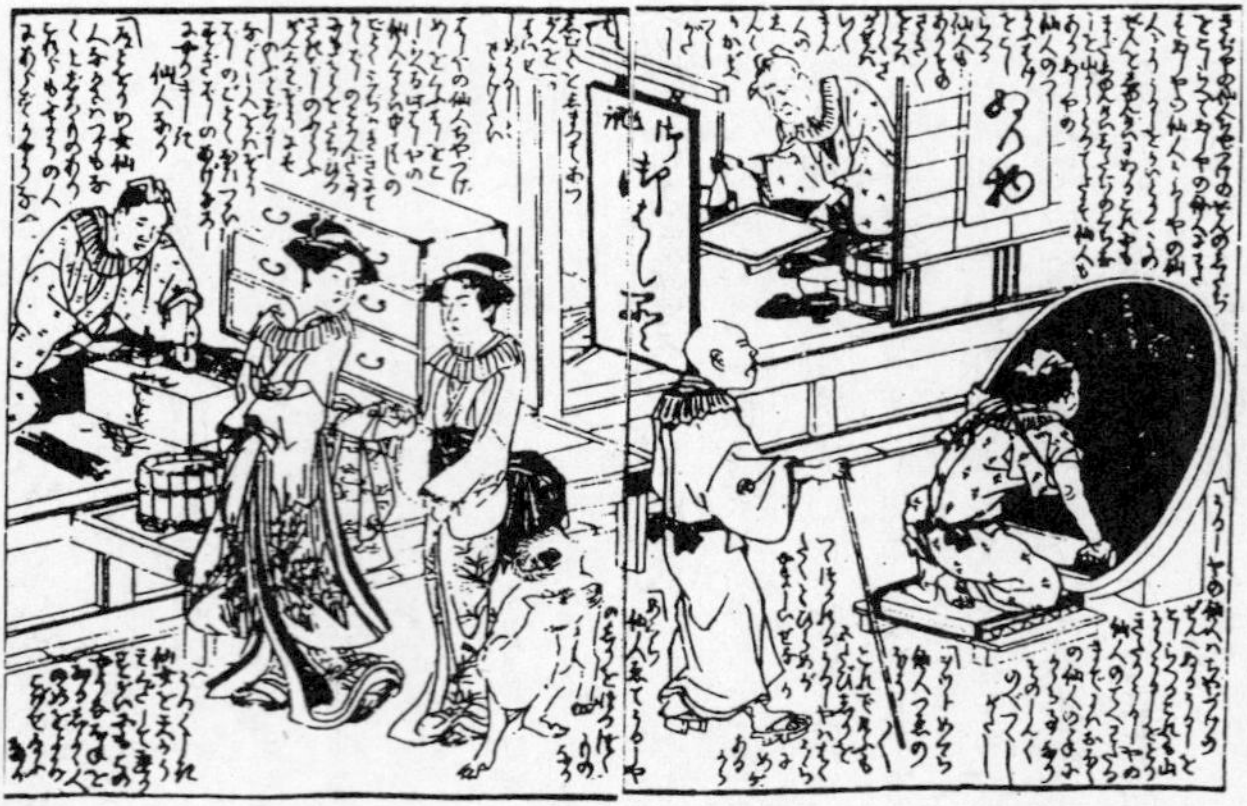

図15　「御誂　御はし品々」と書かれた看板を吊り下げた箸屋。『金々先生造化夢』（寛政６年）

名がみえる（図15）。また、同じ京伝作の『忠臣蔵即席料理』（寛政六年、『仮名手本忠臣蔵』のパロディー本）では、高師直《こうのもろなお》（吉良義央）に侮辱された塩谷《えんや》判官《はんがん》（浅野長矩）が「ひっさきばし〔引裂箸〕をひっさいて」無念がっている（図16）。

引裂箸は現在同様割箸とも呼ばれた。はじめのうちは割箸の存在を知らない人がいて、

○「割箸を片々無いと大笑い」（柳二九　寛政十二年）

と、割箸を出された人が、箸が片方（一本）しかないといって大笑いされている。十返舎一九の『旅恥辱書捨一《たびのはじかきすてのいっ》通《つう》』（享和二年・一八〇二）では、箸が

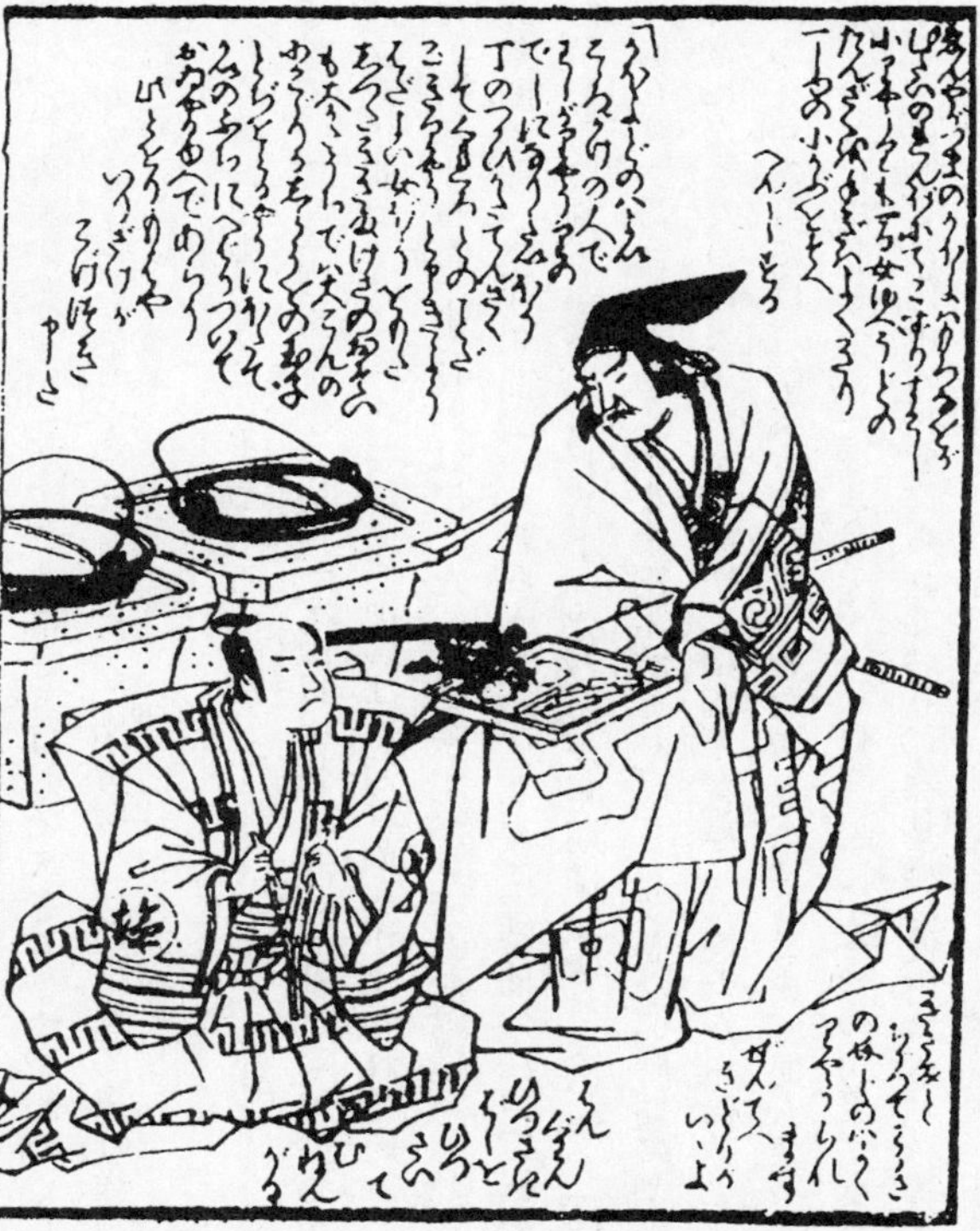

図16　引裂箸を引裂いて悔しがる塩谷判官（左側の人物）。『忠臣蔵即席料理』（寛政６年）

一本しか添えられていない料理を出された客が「一本でくはれるものか」とクレームを付け、料理屋の亭主が「イヤこれはさきばしでござります。わたくしかたではこれをつかいます」と応じている（図17）。田舎から江戸に出て来た人などは戸惑いをみせていて、

○「わり箸に田舎大きにこまつてる」（柳三一　文化二年・一八〇五）

と詠まれている。『守貞謾稿』には「文政以来比《ころ》より、三都ともに始め用ふ」とあるが、文政年間（一八一八〜三〇）以前に江戸では割箸が使われている。文政年間頃には、大坂や京都でも使われ出した、と解釈すべきであろう。

文政年間の前が文化年間（一八〇四〜一八）で、この時期に江戸で鰻飯が売り出された。鰻飯に割箸が添えられるようになった時期は分からないが、『守貞謾稿』には「必らず」添えるとある。まだ割箸がそれほど普及しない時期に割箸が添えられるようになったものと思える。鰻飯には割箸が適していたからだ。

当時の江戸の町には、塗箸も作られていたが、木地のままで何も塗ってない白木《しらき》の箸が一般的に出回っていた。そして、『守貞謾稿』に「杉の角箸半《なかば》を割りたり」とあるように割箸は白木の杉で作られており、繰り返し使用する「杉箸」と同じ位の値段で売られていた。一回で使い捨てにする割箸はコストがかかったが、うなぎ

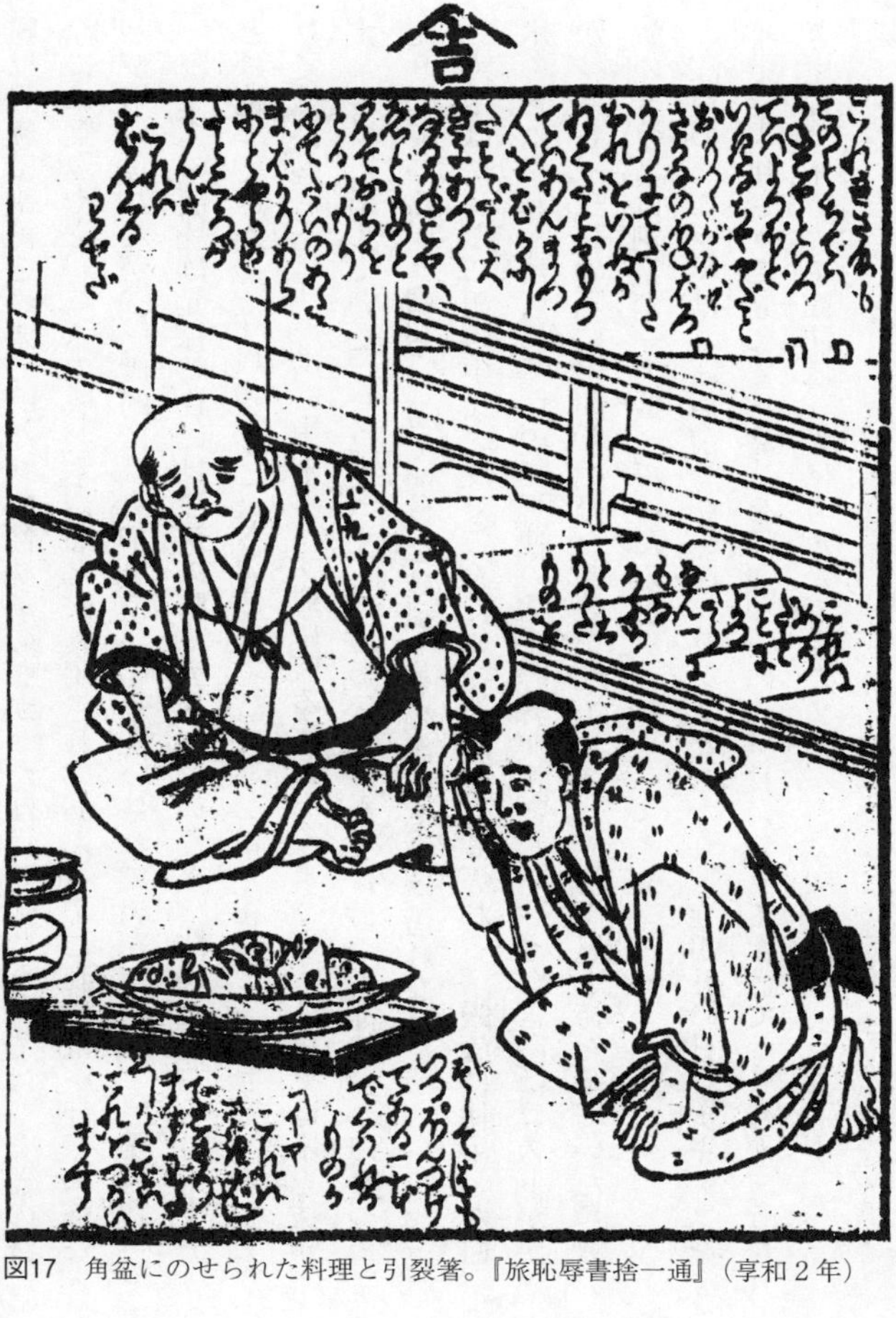

図17　角盆にのせられた料理と引裂箸。『旅恥辱書捨一通』（享和２年）

屋は鰻飯に割箸を添えていた。中性洗剤のなかった江戸時代にあっては、食器の洗浄には食塩や酢、草木の灰、木炭などが利用され、あぶらよごれには灰汁《あく》や米糠などが用いられたが、一般的には束子《たわし》を使って水洗いされていた。

うなぎの蒲焼は元禄時代には江戸の町で売られていたが、蒲焼の出し方は、上方とは違っていた。『守貞謾稿』「巻之六・生業」に、京坂（京都・大坂）は「串を去りて椀に盛る」、江戸は「串を去らず皿に盛る」とあるように、江戸では串を抜かずに客席に出していた。したがって、江戸っ子は串を手に持って蒲焼にかぶりついたりしているが（図18）、箸で蒲焼を食べても鰻飯ほど箸は汚れない。

鰻飯はタレがご飯の中まで浸みこんでいて箸がかなり汚れる。鰻飯に使用した白木の箸は汚れが落ちにくいので、使い捨ての箸が相応しい。うなぎ屋はコストがかかっても、江戸の町に出回り始めた割箸をサービスして清潔感を持たせていた。鰻飯の普及には割箸が一役買っていたのだ。

江戸のうなぎ屋は、江戸前うなぎをブランド化したり、土用丑の日ウナギデーを年中行事化させたりして、蒲焼を江戸っ子の人気食に仕立て上げていったが、うなぎ屋のアイディア商法は、箸にも及んでいた。

図18　串付きの蒲焼。一人は串付きの蒲焼にかぶりつき、その前にいる人の右手には食べ終えた串が皿に並べられている。『狂歌四季人物』（安政２年）

（五）鰻飯にマッチしたタレの工夫

鰻飯が好まれるようになった背景には、蒲焼のタレの工夫も見逃すことが出来ない。

文化文政期（一八〇四〜三〇）には、上方からの淡口《うすくち》タイプの「下り醤油」に代わって、濃口タイプの「関東地廻り醤油」が大量に出回っていた。

江戸のうなぎ屋は、江戸でのシェアを増していった濃口の地回り醤油を使用して、蒲焼により適したタレを作り出したが、さらに醤油とともに使われていた酒に代えてみりんを使用するようになった。

洒落本『くるわの茶番』（文化十二年）には、登場人物の一人が、

「下谷の穴うなぎは、せうゆがあたらしいであやまる。ぎん坐のすゞきはあますぎてわるし。ふか川のいてうや、しんぼりの越後屋などは、どふもたびをうけてならねへ」

とうなぎ屋の評価をしている。「ぎん坐のすゞきはあますぎてわるし」といっている「すゞき」（鈴木）は、銀座尾張町（中央区銀座五丁目・六丁目）にあったうなぎ屋で、山東京伝の『早道節用守《はやみちせつようのまもり》』（寛政元年）には、この店が描かれているが、看板と障子の両方に「付めし」と書いてご飯を提供することをアピールしている（図19）。この店ではタレにみりんを使って甘味を出し、ご飯に合うような工夫をしていたが、これまでの酒の肴として食べられていた辛めのタレに比べ、まだ馴染みのない甘口のタレだったので、口に合わない江戸っ子もいたのではなかろうか。

文化年間ころには、蒲焼のタレにみりんを使う店が現われたようだが、『守貞謾稿』「巻之六・生業」には「江戸はこれ（蒲焼）を焼くに、醤油に味琳酒を和す。京坂は諸白酒を和す」とある。江戸ではタレにみりんを使うことが定着していた。

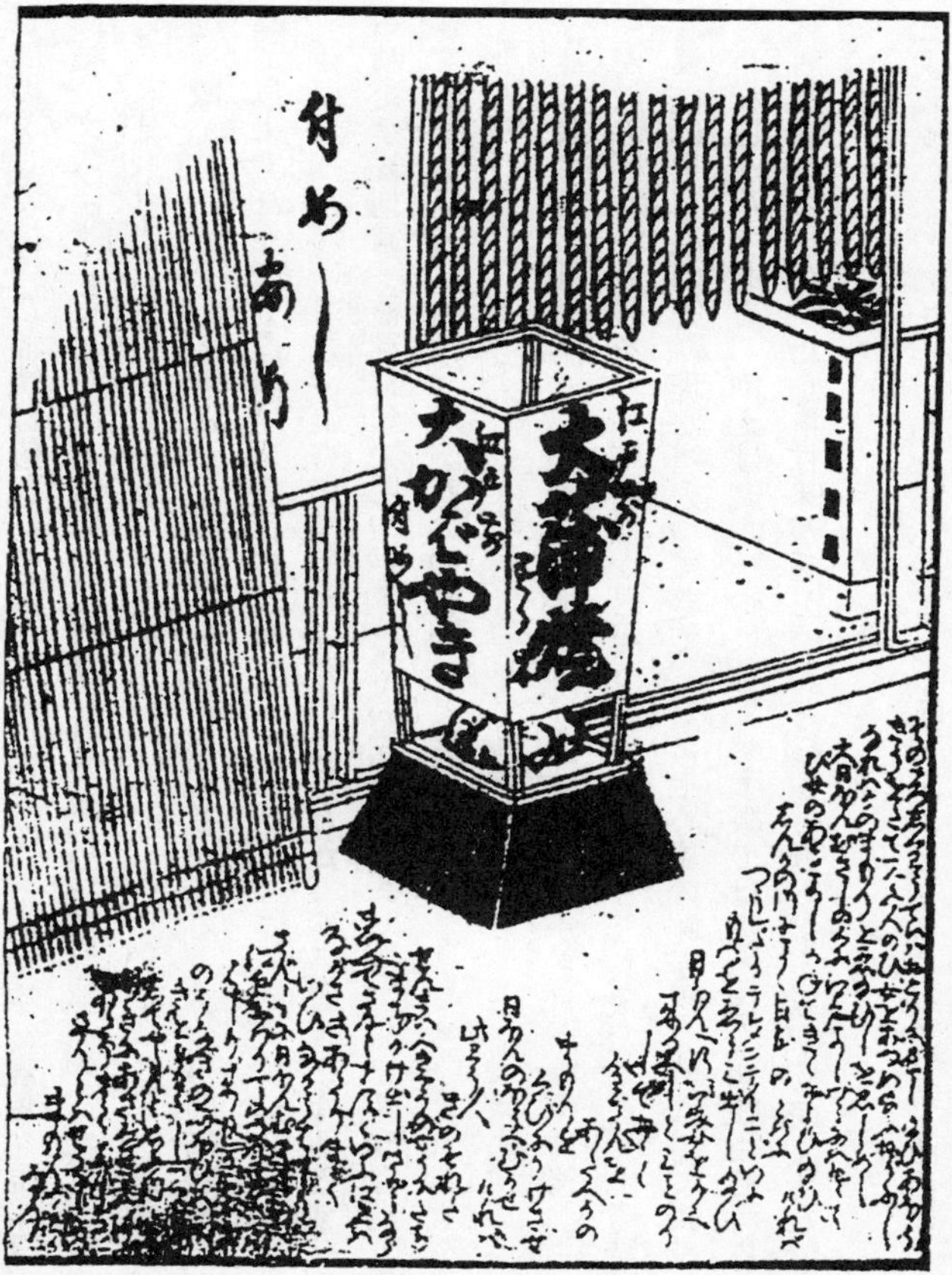

図19　「すゞ木」の店。看板に「大かばやき　付めし」、障子に「付めしあり」と書かれている。『早道節用守』（寛政元年）

甘口のタレで焼いた蒲焼は鰻飯に合う。先に引用した、人情本『春色恋廼染分解《しゅんしょくこいのそめわけ》』四編(文久二年・一八六二)では、遊里での客と遊女のやり取りのなかで、遊女が「ア、丼《どんぶり》の方《はう》が、お飯《まんま》へ露《つゆ》が染《し》みてうまいね」と、いっているように、鰻飯には蒲焼・飯・甘いタレが一体となってつくり出す美味さがある。文化年間に鰻飯が誕生して以来、江戸のうなぎ屋は鰻飯に合うタレを工夫してきたのだ。

江戸のみりんに対し、上方では酒が使われてきたが、明治時代になると変化がみられた。篆刻家・楠瀬日年《くすのせにちねん》(明治二十一年~昭和三十七年)は、先に紹介した『うなぎ』(五二頁)において、「関西の鰻料理」と題し、

「大阪の鰻料理を話すとなれば其頃——日清戦争前後から日露戦争前後……までが最も著しいものをもつて居たかと思う。何故と云うと其後だんだん上方特に大坂には東京風の鰻料理が這入つてきて、真に上方風の味が乏しくなつて来たと思われるからである。例えばタレ一つにしても大阪では味淋は一切使用せず専ら煮酒を割つて居た。だから甘味が乏しくどちらかと云へば辛みが勝つて居た」

と大阪風の辛口の味が失われつつあるのを惜しんでいる。日露戦争(明治三十七~

三十八年）後には、関西でも東京風にみりんを使った甘口のタレが使われ出したようだ。

四　鰻飯から鰻丼へ

（一）一流店のメニューにも鰻飯

鰻飯は蓋付きの丼で出されていた。『守貞謾稿』の「丼鉢」の絵を見ると、丼の上には漆器の蓋が乗せられている。鰻飯は蒲焼が焼きざましにならないように保温することから生まれた。保温するには食器に蓋をすることが望ましいからだが、その結果、鰻飯は蒲焼にはない演出効果をもたらした。食通で知られた山本嘉次郎が「どんぶり物の楽しみのひとつは、蓋をとるときにある。蓋をとったときの匂いにある。うなどんには、うなどんの匂いがある。蒲焼とは違う厳然たるうなどんならではの個性が立ちはだかる」といっているように（『洋食考』昭和四十五年）、鰻飯には、蒲焼にはない魅力があって、江戸っ子の食欲をそそった。

鰻飯人気は高まっていき、

〇「呼べどこず口に土用の鰻ギ飯」（柳一四三　天保七年）

と土用丑の日には、出前がなかなか届かない状況になっている。蒲焼の冷めにくい鰻飯は出前向きで、注文が殺到している。

『守貞謾稿』に「江戸にては、右の名ある鰻屋にはこれを売らず」とあるように、一流店では鰻飯を出してなかったが、鰻飯人気を受け、一流店でも鰻飯を出すようになった。『狂歌江戸名所図会』（安政三年・一八五六）には、

○「茶もうまき水道橋の鱣《うなぎ》見世丼めしもやすいもり山」

と詠われている。もり山（森山）は、神田川に架かる水道樋のそばにあった老舗で、『絵本続江戸土産』（明和五年・一七六八）には「大かば焼」の看板を立てた森山蒲焼店が描かれている（図20）。

森山のような名店でも「丼めし」が安い値段で食べられるようになっているが、幕末に来日したイギリスの外交官アーネスト・サトウは、慶応三年（一八六七）十一月七日に「外国語学校（開成所）の教師柳川春三と一緒に霊巌橋の大黒屋で鰻飯を食べた」と回想録に記している（『一外交官の見た明治維新』下、昭和三十五年。原書 *A diplomat in Japan* 一九二一年）。日本で最初に鰻丼を食べたヨーロッパ人であろう。大黒屋は江戸随一のうなぎ屋で、二九軒のうなぎの名店がランキングされている嘉永六年版の『細撰記』「うなきや蒲八」では、大黒屋がトップにランキングさ

れている（図21）。

こうしたトップクラスの店でも鰻飯を出すようになり、鰻飯を出す店が増えていった。明治元年に出版された『歳盛記』の「大蒲屋すぢ」には二九軒の店がランキングされているが、店名の下に「大あら　ちうぐし　小ぐし　どんぶり　ぢうばこ」とある。「大あら」「ちうぐし」（中串）「小ぐし」は蒲焼の大きさを、「どんぶり」「ぢうばこ」（重箱）は、鰻飯を盛る容器を表しているので、これらの店では蒲焼と鰻飯を出していることがわかる（図22）。「うなぎ屋には鰻飯あり」の時代が到来していた。

『漫談明治初年』（昭和二年）には、荻原有仏子という元新聞記者が「明治前後の食通」と題して「うなぎ屋」について書いているが、

「大抵鰻屋ではもう丼が出来て居て、這入《はひ》るとすぐ持つてきた。その時分には一つ六銭二厘五毛でした。その前は三百でした。あんなやうな安値《あんちよく》な鰻屋が方々《ほうぼう》にありました」

と証言している。

れた籠が下を流れる神田川に吊るされている。『絵本続江戸土産』（明和５年）

図20　水道樋のそばで「大かば焼」の看板を立てた森山蒲焼店。ウナギを入

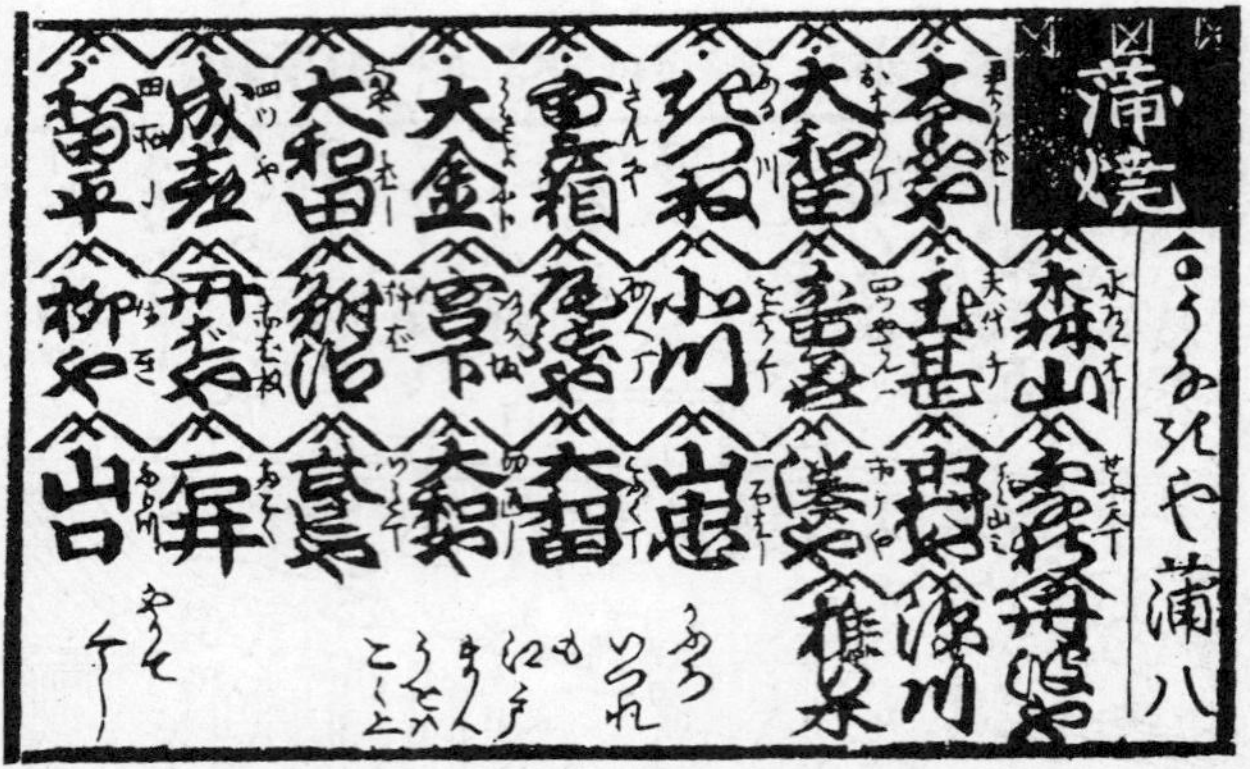

図21　うなぎ屋のランキング。「霊がんばし大黒屋」がトップにランクされている。店名の下には「いづれも江戸まへ　うをハごく上」とある。『細撰記』(嘉永6年)

(二) 鰻丼の名あらわる

明治時代になると、鰻飯は鰻《うなぎ》丼《どんぶり》とも呼ばれるようになった。

田山花袋は、「明治二十年頃」の話として、

「御成街道も細い道であった。幅三間《さんげん》位〔約五・五メートル〕しかなかった。従って、今と比べて、どんなに賑やかであったろう。人が行く、車が行く、荷馬車が行く、やれ子供が轢《ひ》かれた、人が轢かれたという騒ぎである。また軒《のき》を並べた店にも、〈略〉汁粉《しるこ》、寿司《すし》、大福餅《だいふくもち》、鰻丼《うなぎどんぶり》、そういうもの

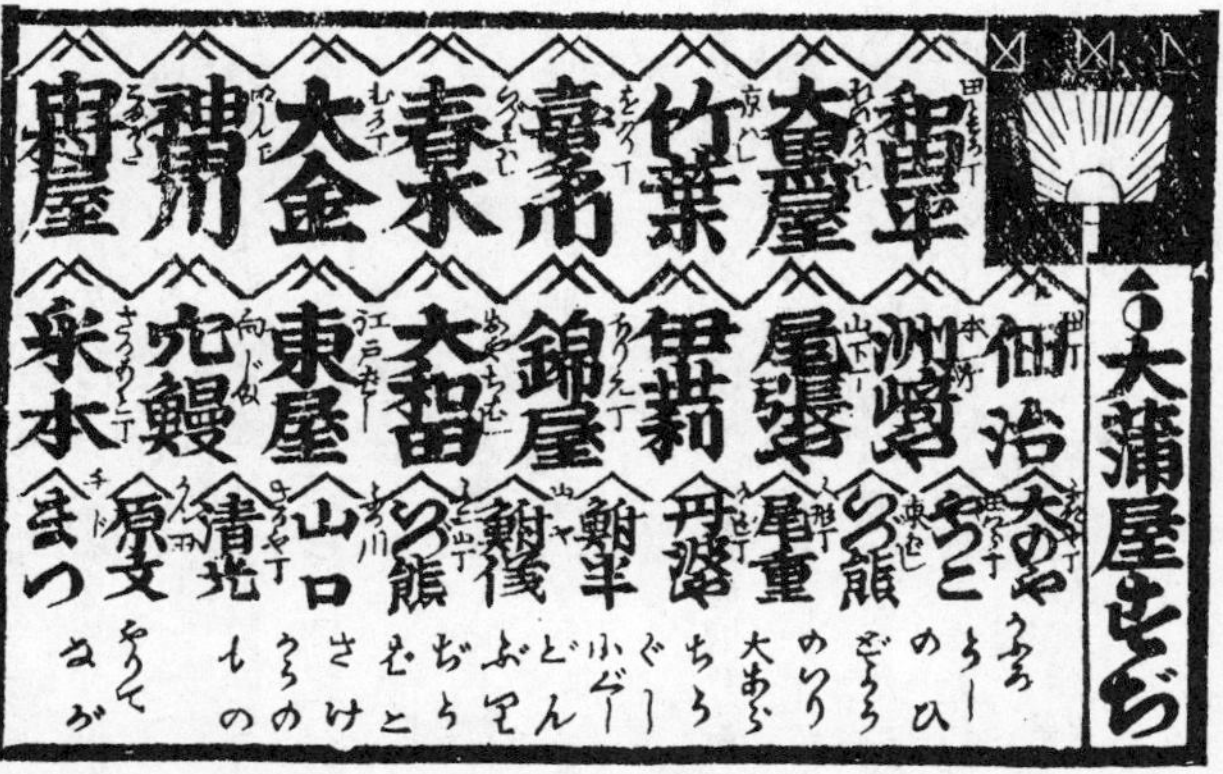

図22　うなぎ屋のランキング。店名の下に「大あら　ちうぐし　小ぐし　どんぶり　ぢうばこ」とある。『歳盛記』（明治元年）

が古本屋、古道具屋、古着屋と一列に軒を並べてつづいていたのであった」

と回想している（『東京の三十年』大正六年）。御《お》成街道《なりかいどう》とは御《お》成道《なりみち》ともいい、筋違御《すじかいご》門《もん》（万世橋近くにあった門）から上野広小路を経て上野寛永寺に通じていた道で、将軍家が祖先の墓参で寛永寺に行く道なのでそう名づけられた。このあたりの賑い振りが描かれているが、軒を並べた店の中に、「鰻丼《うなぎどんぶり》」を売る店があったと記されている。

金子春夢の『東京新繁昌記』（明治三十年）には、「串を貫きて皿に盛り、別に飯を添ゆるものを普通鰻飯と言ひ、飯を丼に盛り其上に鰻を加えあるを鰻丼《うなぎどんぶり》といふ。各々好む所に従ふ」とあって、鰻丼と鰻飯は異なる食べ方を指すことも行われていたようだが、一般的には鰻丼は鰻飯の別名として普及していった。

鰻丼《うなぎどんぶり》はまもなく鰻丼《うなどん》とも略称されるようになった。明治のサラリーマンの妻が、日常生活をこまめに記録した日記の明治三十一年六月三日のところには、

「夕、山崎姉上〔親戚〕来訪下され、ビスケット一かん、はつ〔女中〕半けち到来。夕刻旦那様お帰り、夕飯に、うなどん二つ取り、出す」

とあって、来客用にうな丼を取り寄せている（『明治の東京生活』平成三年）。

鰻丼《うなどん》の名は定着していき、大正六年刊の『東京語辞典』には「うなどん（鰻丼）鰻どんぶりの略。飯の上に割きたる鰻を載せ、丼にて蒸したるもの」とある。ただし、鰻飯の名が消滅してしまったわけではなく、大正八年刊の『模範新語通語大辞典』には「ウナドン　鰻丼の略。鰻飯なり」と載っている。大正時代にはまだ鰻飯の名が通用していた。

(三) 蒸した蒲焼の出現

江戸時代の蒲焼はタレを付けて焼き上げた地焼きだったが、明治時代になると、蒲焼を焼く過程で蒸す方法が取り入れられるようになった。『明治節用大全』(明治二十七年)には、鰻飯の作り方と蒲焼の焼き方が載っていて、

○「鰻飯　鰻を蒲焼にして炊立《たきたて》の飯に入れ、魚と飯と重ねてよく蒸すなり。蒸し方足らざれば味は宜しからず」

○「鰻　かばやきは魚を背びらきにして串を打ち、焼きて湯《ゆ》蒸しにして、醬油を着く。醬油はよき味啉四分によき醬油六分を合せ煮詰めたるなり」

とある。これをみると、ご飯のなかで蒸された鰻飯の蒲焼は蒸さないのに対し、蒲焼として食べる場合は、白焼してから蒸して、タレを塗る方法が示されている。

鰻飯の影響を受けて蒲焼を蒸すことが始まったのだ。蒲焼を蒸すと、そのメリットが生まれた。前掲の『東京新繁昌記』(明治三十年)には、

「鰻料理　鰻料理も亦《また》東京名物の一なり。地方の口に慣れたる人は、東京の鰻は

淡泊《たんぱく》にし本味《ほんあぢ》を占《し》むること能はずと評するものもあれども、淡泊にするが東京料理の精神なり。されば鰻は膏《あぶら》多き魚なるが故に、焼く前に蒸して膏《あぶら》を抜くが故に、多量《たりよう》に食するも箸を投ずる事なし」

とある。「淡泊にするが東京料理の精神」だから、焼く前に蒸せば脂が抜けて淡白になるので東京料理の精神にかない、沢山食べられる、といっている。ただ、ここでは白焼にして蒸したあと、どのようにタレを付けるか不明だが、『月刊食道楽』（明治三十八年七月号）に載っている「千住　松うなぎ主人」の話になるとはっきりし、

「鰻の料理法　調理法は好みによりて白焼《しらやき》なども致しますが、普通は蒲焼と称えて、先ず魚をさき（裂き）、大小により適宜に串を打ち、白焼きをなし、蒸《むし》にかけ、たれ（味淋と醬油とを煮つめたる物）を付けつ丶三回程に焼上げるのでありますが、鰻の品質《しな》工合《ぐあひ》によりて、白焼の際蒸しの時間を加減することが料理人の手腕《うで》にある事でありますから、此所《こゝ》の工合《ぐあい》は口で申されません」

と語っていて、蒸したあとタレを付けて焼き上げる現在の焼き方が示されている。

千住の「松うなぎ」といえば、嘉永五年（一八五二）に出版された「江戸前大蒲焼」番付に世話役として載っている名店である（図23）。こうした老舗でも、蒸し加減の難しさが強調されている。東京の蒲焼は試行錯誤を積み重ねながら、蒸しのかけ具合を向上させていった。柴田流星（明治十一年〜大正二年）の『残されたる江戸』（明治四十四年）には、

「鰻は何よりも蒲焼きを最とし、重箱、神田川、竹葉、丹波屋、大和田、伊豆屋、奴なぞ、それ〳〵の老舗を看板に江戸前を鼻にかけてはをるが、今でも真に旨いのを喰はせる店、山谷の重箱を第一に算ふべく、火加減、蒸しのかけ具合、たれ醤油の塩梅など、こゝのを口にしては他に足を向くる気にはなれない」

とあって、山谷の重箱のように「蒸しのかけ具合」が見事な店が現われている。

（四）確立された蒸しの技術

蒸しをかけて焼く焼き方は東京流の焼き方として定着していき、『模範新語通語大辞典』（大正八年）には、「ウナギ〈略〉東京と地方にては、調理法の異なるもの

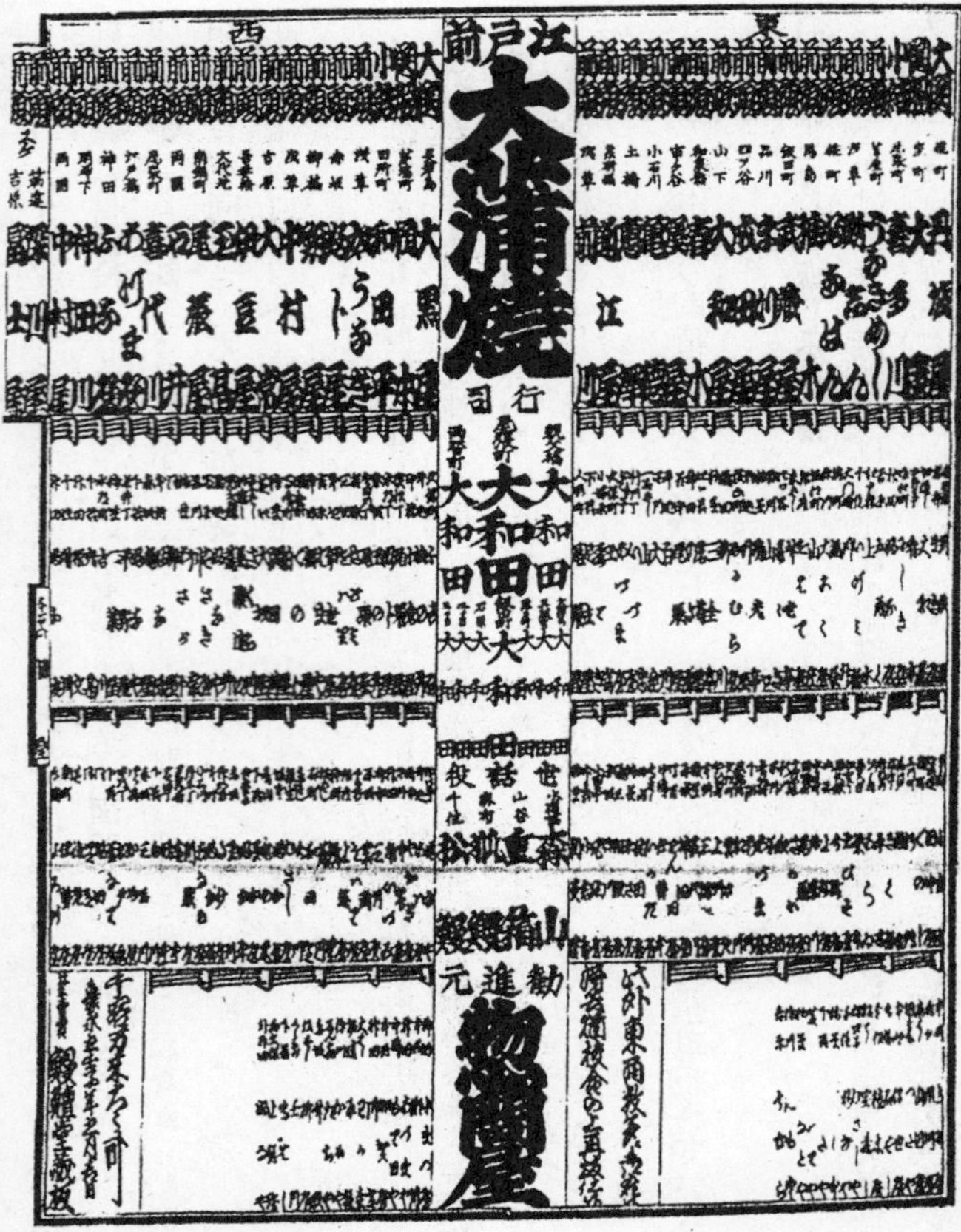

江戸前
大蒲焼
西
東
行司
世話役
勧進元

図23　うなぎ屋の番付表。世話役のところに「千住　松鰻」とみえる。「江戸前大蒲焼」（嘉永５年）

あり。東京にては蒸籠《むしかご》にて蒸せども地方にてはしかせざるを以つて肉硬く都人士《とじんし》の口に適せず」とある。蒸すことが東京流蒲焼の特徴で、蒸さない蒲焼は硬くて東京人の口には合わない、と説明されている。

木下謙次郎の『美味求真』（大正十四年）には、かなり具体的に蒲焼の焼き方が示され、

「百匁（三七五グラム）以上のものならば三切れ、又は四切れに切り、五十匁以下ならば二切位に適宜之《これ》を切り、横より串をさし、強火にて先ず身の方を焼き、裏返して荒方《あらかた》両面に火を透し、蒸し籠に入れて五、六分間蒸し、更に強火にて焙り、別に準備し置きたる汁（醬油と味淋と半々に混じ之を煮詰めたるもの）に浸し、再び火にてあぶり蒲黄《かばき》色《いろ》となるを候《うかゞ》ひ、串の儘《まゝ》皿にもり粉山椒を添へて膳に上す」

とあって、蒸す時間が明記されている。本山荻舟は『美味廻国』「鰻」（昭和六年）において、

「ウナギは先ず五十目乃至《ないし》七十目の中串《ちうぐし》が、いはゆる中味《ちうあぢ》として最も美味いとさ

れてゐる。これを背から開いて（大阪では腹から割く）二つ切りにし、タレをつけずに表裏《おもてうら》を返しながら、先ず白焼きにする。〈略〉次に蒸にかけるのだが、これは渋味のある脂《あぶら》を抜く為であり、同時に肉がふんわりとなる。かくして三度目に、初めてタレをつけながら、色のつく迄焼くのである」

といっている。蒲焼を蒸す技術は大正時代には確立された。

五　鰻丼の普及

(一) 中入れしない鰻丼が出現

蒲焼を蒸してから焼く方法が定着していくなかで現在のように蒲焼を中入れしない鰻丼が現われた。

幕末頃の鰻飯は、まだ飯に蒲焼を挟んでいて、浅草育ちの高村光雲〈嘉永五年～昭和九年・一八五二～一九三四〉は、江戸時代の浅草の思い出話として、

「「奴鰻《やっこうなぎ》」は私が食べた頃は四百〔文〕といふ丼で、〈略〉その丼は一つ食べる

とナカ〳〵食べでのあるもので、御飯が沢山あつて上に鰻が乗つてゐて、しばらく食べて行くと又下から鰻が出るといふ、それが安いので名高いのでありました」

と語っている（『江戸は過ぎる』「江戸の巻」昭和四年）。鰻丼の蒲焼は上乗せプラス中入れで、明治になってもしばらくは中入れが続いていたが、『東京新繁昌記』（明治三十年）には、「飯を丼に盛り其上に鰻を加えあるを鰻丼《うなぎどんぶり》といふ」と出ていて、蒲焼は上置きだけにされている。辞典にもこの方法が載るようになり、『節用辞典』《いろは引》（明治三十八年）には「鰻飯　丼に飯を盛りて、その上に蒲焼を載せたるものなり」と説明されている。

波多野承五郎（安政五年～昭和四年）は『食味の真髄を探る』（昭和四年）のなかで、

「東京の鰻丼は、飯の上に蒲焼が乗せてあって、その上からタレを掛けたのだが、上方《かみがた》のまむしは、飯と飯の間に白焼を入れてあるだけで、丼飯の表面に鰻が置いてないのだ。関東ものがまむし丼の蓋を開けて見ると、飯ばかり詰めてあるので、鰻を入れ忘れたのだと思って、どなりつけたという話がある」と、東西の鰻丼文化の違いによって生じたトラブルを紹介している。関西では上に蒲焼が乗っていない鰻丼もあったようだ。

明治時代になると、蒲焼を蒸すことが始まった。蒸すようになると、飯の間に蒲焼を挟むのは二重に蒸すことになるので、東京では中入れタイプの鰻丼は姿を消していく。そして、養殖ウナギが出回るようになると小ウナギでないウナギがご飯の上に乗るようになる。

(二) ウナギの養殖が始まる

ウナギの養殖は明治時代の中頃に始まった。その始めは、明治十二年(一八七九)に服部倉次郎が東京深川の千田新田で二町歩の養魚池を使って飼育を始めたのが嚆矢、といわれているが、確かなことは分からない。明治十九年十月二十八日の「東京日日新聞」には、次のような記事が載っている。

「滋賀県下神崎郡蒲生郡の内湖に、〈略〉昨十八年には鰻の児《こ》、数万尾を放流して試みるに、其の際には僅か寸余〔三センチ余り〕なりしも、本年九月には（一年六ヶ月程にて）一尺二三寸より四五寸〔約三九センチ〜四五センチ〕に生育し、当時〔現在〕は漁人の捕獲して収益あるに至れりと、……」

滋賀県でのウナギ養殖が成功し、収益をあげているようすが報じられている。その後、ウナギの養殖は年々盛んになり、大正七年七月二十五日の「新愛知新聞」は「日本一の鰻の産地」という見出しで、

「一体《いったい》愛知県は極めて鰻の豊富な所で年産額十二万二千貫此の価額三十七万七千円に達し、優《いう》に日本一の鰻の生産地と言ひ得る程豊かである。併し昔から左様に豊かな訳《わけ》ではなく、明治三十年頃県水産試験場が淡水養殖の魚類の中《うち》、最も有望なものとして極力奨励した結果、今日の盛況を見るに至つたもので、十二万二千貫の中《うち》五万三千貫（十六万七千円）即ち総産額の半弱《なかばじやく》迄は養殖によつて獲得してゐるのである」

と報じている（図24）。明治三十年頃から県水産試験場がウナギの養殖を奨励した

●日本一《にほんいち》の鰻《うなぎ》の産地《さんち》
愛知縣下の産額三十七萬圓

今年の土用丑は、本月廿九日一回より廻つて來ないから、市内の各鰻屋は其の日一日にウンと儲ける豫定で昨今

▲材料の仕入に多忙を訴へてゐる。一體愛知縣は極めて鰻の豐富な所で年産額十二萬二千貫此の價額三十七萬七千圓に達し、優に日本一の鰻の生産地と言ひ得る程豐かである。併し昔から左樣に豐かな譯ではなく、明治三十年頃縣水産試驗場が淡水養殖の魚類の中、最も有望なものとして極力獎勵した結果

▲今日の盛況を見るに至つたもので、十二萬二千貫の中五萬三千貫(十六萬七千圓)即ち總産額の半弱迄は養殖によつて獲得してゐるのである。現在縣下の養殖場は各郡を通じ約百ケ所、總坪數九十四萬三千坪の多きに達して居り、渥美郡の十四萬坪を初め海部、幡豆、知多の順序で續る

▲良好の成績を擧げてゐる。養殖は毎年三四月頃、海から諸川へ上つて來る『上り子』といふ鰻の子を漁つて養殖場に放つ。養殖鰻は蠶の踊を主なる餌料に供してゐるから、脂肪過多の傾きがあり天然鰻に比して如何しても味が二番である。それで養殖鰻を買込んだ者は一週間乃至二週間位其の儘にして何等の餌を與へず、出來得る限り脂肪を拔いて

▲食用に供する事にしてゐる。天然鰻は淺海や各河口或は各湖沼等にゐるのを、打網や四手網、石村等を主として漁獲するもので、愛知郡の六萬六千圓を第一に海部、知多、碧海といふ順序である。それで是等多數の鰻は岐阜、京都・大阪、奈良等に輸送され、名古屋を初め豐橋、岡崎等の各郡人士が口にする鰻も

▲悉く縣下産のものばかりだとの事である。それは兎に角 [illegible] 日本全國に行き渉り、然も餘程前から行はれてゐるやうであるが、其の理由に就ては今日迄判明されてゐない。或る者の傳説に依ると、例の蜀山人が江戸で有名な或る鰻屋が一寸した失敗で非常に衰微したのを哀れみ、山人一流の頓才で其の鰻屋の前に『明日は土用丑』といふ大きな看板を掲げ

▲土用丑には鰻を喰ふ

図24　養殖ウナギの盛況を報じる新聞記事「新愛知新聞」(大正7年7月25日)

結果、愛知県では養殖ウナギが総産額の半分近くを占めるに至り、「日本一の鰻の生産地と言ひ得る」ようになっている。

(三) 養殖ウナギの普及

このほか静岡県などでもウナギの養殖が盛んになり、養殖物が大量に出回るようになった。大正十四年刊の『食行脚』には、

「堂々たる老舗が養成鰻を用ひ出した今日、小満津〔うなぎ店〕は断乎として之《これ》を排し、六拾銭の鰻丼にすら冬は下り鰻、夏は江戸前産、繋ぎには地方の四州産等、値の高い一等品の自然鰻から更に亦選択した上鰻《じやううなぎ》を使ふことを創業四拾余年の昔から不朽《ふきう》の方針として厳守するところに

権威がある」

と「小満津」という蒲焼店では天然物にこだわっていることが紹介されているが、昭和に入ると養殖ウナギが天然ウナギを圧倒するようになった。本山荻舟は、

「天然ものは、年々減少の傾向があり、一方静岡、愛知方面から、安価でしかも大きさのそろツたものが、多量に供給される養魚の為に、市場の大部分が圧倒されたので、真に本場の天然物を用ひてゐるのは、僅かに前記の五六軒に過ぎない現状になツたのだ」

と天然物を使う店がわずかなことを告げている（『美味廻国』昭和六年）。

養殖ウナギの普及によって、手ごろな値段で鰻丼が食べられるようになった。飲食店のガイドブック『大東京うまいもの食べある記』（昭和八年）には、

「〔鰻蒲焼は〕昔から著名な蒲焼屋で〔は〕、以前は最も高級な食べもの﹅一つであつたが、養殖鰻の普及したせいか、今日では殆んど天丼と甲乙無い位に一般化

し、一流店でも食堂では一円以下で鰻めしを食べることが出来る」

とある。養殖ウナギの普及で、ウナギの蒲焼が天丼と同じように大衆的な食べ物になり、敷居の高かった一流店でも、店内に設けた食堂部門では、安い値段で鰻飯を食べさせるようになっている。

養殖ウナギの普及は、大きさの揃ったウナギを市場にもたらした。「鰻飯には小ウナギ」は過去のものになり、鰻丼には一定の大きさのウナギが乗るようになった。ご飯の上に乗った大きめの蒲焼を食べるには、蒸して柔らかになった蒲焼の方が、箸がすっと入って食べやすい。蒲焼の上置きと蒲焼を蒸すことは一体をなしながら定着していった。

(四) 食堂のメニューにも鰻丼

養殖ウナギの普及は鰻丼の大衆化をもたらし、デパート食堂のメニューにも鰻丼の名がみられるようになった。『だまされぬ東京案内』(大正十一年・一九二二) という東京案内記によると、「三越食堂」のメニューには「鰻めし　金一銭」とあり、白木屋には「鰻めし・そばの食堂」が設けられている。デパート以外の食堂でもメニューに鰻丼を加えるようになった。先の『大東京うまいもの食べある記』(昭和八年)をみると、銀座「小松食堂」では「きも吸ひつきの鰻丼」が、渋谷道玄坂「栄屋食堂」でも鰻丼が「きも吸ひの椀付」で出されている。この頃になると食堂では鰻丼に肝吸いを付けている。うなぎ屋が肝吸いを出すことは大阪が早く、東京でも明治の終わりころには始まっているが、昭和になると鰻丼に肝吸いを付けることが普及していたようだ。

うなぎ屋以外でも鰻丼を提供する時代を迎え、鰻丼を食べさせる店が増えたが、間もなく鰻丼ピンチの時代が訪れた。昭和十二年七月七日の盧溝橋事件を契機として日中戦争がはじまった。戦争は長期化し、日本は食糧不足の時代となり、東京府は、昭和十五年(一九四〇)八月一日に、食堂・料理店などで米を使用することを禁止した。食堂ではご飯ものを提供することが出来なくなり、代用食で対応するようになった。

『文藝春秋』昭和十五年九月号には、「鰻どん「どん」」と題して、高田保のこんな話が載っている。デパートの食堂に入って「鰻どん」を注文したが、うどんの上に蒲焼の載ったものが運ばれてきた。店員にクレームをつけるが、らちが明かず、「鰻うどん、略して鰻どん、とすればこれは必ずしもインチキな品物ではないかもしれない。で私は黙ってうなづいて、それなりにしてしまった」と、本物の鰻丼を諦めている。

鰻丼はこうした受難の時代を経過したが、伝統的な味や技術は途絶えることなく、今日の鰻丼文化を築いている。

（五）うな重の名が出現

今の蒲焼屋のメニューでは、鰻丼よりうな重に重きが置かれていて、鰻丼を置いてない店さえある。

慶応元年（一八六五）版の『歳盛記』「かばさきや弥吉」には店名の下に「どんぶり」「ぢうばこ」（重箱）と書かれている（図25）。間もなく明治時代を迎える頃には、鰻飯を重箱に容れて出していたことが分かるが、明治時代になると、『風俗画報』百五十号（明治三十年十月）に「鰻屋」の二階に重箱が運ばれているのが描かれている（図26）。

鰻飯を重箱に入れて出すことを始めたのは、山谷の鮒儀のようで、雑誌『太平洋』（明治三十九年八月一日号）には、

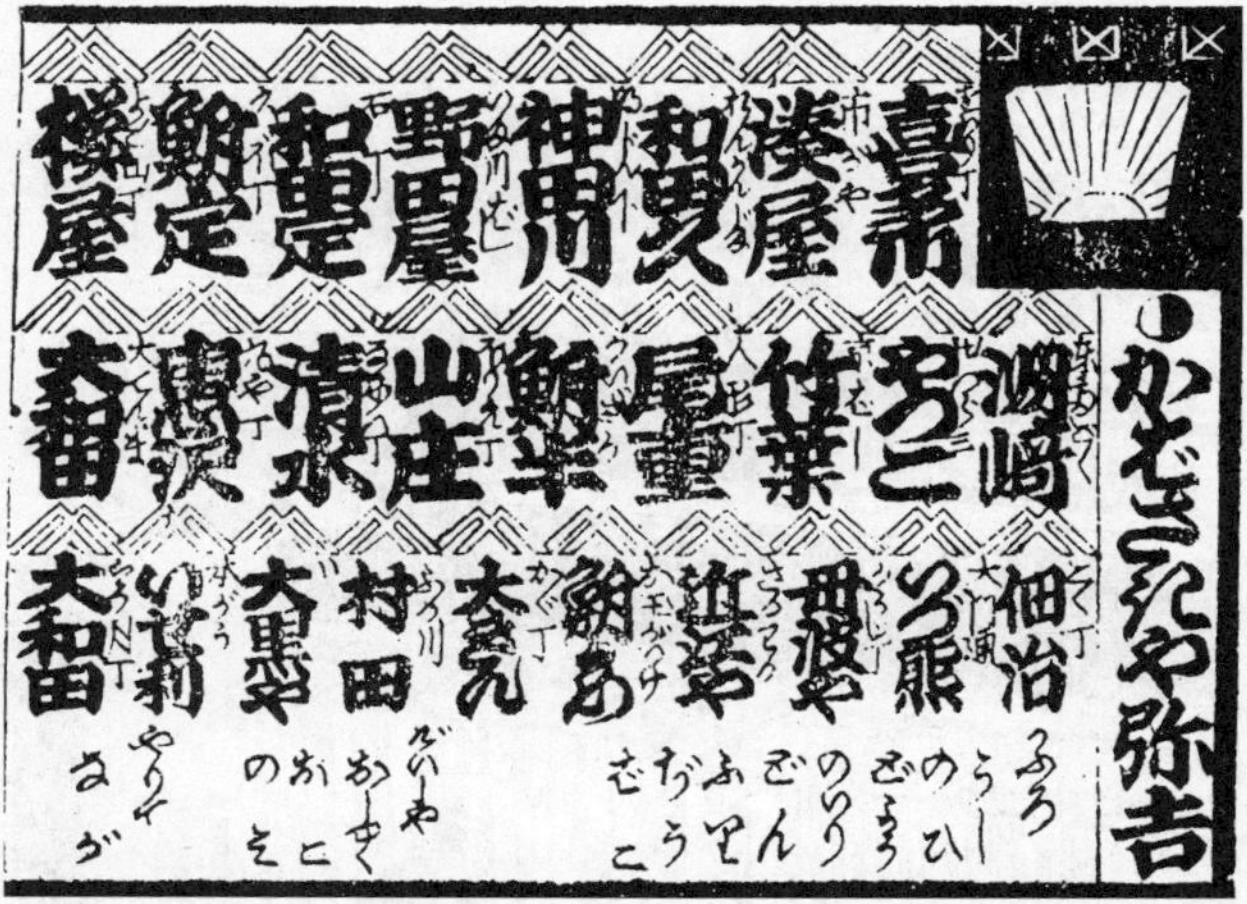

図25　うなぎ屋のランキング。店名の下に「どんぶり　ぢうばこ」とある。『歳盛記』（慶応元年）

「鰻飯を重函《ぢうばこ》へ容《い》れるのは山谷の鮒儀が創始《はじめ》て、俗に重函《ぢうばこ》の名あり。重函《ぢうばこ》の鰻飯は飯裁《ていさい》が克《い》いので、目《もく》下《か》では一般に重函《ぢうばこ》を用《もち》ゆるやうになつた」

とある。山谷の鮒儀は、嘉永五年版の「江戸前大蒲焼」の「世話役」に「山谷　重箱」（図23、七四頁）、嘉永六年版の『細撰記』「うなきや蒲八」に「さんや　重箱」（図21、六八頁）と載っている名店で、蒲焼を重箱に容れて出していたところから「山谷の重箱」の名で通っていた。この店の四代目主人も「重箱へ入れて蒲焼を出

図26　重箱に入った蒲焼が運ばれている「鰻屋」の二階。『風俗画報』百五十号（明治30年10月）

しました処から、山谷の重箱と呼ばれるやうになつたのでございます」と唱えている（『趣味研究大江戸』大正二年）。山谷の鮒儀が鰻飯を重箱に容れることをはじめ、体裁が良いので重箱を使用することが一般的になったようだ。ちなみにこの店は赤坂に移転して今でも営業を続けている。

明治の終わりころには鰻飯を重箱に容れて出すことがかなり普及していたが、うな重の名はなかなか現れてこない。重箱に盛っても、「鰻飯」「鰻丼」「どんぶり」などと呼ばれてきたからであろう。

そうしたなかで、関東大震災後間もないころに東京の街をスケッチした『帝都復興一覧』（大正十三年）には、立て看板や幟を立てて営業している「山谷重箱」が描かれているが、「うな重四十銭」とみえる（大正十二年十二月二十日のスケッチ、図27）。うな重の名を確認できる早い例になる。

作家の中里恒子（明治四十二年～昭和六十二年）は、「うな重」にまつわる思い出話を『値段の明治・大正・昭和風俗史』（昭和五十六年）のなかで語っているが、「当時横浜の長者町に、しもちゆうという鰻専門の店」があって、そこに電話で注文して蒲焼を家庭で食べていたが、「父は蒲焼きのいかだを食べ、母以下わたしたちは、うな重か、場合によれば、ばあやと一緒の、うなどんである」と回想している。大正十四年

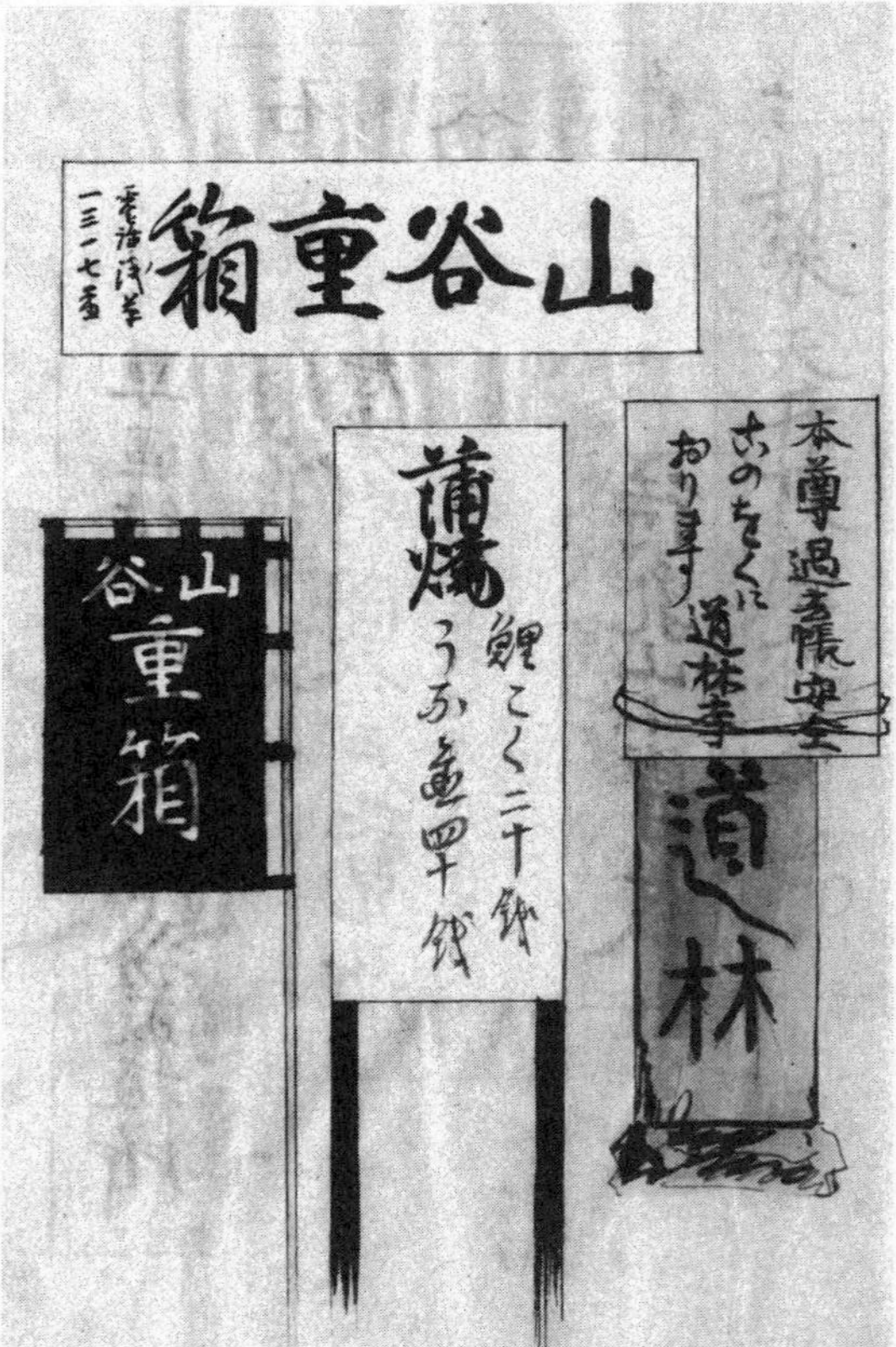

図27　うな重の看板。「蒲焼　鯉こく二十銭　うな重四十銭」とみえる。『帝都復興一覧』（大正13年）

（一九二五）頃の話で、うな重はうな丼より上にランクされている。

大正時代の終り頃にはうな重の名がポピュラーになっていたようだ。昭和二年生まれの作家・吉村昭は少年時代の思い出として、「町には鰻のうまい千葉屋という店があって、来客があるとうな重を取り寄せるのを習わしにしていた」と懐かしんでいる（『東京の下町』平成元年）。

戦後になるとさらにうな重が普及したが、歌舞伎役者の初代中村吉右衛門（明治十九年〜昭和二十九年）のように、

「どちらかと云うと、私は蒲焼だけでなく、御飯の上に乗つけてある所謂うな丼の方が好きですね。それも体裁よく漆のお重に入つてる様なのは好みません。漆の匂いがついていては、折角の好物も有難みがないのです。不体裁かも知れないが、丼の方がずつとおいしい。だから、私は何時も特に丼に入れて貰う様に頼むのです。」

と鰻丼の方を好んだ人もいたが（『うなぎ』昭和二十九年）、植原路郎（明治二十七年〜昭和五十八年）の『鰻・牛物語』（昭和三十五年）には、

「関東でいう「うな重」は、丼の代りに重箱に飯を盛り、その上に蒲焼をのせる。（略）のれんの古い大店では「うな重」と「蒲焼」（飯付の場合と、飯ぬきの場合とがある）とを供し、「うなどん」を省いているところが多い」

とあって、六〇年前くらいにはうな重時代に移行していた。

江戸時代の人は、ヌルヌルとしたつかみどころのないウナギをつかんで裂き、美味な蒲焼に仕立て上げることに成功した。蒲焼は酒の肴として食べられていたが、うなぎ屋は、これでは客層が限られるので、ご飯を付けて出すことを思いついた。さらに蒲焼とご飯を一緒に丼に盛りつけた鰻飯が考案された。すると鰻飯には蒲焼にはない魅力があって、人気食になっていき、鰻飯は丼に盛りつけられたので鰻丼と呼ばれるようになった（そしてその後には「うな茶」まで生み出されており、『娘消息』初編〈天保五年・一八三四〉には、出前の蒲焼をうな茶にして食べているようすが描かれている）。さらに鰻飯は重箱にも盛りつけられるようになって、うな重と呼ばれるようになったが、鰻丼より見栄えの良いことから鰻丼をしのいでいった、というストーリーがみえてくる。一杯の丼にも、そこにひそむドラマがあった。

第二章　天丼の誕生

一　屋台で売り始めた天麩羅

(一) 天麩羅の屋台が現われる

天丼が生まれる前、江戸っ子は屋台で天麩羅を立食いしていた。天麩羅は屋台で売り始められた。天麩羅を揚げると油煙が出るので換気が必要だし、火事の危険もある。天麩羅を売るには屋台が適した営業形態だったからだが、客の方も手軽に目の前で揚げたての天麩羅が食べられるメリットがあった。天麩羅は何といっても揚げたてが一番うまい。

天麩羅の屋台は、安永年間(一七七二〜八一)に現われた。揚げ油に胡麻油を使っていたので、はじめは「胡麻揚」の名で売っていたが、間もなく「天麩羅」の文

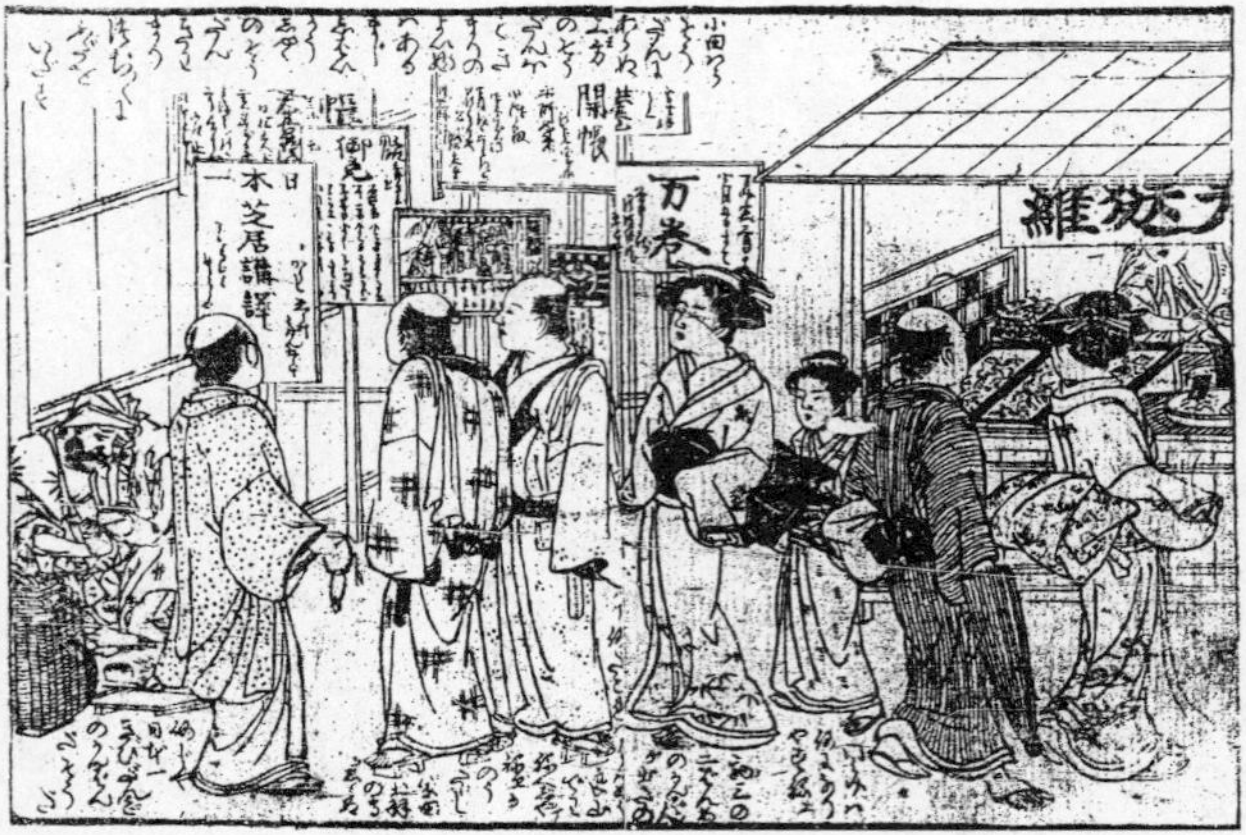

図28　「天麩羅」の文字が見られる屋台。『能時花舛』（天明３年）

字を掲げた屋台がみられるようになり、『能時花舛《よくききます》』（天明三年・一七八三）にはその様子が描かれている（図28）。

天麩羅の屋台では、『守貞謾稿』（嘉永六年・一八五三）に、

「江戸の天麩羅は、あなご・芝ゑび・こはだ・貝の柱・するめ。右の類、惣じて魚類に温飩粉《うどんこ》をゆるくときて、ころもとなし、しかる后《のち》に油揚げにしたるを云ふ。菜蔬の油揚げは江戸にてもてんぷらと云はず、あげものと云ふなり」（「後集巻之一」）

とあるように、アナゴ、芝海老、コハ

ダ、小柱、スルメイカといった江戸前の魚介類を天麩羅にして売っていた（江戸では野菜類を揚げたものは天麩羅とは言わなかった）。江戸っ子は一串四文程度（五〇円位）で食べられる安価な魚介類の串揚げを立食いしていた。

（二）高級天麩羅の屋台が現われる

こうした安価な天麩羅に対し、日本橋の南詰に屋台を出していた吉兵衛という人が、これまでの屋台天麩羅のイメージを一変させる高級食材を天ダネにした天麩羅を売り出し、江戸っ子の注目を浴びるようになった。考証随筆家・喜多村信節《のぶよ》（筠《いん》庭《てい》）は、

「文化の初ごろ、深川六軒堀に松が鮓とて出き行はれて、世上の鮓一変しぬ。そのすこしまへつかた、日本橋南づめに、やたいみせ出して吉兵衛といへるもの、よき魚共を油あげにして売しに、是又行はれて、好事の者は、それが住る木原店の家に行て、食ものも有しとぞ。是より処々のてんぷら一変したり。但し食物次第に奢れる也」

と、吉兵衛の天麩羅がきっかけとなって、屋台の天麩羅に変化が生じているようすを伝えている（『嬉遊笑覧』文政十三年）。

吉兵衛が屋台を出したのは文化年間（一八〇四〜一八）の少し前とあるから享和年間（一八〇一〜〇四）頃のことになる。松平定信によって緊縮政策が実施された寛政の改革（天明七年〜寛政五年・一七八七〜九三）が終り、十九世紀に入ると食べ物が贅沢になり、高級な天麩羅を出す店が現われている。『浮世風呂』や『浮世床』といったヒット作品を世に出し、売れっ子作家になっていた式亭三馬は、吉兵衛の評判を作品のなかに取り入れ、長屋の女房に、次のように語らせている。

「日本橋の吉兵衛が天麩羅《てんぷら》は日ッ本一だぞ。ヲヤ　こなたはあれをまアしらねへか。江戸で家体店《やてへみせ》の親玉だはな。おいらは此中《こんぢう》の晩《ばん》、勝《かつ》べいと、あば専《せん》と（いずれも人の名）、おらが内（亭主）と、四人連《よつたりづれ》で立食《たちぐひ》に往《いつ》た。初鰹《はつがつう》の天麩羅《てんぷら》を売《う》る者《ものア》はあすこ一軒《いつけん》だ。何ンでもねへといふものなし。いつ何ン時往《いつ》ても大勢の人が覆《おつ》重《かぶさ》つて居《ゐ》る。そしての、傍《かたわき》に蕎麦売《そばうり》が居《ゐ》るから妙《みやう》よ、鶏卵《たまご》を揚《あげ》たやつを温《あつ》ゥい蕎《そ》麦《ば》へぶちこんで、ぶつかけで食《く》ふのが千両ス。芹鴨《せりかも》もよし、白魚《しらうを》もいゝが、おいらァ鶏卵《たまご》の方だ」（『四十八癖』三編・文化十四年）

これまでの四文銭一枚で買えたワンコインフードの天麩羅に対し、吉兵衛は初鰹・鶏卵・鴨・白魚といった高級食材を使った天麩羅を食べさせ、これを目当てに江戸っ子が押しかけている。初鰹はいうまでもない超高級魚で、出初めは一尾二両もすることがあったが、吉兵衛さんはこれを天麩羅に揚げていて、「吉兵衛は松へ衣をかけて居る」（柳一二一　天保四年）と詠まれている。「松」は松魚とも書かれた鰹のことだ。鶏卵は、今は高級食材とはいえないが、江戸時代の鶏卵の値段は高く、この頃は一個十五文くらいしていて、二八そば一杯の値段（十六文）に相当した。

（三）天麩羅蕎麦の誕生

長屋のかみさんが、「傍《かたわき》に蕎麦《そば》売《うり》が居《ゐ》るから妙《みやう》よ」と言っているように、吉兵衛の天麩羅の隣には蕎麦屋の屋台が出ていた。江戸っ子は蕎麦屋から蕎麦を買い、それに好みの天麩羅をトッピングし、お手盛りの天麩羅蕎麦にして食べている。天麩羅蕎麦が生まれる前の話で、『柳樽二篇』（天保十四年）には、こうしたシーンが描かれているが、ここは広場になっていて、天麩羅屋台の隣に蕎麦の屋台が並び、江戸版のフードコートになっている（図29）。絵には「てんぷらの味方《みかた》に夜《よ》たかそばやつく」の句が添えられている。

揚げ立ての天麩羅を蕎麦にぶち込めば、天麩羅には蕎麦のつゆが浸み込み、蕎麦には天麩羅のうま味が加わる。蕎麦と天麩羅をドッキングさせて美味しく食べる食べ方が江戸っ子のアイディアから生まれたわけだが、蕎麦屋がこれに注目しないはずはなく、蕎麦屋のメニューに天麩羅蕎麦が現われる。

寛政から天保（一七八九～一八四四）に至る世の中の移り変わりを記した『寛至天見聞随筆』（天保十三年）には、

「蕎麦屋の皿盛りも丼となり、箸の肥《ふと》きは蕎麦屋の様成《なり》と譬しも、いつしか細き杉ばしを用ひ、天麩羅そばに霰そば、みな近来の仕出し、万物奢りより工夫して、品の強弱不韻《しらず》、只目を喜《よろこ》ばす事ばかりにて、耗《つい》へのみ出来る也」

とあって、世の中が贅沢になるにつれ、蕎麦屋が様変わりしているのを嘆いているが、蕎麦屋が天麩羅蕎麦を出すようになっていることが分かる。

ただ、ここには「近来の仕出し（工夫）」とあるだけで、いつごろのことかはっ

図29　天麩羅と蕎麦の屋台。天麩羅の屋台の上には「天ぷらの口は四五丁すべるなり」、蕎麦の屋台の下には「てんぷらの味方《みかた》に夜《よ》たかそばやつく」とある。『柳樽二篇』（天保14年）

きりしないが、文政十年（一八二七）には、

○「沢蔵主天麩羅そばが御意《ぎょい》に入」（柳一〇四）

と詠まれている。

小石川の無量山伝通院の境内には沢蔵主《たくぞうす》稲荷があって（現在は東隣に移転し、文京区小石川三丁目に所在）、『江戸名所図会』（天保五～七年）には「多久《たく》蔵主稲荷社《ぞうすいなりのやしろ》。境内裏門の方にあり。往古《そのかみ》、狐、僧に化し、自ら多久蔵主と称して、夜な夜な学寮に来たり法を論ずといへり。後に稲荷に勧請《くわんじやう》して当寺の護法神とせり」と記されている。この沢蔵主（多久蔵主）は蕎麦好きで、毎夜門前の蕎麦屋に蕎麦を買いに来ていたと伝えられていた。そこで、狐の化身ならば、狐の好物は油揚げだから、沢蔵主のお気に入りは揚げ物を使った天麩羅蕎麦に違いないというわけだ。

この頃には、蕎麦屋で天麩羅蕎麦を出していたようだが、尾張藩士の小寺玉晁が江戸滞在中の天保十二年（一八四一）に記録した蕎麦屋の品書には「天ぷらそば参拾弐文」とみえる（『江戸見草』）。

大久保今助の蒲焼の食べ方がきっかけになって鰻飯が生まれたように、吉兵衛の高級天麩羅がきっかけになって天麩羅蕎麦が誕生し、蕎麦屋の主力メニューになっていったが、蕎麦屋に天丼がお目見えするにはもうしばらく時間がかかった。

二　天麩羅茶漬店の出現

（一）茶漬店が天麩羅をメニューに

蕎麦屋に次いで茶漬店が天麩羅をメニューに加えるようになった。

天麩羅の屋台が出現した安永年間には、茶漬店も現われていて、『親子草』（寛政九年・一七九七）には、

「茶漬見世なども元は安永元〔年〕の比《ころ》、浅草並木町の内左側に、海道茶漬と書し行灯を出しこれあり。其他はあまり見当り申さず候が、近年は所々に類見世《るいみせ》多く相成り申し候」

とある。安永元年（一七七二）ころに「海道茶漬」という茶漬店が現われると、その数が増えて茶漬飯が流行し、『振鷺亭噺日記』「茶漬飯」（寛政三年・一七九一）に「ことしのよふに、ちやづけのはやる年もねい。卯の花だの山吹だのと、いろいろ看板出してある」とあるように、さまざまな名の茶漬店が生まれている。今日の東

京にはみられない光景だが、江戸の町には多くの茶漬店があって、江戸っ子は一膳十二文の茶漬飯を食べて小腹を満たしていた（図30）。

江戸後期には「江戸自慢蒲焼茶漬番附」といった番付表まで出版されるようになるが、ここには四十一軒の茶漬店がランキングされていて、繁昌ぶりがうかがえる（図31）。

十返舎一九の『金草鞋《かねのわらじ》』十五編（文政五年・一八二二）には、茶漬店で茶漬を食べているようすが描かれているが、茶漬店では、香の物、奈良漬、梅干、煮梅、座禅豆（煮豆）、煮染《にしめ》といった簡単なものしか茶漬の添え物として出していなかった（図32）。

こうした茶漬店が、嘉永年間（一八四八〜五四）頃になると、天麩羅をメニューに取り入れることをはじめ、天麩羅茶漬店が生まれた。獣肉類や油脂類をあまり使用しない、淡泊な味の料理を食べていた江戸時代の人々にとって、油っこい天麩羅は異質な食べ物だった。そのため屋台では、天麩羅をさっぱりと食べさせるための工夫として、大根おろしをサービスしていた。屋台での大根おろしの役割を茶漬の茶が担うという、このアイディアは見事に当たって、天麩羅茶漬店が繁昌するようになった。

図30　目黒の茶漬飯屋。看板に「御茶づけ　一せん（膳）　十二字（文）」と見える。『絵本江戸名所』（文化10年）

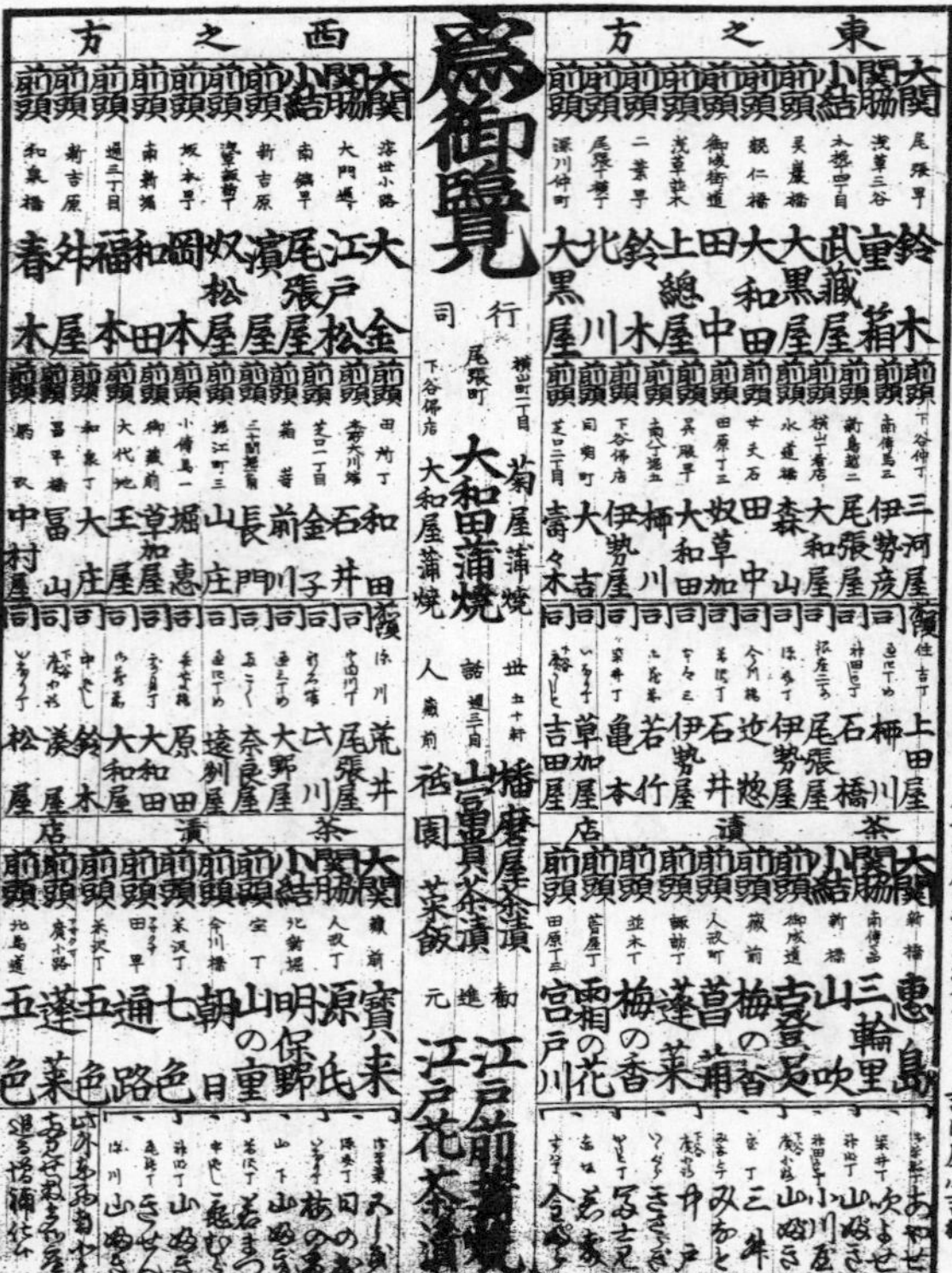

江戸自慢蒲焼茶漬番附

為御覧

東之方

西之方

仙女香 代四拾八文 坂本氏

吉田屋小吉板

図31　茶漬店の番付。番付表の下の方に41軒の茶漬店がランキングされている。「江戸自慢蒲焼茶漬番附」（江戸後期）

図32　茶漬店の店内。客の前には茶漬飯のセットが並べられ、左端では客に出す土瓶を温めている。『金草鞋』十五編（文政５年）

（二）天麩羅茶漬店の繁昌

嘉永二年に江戸の堀江町四丁目（中央区日本橋小網町）に生まれた江戸っ子・鹿島萬兵衛は、幕末から明治初頭にかけての江戸の暮らしぶりを著しているが、

「天麩羅は上流の料理に出さぬではなきも、多くは即席料理店の出し物にして天麩羅専門店というほどの家はあらず。多くは家《や》台《たい》見世《みせ》のものにて天麩羅茶漬店〔では〕、飯付き一人前二十四文か三十二文、せいぜい四十八文ぐらゐのものにして、百文

となりしは維新になってからと記憶しています」

と回顧している（『江戸の夕栄《ゆうばえ》』大正十一年）。

鹿島萬兵衛より三年あとの嘉永五年に、江戸は下谷で生まれた彫刻家・高村光雲も「御維新前後」の話として、「茶づけ」というものがひどく流行《はや》っていて、「しがらき茶づけ」、うまい奈良漬をつけてくれた「奈良茶づけ」、「あけぼの茶づけ」、「宇治の里」、五つの珍しい品をつけた「五色茶づけ」、漬物の変わったのをいろいろ取り揃えて出した「七色茶づけ」、「蓬萊茶漬」「天ぷら茶漬」などがあったことを述べた上で、

「この頃は、天ぷら屋といつて天ぷらだけを食はせるのは大ていは屋台で、家をもつてゐるものは、必ず何々茶づけというのをやつてゐた。日本橋の通り三丁目に「紀伊国や」という天ぷら茶づけ、ひどく評判だつたが一人前七十二文とつた。普通は、まづちよつとしたところで卅二文、百文即ち一銭あれば一日食つて廻れたものである」

と、天麩羅は茶漬店で茶漬と一緒に食べられていた様子を伝えている（『味覚極楽』昭和二年）。

天麩羅店が生まれてからも、天麩羅店では茶漬を出していて、『天麩羅通』（昭和五年）を著した天麩羅店の主人・野村雄次郎は「私が子供時代の天麩羅屋には、よく招行燈《まねきあんどん》に「お茶漬」と書いてあったものです。天麩羅と茶漬、このぐらいぴったり合ったものは、他に多くありますまい。濃厚《しつこい》もののあとのあっさり、これは自然の要求です」といっている。天麩羅には茶漬が合うことがうまく表現されている。

（三）天丼より天茶が先

『天麩羅通』（昭和五年）に記されているように、天婦羅店では油っこい天婦羅を食べた後で、あっさりとした茶漬を味わって口の中をさっぱりとさせていたが、天麩羅茶漬店では天茶（天麩羅茶漬）で食べることも行なわれていた。

茶漬店では、茶碗に盛ったご飯と熱い茶の入った土瓶が出されていた。ご飯の上に天麩羅を乗せ、その上に土瓶の茶をかければ天茶として食べることができる。

明治三年（一八七〇）生まれの三田村鳶魚は、「私もこの天麩羅茶漬に連れて行かれたことがあって、上ってとっつきの座敷に通された記憶はあるが、肝腎の天婦羅茶漬はどんなだったか、まるでおぼえていない」ので、自分より年配の画家・武内桂舟（文久元年〈一八六一〉生まれ）に逢った時に、天麩羅茶漬はどんなだったか、と聞いてみたら、「焼塩をちょっと載せて、上から湯を注いで茶漬《ちゃづ》るんだ」と答えた、と記している（『江戸の食生活』「天麩羅と鰻の話」昭和十四年）。「湯を注いで」とあるが、「茶漬る」とあるから、「湯」は茶のことであろう。

木下謙二郎も「また天麩羅をたきたての飯にのせて食塩を加え、熱い焙じ茶を注いで、茶漬にして賞味する人もある」と証言している（『続々美味求真』昭和十五年）。天茶の味つけには塩が向いていたようだ。

後述するように、天丼が現われるのは明治時代なので、天丼より天茶の方が先に食べられていた。

(四) 天麩羅専門店が現われる

江戸から東京へと時代は変わっても天麩羅茶漬店は繁昌していた。明治九年五月六日の「東京曙新聞」は、

「神保町へ此程より天麩羅茶漬（外に料理も出来る由）の店を開し白梅は、廉価

なる上おいしゆうござりますので、日増しに繁昌いたしますは、先年いづれも十万石余お取りなさつた華族さん御両人おもあひの御商法にて、三千円位は喰込んで存分に盛大にしようといふ見込みなるよし」

と報じている。二人の元大名が、多額の投資をして天麩羅茶漬店を始めたが、値段が安く美味いので繁昌しているという。

蕎麦屋には天麩羅蕎麦が生まれ、天麩羅茶漬店が繁昌して、天麩羅を店内で食べる機会が増えた。天麩羅を専門に扱うのは屋台、と決まっていた時代に変化がみられるようになり、明治時代になると天麩羅専門店が現われた。斎藤月岑の『武江年表』後篇「附録」(明治十一年)には、明治初め頃に流行したものが載っているが、「テンプラ屋。近頃これを商ふ家次第に増したり」とある。

天ぷら店の数は増えていき、明治十八年版『東京流行細見記』「本胡麻屋あげ」には、「木原店中宗」など三五店の天麩羅店の名がみえる(図33)。店名の右側には所在地が書かれているが、それをみると東京の各地に天麩羅店が出現しているのが分かる。

鶯亭金升が「天ぷらは江戸ッ子の賞翫《しょうがん》したもので、〈略〉天明以来、江戸の屋台

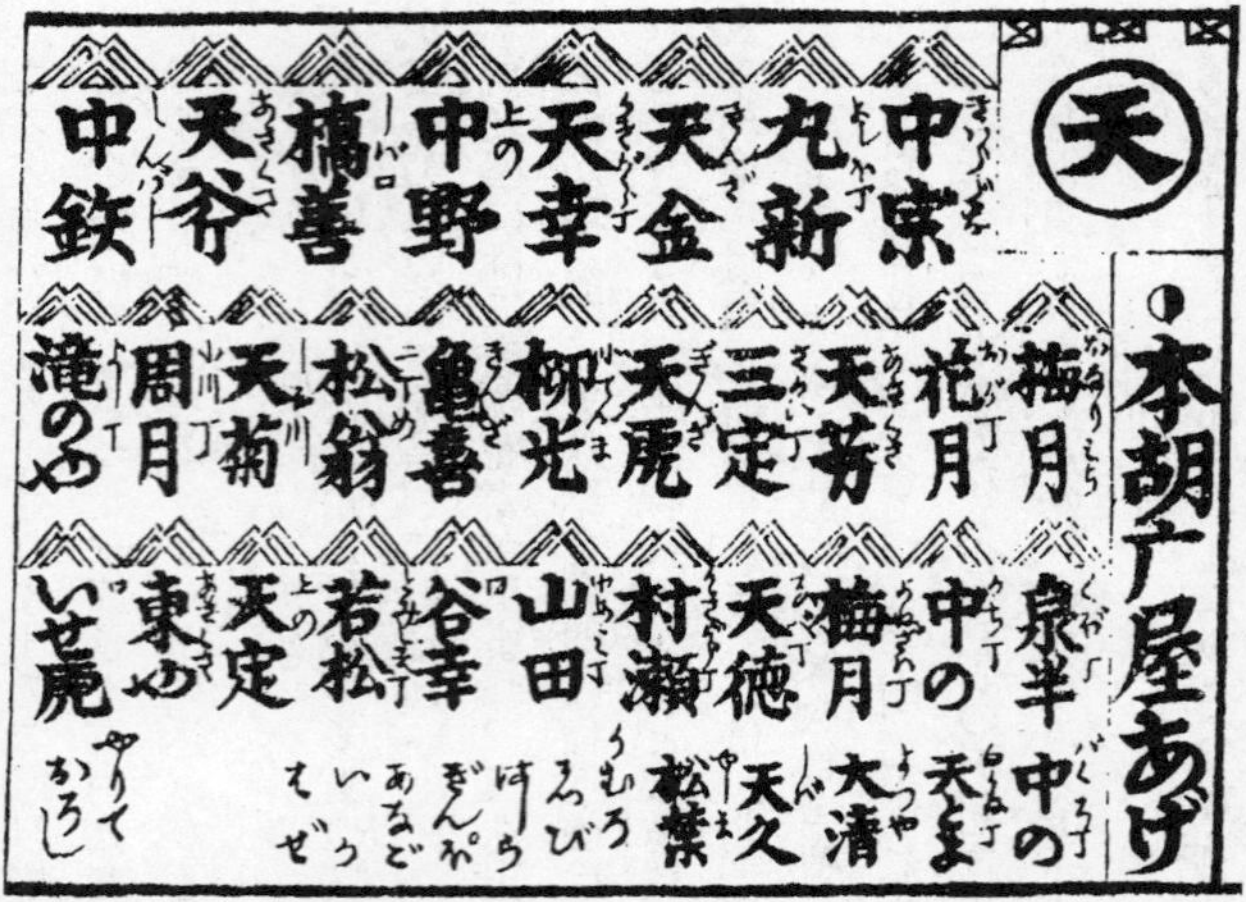

図33　天麩羅店のランキング。店名の下には「ゑび　はしら　ぎんぽ　あなご　いか　はぜ」とみえる。『東京流行細見記』（明治18年）

店で客を引き、天ぷら茶漬の店から、立派な料理店の食膳に上るものになった」といっているように（『明治のおもかげ』昭和二十八年）、天婦羅は屋台の立ち食いから茶漬店の座敷へ、そして天麩羅店の座敷へと上っていった。

三　天丼の誕生

（一）天丼が売り出される

明治時代になって天麩羅専門店が現われると、そのなかから、天丼という新メニューを開発した店が現われた。前述の『東京流行細見記』「本胡麻屋あげ」に「かち

丁 中の」とみえる店（上から三段目の右から二軒目）がそれで、『東京名物志』（明治三十四年）には「仲野 天丼の元祖なり。廿五、六年前主人始めて七銭にて売出す」とあり、『月刊食道楽』（明治三十八年十一月号）にも「天丼は神田鍛冶町の仲野が元祖なり。明治七、八年頃よりのことなり」と載っている。

天丼が売り出されたのは明治七、八年（一八七四、七五）頃、ということになる。屋台では天麩羅に天つゆをつけて食べていた。その天つゆと天麩羅と温かいご飯をひとつの丼に盛り合わせた天丼が売りだされると人気を呼び、金子春夢は『東京新繁昌記』（明治三〇年）において、

「仲野 神田区鍛冶町 今川橋の北二丁許《ばかり》の所にあり。天丼の元祖にして今より廿余年前此家の主人が天麩羅を丼になすことを発明し、一人前七銭にて売り出したるを本《もと》とす。此家は種魚《たねうを》新鮮にして価も廉なれば、従つて客の贔屓《ひゐき》多く、毎夜十二時を過ぎざれば店を閉ぢざるが特色なり」

とその繁昌ぶりを伝えている。

「此家は種魚《たねうを》新鮮にして価も廉なれば」とあるように、「仲野」では江戸前天麩羅

の伝統を受け継いで、魚介類を揚げた天麩羅だけを天丼にして七銭で売っていた。そのころ鰻丼は二十銭だったので（『値段の明治・大正・昭和風俗史』昭和五十六年）、天丼は鰻丼の三分の一ほどの値段で食べられたことになる。

天丼の天ダネには、『東京流行細見記』（図33）に見られるような「えび、はしら（小柱）、ぎんぽ（ぎんぽう）、あなご、いか（するめいか）、はぜ」といった江戸前の魚が使われていただろう。また、『守貞謾稿』「巻之五」に天麩羅蕎麦の天麩羅には「芝海老の油あげ三、四を加ふ」と書かれている、芝海老三、四匹をつまみ揚げ（いかだ揚げ）にしたものがのった天丼も提供されていたものと思える。今でも芝海老のいかだ揚げを名物にしている天丼店が浅草にある。

天丼が売り出された神田鍛冶町周辺は、商人や職人の多い町として発展してきた。仲野が天丼を売りだした頃には夜店がたくさん出ていて、明治八年六月七日の「東京日日新聞」は、

「此ごろ夏季に成つて追ひ追ひ夜見世の繁昌に趣きしこと実に驚くべし。一夜或る人が調べ見しに、今川橋警視分庁の前から鍛冶町通りを眼鏡橋まで見世を張たる者が四百五十人なり。其内《そのうち》喰ひ物商ひをする者が七十八人なり。鍛冶町の一町

内ばかりが二十七人なりとぞ」

と報じている。今川橋から眼鏡橋（万世橋）へと続く大通り（現在の中央通り）には、夏場になると夜店が四五〇軒も出ていて賑わいを見せていたが、鍛冶町だけでも食い物店が二十七軒も出ていた。こうした場所で天丼は売り出され、評判を呼び、深夜まで客が押し寄せている。

一日の仕事を終えた店員や職人たちにとって、安くて、うまくて、ボリュームのある天丼は、空腹を満たすのにもってこいのご馳走だったのだ。

(二) 天丼店が増える

天丼を出す店は増えていき、『東京風俗志』（明治三十四年）に、

「天麩羅は、また都人の好むで食ふ所にして、これを売る店太《はなは》だ多く、概ね安料《やすれう》理《り》を兼ぬ。普通は天麩羅御膳《てんぷらごぜん》・天丼《てんどん》にして、天麩羅御膳は、単に飯に天麩羅を副《そ》へ、天丼は丼飯《どんぶりめし》に天麩羅を煮て、これを交ふ。恰《あたか》も蒲焼御膳《かばやきごぜん》と鰻丼《うなぎどんぶり》の差あるに似たり。天麩羅の魚肉を交へず、専ら八百屋物を以て揚げたるを精進揚《しょうじんあげ》と称

ふ」

とあるように、天麩羅店で普通食べているのは、天麩羅御膳（天麩羅定食）や天丼で、天丼が定番メニューになっている。天麩羅店の出現により、天麩羅のパートナーは茶漬よりご飯が主流になっていった。ちなみにここでも天麩羅と精進揚は区別されている。

天丼は屋台でも売られるようになった。雑誌『太平洋』（明治三十六年十二月十日号）には、屋台の「天麩羅屋」を始めるにあたっての必要な情報が、「道具」「原料」「入用の諸品」「直段《ねだん》」「上《あが》り高《たか》」「客種」に分けて載っている。その内の「原料」（天ダネ）については、「ぎんぽう、あなご、海老《えび》、烏賊《いか》、鮹《たこ》、はしら、此種《こんな》ものので、何れも河岸へ行つて仕入れるのだが、不漁《しけ》の時がないではないから、以上の品を悉皆《のこらず》揃へなくつてもい、のだ」とあり、「直段《ねだん》」（売り値）については、「大概一個《ひとつ》が一銭から一銭五厘、最も不漁《しけ》の時は原料が高いから其訳《そのわけ》を断つて直上《ねあ》げをすることもある。天丼が一個上《ひとつじやう》が十二銭、中《ちう》が十銭、下《げ》が八銭は相場だ」とある（図34）。

屋台でも江戸前の魚介類を使った天丼が売られていた。

図34　天麩羅の屋台。障子に(天)と書かれている。「両国川開きの図」。
『臨時増刊風俗画報159号』（明治31年 2 月25日）

（三）天丼の食べ方

『東京風俗志』に「天丼は丼飯《どんぶりめし》に天麩羅を煮て、これを交ふ」とあるように、天麩羅を煮てご飯の上にのせている。手もとにある大正時代の料理書をみてみると、

○「〔鍋に〕右記《みぎ》分量の煮出汁《にだし》と味淋と醬油を加へて火に架け、二三回ほど沸騰いたしましたら右記《みぎ》の天ぷらを加れ《い》、一寸《ちよつと》煮て炊立《たきたて》の御飯を丼又は茶碗に盛り、その上部《うへ》に天ぷらを砕《くず》さぬやうに掬ひ載せ、その煮汁をほどよく注《か》け、蓋をいたして供します」（『飯百珍料理』「天どんの調理法」大正二年）。

○「煮出汁・味醂・醬油・砂糖等を一緒に煮立て、、上に浮いた泡を掬ひ去り、此の中に右の揚げ物を杓子に載せて、杓子ごと入れて直ぐに取り出す。飯は普通に炊いたものを丼茶碗に盛つて、其の上に右の具を載せ、注汁を少しづ、かけて蓋をし、暫時の後、食するのである」（『家庭日本料理』「天丼」大正十一年）。

○「前の汁を沸騰させ、天ぷらを一寸《ちよつと》浸して手早く取上げて丼の御飯に載せ、残り汁を少し注ぎかけます」（『日本西洋支那家庭料理大全』「天丼」大正十三年）。

とあって、天麩羅を「一寸《ちよつと》」煮て（浸して）ご飯の上にのせている。その一方で現在多くみられるように、天麩羅を盛りつけた天丼に天つゆをかけて食べることも行われている。

○「天どんと云ふは天ぷら丼飯の略語なり。丼に熱飯を六分程盛り、上部に天ぷら二個を置き、加減醬油をかけ、外に山葵、大根おろし、浅草海苔をそへて侑む」（『いろは分家庭料理』「天どん」大正元年）。

○「海老・烏賊などを天ぷらに揚て置ひて、さて炊きたての飯を鉢に盛り、上に天ぷらを三つ四つ竝《なら》べて、その上より鰹魚《かつほ》だしに醬油を加えて味をつけ置きたる汁を少しく掛けて蓋をして蒸籠に入れて蒸すのである。此れは十分に蒸《むす》に及ばず、湯気の上りて二三分経ってから取り出せば其れにて可《よ》いのである」（『最新和洋料理』「天どんの拵へ方」大正二年）。

○「茶碗或は蓋つきの丼に熱き御飯を盛り、其の上にてんぷらをのせ、だし・砂糖・酒・醬油を混じ、一度沸騰せしめたる汁をかけ、蒸籠にて一寸《ちよつと》むし熱き内に供す」（『家庭実用献立と料理法』「てんどん」大正四年）。

天麩羅を煮てご飯にのせる場合は丼の蓋で蒸し、天麩羅をご飯にのせて天つゆをかける場合は蒸籠で蒸したりしていて、蒸すことが天丼づくりの特徴になっている。『天麩羅通』(昭和五年)の著者は、

「まずは天つゆとご飯の湯気でちょっとクタッとなったてんぷらにかぶりつき、その下を掘り返すようにして、天つゆがしみたご飯をかきこむ。天つゆにてんぷらの油がほんのり混ざっているところが、またコクがあっていい」

と語っている。今では海老のしっぽやアナゴなどがどんぶりからはみ出ていて、蓋をしないで出されることさえあるが、明治から昭和初期にかけてはご飯と天麩羅が一体となって作りだされる味を楽しんでいた。

四　天丼の普及

(一) 天丼の名店が出現

天丼が天麩羅店の定番メニューになっていくなかで、新橋の橋善のような天丼の

名店が現われた。橋善は、『東京流行細見記』「本胡麻屋あげ」（明治十八年）に「しバロ　橋善」とみえる老舗店で、銀座通りを南下し、新橋（橋の名）を渡るとすぐのところにあった（**図33**、一〇八頁）。『月刊食道楽』（明治三十八年五月号）に、

「天金と共に有名なのは、新橋の橋善で、妙な断《ことわ》り書《がき》の有るのは此家《こゝ》である。（略）座ると女中が（十七八を頭に十二三のまで四五人居る。皆襷《たすき》がけ）「御飯《ごはん》でいらつしやいますか、御酒《ごしゆ》でいらつしやいますか」と訊ねる。定価表を一覧すると、天麩羅上廿銭・並十三銭、天丼も同じく。御飯四銭、新づけ一銭、酒が八銭、麦酒《びーる》もある。他に刺身と酢の物が出来る、之《これ》が十銭づゝ。定価表の終《しまひ》に、見出しに書いた妙な断書《ことわりがき》がある。「別段に申上候儀は御酒一人様四合限にて御断《おことわり》申上候」

とあり、『東京名物志』（明治三十四年）にも、「種魚を選ぶ故に味極めて佳。飲酒一人四合以上は謝絶す」と紹介されている。橋善は、刺身や酢の物を出して酒飲み客を取り込みながらも飲む酒の量は制限し、天ダネを吟味した天麩羅や天丼を売り物にして、天丼の名店として知られるようになっている。

食通として知られた明治二十七年生まれの作家小島政二郎は、

「三田の学生の頃、〈略〉橋善の天丼が二十五銭だった。天金には天丼がなく、天麩羅が五十銭だったかと思う。天金の天麩羅はや、お上品で、橋善の天麩羅は下品の極《きょく》だったが、うまさの点では遥かにうまく、江戸の庶民の嗜好そのまま、あくどくって、コテ盛りで、堪能したものだった」（『食いしん坊2』昭和四十七年）。

と回想している。大正五年（一九一六）頃の話で、橋善は大衆向きのボリューム感ある天丼を出して評判をとり、東京名物の食べ物をランク付けした大正十二年（一九二三）刊の「東京名代食物番附」には「小結　新橋橋善　天丼」とランキングされている（**図35**）。

ちなみに、この番付では、霊巌島の大黒屋の鰻丼が大関にランキングされていて、天丼より高い評価を得ている。

それはさておき、その後も橋善の天丼は、待たないと食べられないほど人気を得ていて、『東京名物食べある記』（昭和四年）には、

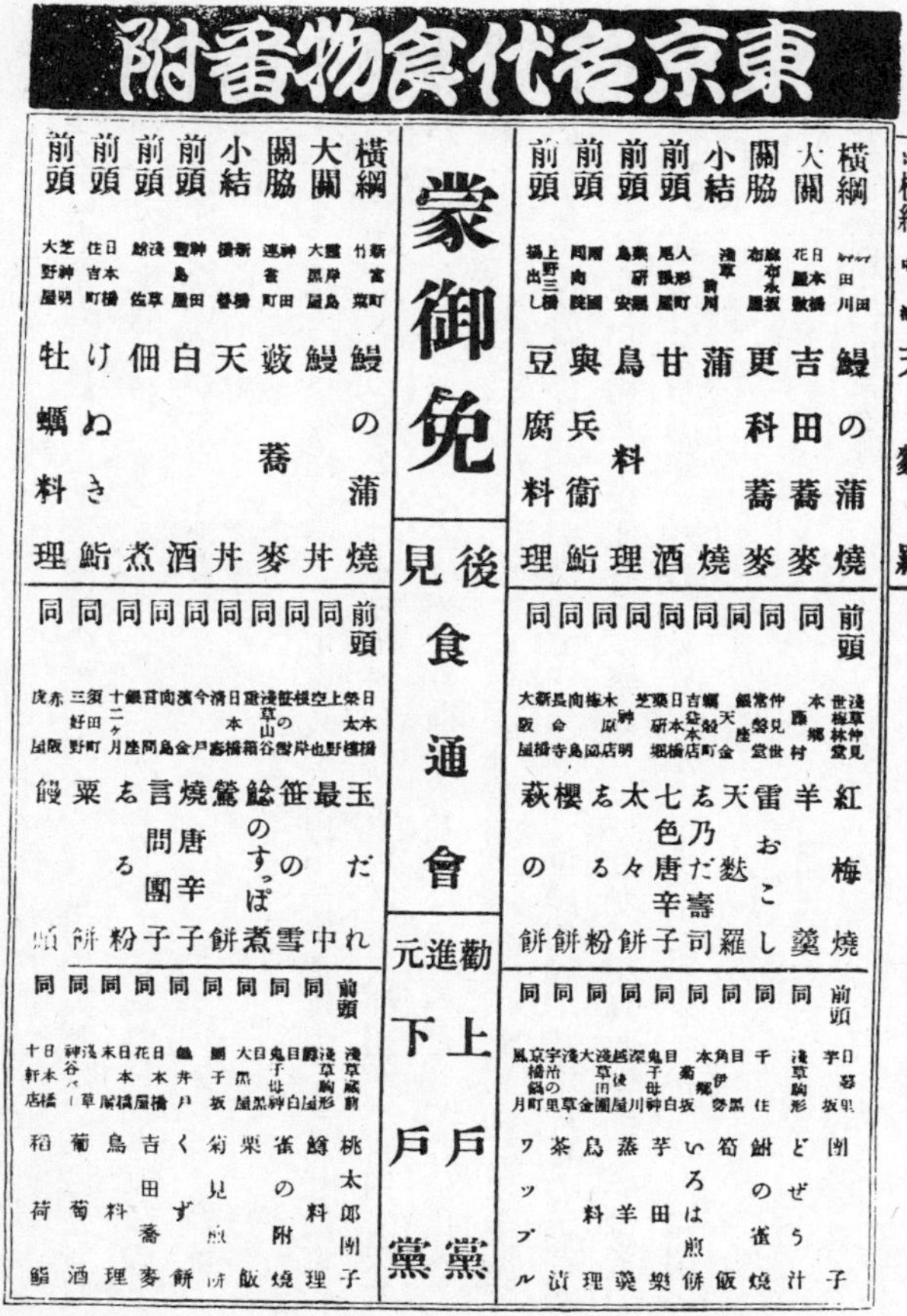

図35　小結にランキングされた天丼　「東京名代食物番附」（大正12年）

「橋手前に大衆向大量生産的天麩羅の橋善がある。こゝの天丼はよつぽど空腹の時でも一寸もち扱ふ位〔もてあますくらい〕内容豊富だ。但し待たされるのと器が余り上等でないのが欠点である」

と評している。戦後の橋善について、小島政二郎は、「橋善はよく繁昌したものだ。今でも時分時《じぶんどき》に行くと、腰を掛ける場所がないくらい客で一杯だが、百円で天丼に味噌汁がつくのだから繁昌するのは当たり前かも知れない。ただし、昔に比べると味が落ちた」といっている（『食いしん坊2』）。昭和三十年（一九五五）頃の話で、この頃のうな重は三五〇円していたので、三分の一位の値段で味噌汁付の天丼が食べられたことになる。橋善は相変わらず繁昌していたが、小島政二郎がいっているように、味が落ちたのが影響したのであろうか、平成十四年（二〇〇二）に閉店している。

（二）高級天麩羅店にも天丼

これまでも名が出てきたが、大衆的な橋善に対し、高級天麩羅店として名をはせてきたのが天金だった。天金は橋善とともに『東京流行細見記』「本胡麻屋あげ」に「ぎんざ　天金」と載っていた店で（図33、一〇八頁）、明治二十三年刊の『東京百事便』には、「都下有名の天麩羅店」として紹介されていて、

「天金　銀座四丁目にあり。都下有名の天麩羅店なり。一人前並等金拾五銭（三種）以上好み次第にて調進す。紳士連と雖も、天麩羅を嗜む者は同じく一室に雑食す。又此家の奇事とも云ふべきは、雇男共《ども》何れもチョン髷にて散髪の者は一切雇ぬよし」

とある。この店の雇い男は全員がチョン髷姿をしているとあって、時代を感じさせるが、明治二十三年二月二十日の「東京日日新聞」に載っているこの店の挿絵を見ると、客へのサービスは女性の店員がしている（図36）。

明治二十年のそば（もり・かけ）の値段が一銭、入浴料が一銭三厘、明治二十五年の日雇労働者の賃金が十八銭だった（『値段の明治・大正・昭和風俗史』『続続値段の明治・大正・昭和風俗史』）。それに比べ、この店は入れ込み式の座敷であるにもかかわらず、三種盛りは「並」でも十五銭と高かったが、繁昌していた。明治三十四年刊の『東京名物志』

図36　天金の店内。「天金」名入りの膳を運ぶ女性店員。「東京日日新聞」（明治23年２月20日）

は、「此家の天麩羅を食はざる者は未だ天麩羅を語る能《あた》はず。其《その》一人前、他より高値なれども其《その》分量多し」と絶賛している。

高級店の天金は、小島政二郎が「天金には天丼がなく」といっていたように（一一八頁）、天丼を出していなかったが、そうもいかなくなっている。天金の家に生まれた国文学者池田弥三郎（大正三年生まれ）は、

「当時、世の中は不況のどん底であって、わたしの父も、天金の隣で道楽でやっていた「銀座美術園」という書画の店をやめて、そこを大衆向きの安いてんどんを主とした店にした。昭和五年十月のことであった。てんどんが三十五

銭で、それに十五銭のおわんに、サービスに名物のこまかいおこうこをつけて、「どんわん五十銭」とし、店の名を、「天金食堂どんわん」と名のった」

といっている（『銀座十二章』昭和四十年）。この試みは成功し、

「天金〈略〉天麩羅の最高級店として又銀座名物として、既に久しいものですが、お隣に独立した食堂を設け階下は腰掛け式にして天麩羅（七十銭）、どんわん（五十銭、これはお椀付天丼の事）の看板をかかげ、時代の浪に乗る事を忘れないのは感心です」

と『大東京うまいもの食べある記』（昭和八年）に取りあげられている。

天金は創業当初の場所（銀座四丁目・今の和光の西隣り）から、大正七年に筋向こうに移転し（銀座五丁目）、新築した本店の隣に造った天金食堂で、「どんわん」と銘打ったお椀付の天丼を五十銭という安い値段で提供していて、「天金食堂は確かに天ぷら党には見逃せない處です」（同書）と悦ばれている（**図37**）。天金のような高級店でも時代の波に乗るには天丼を出す必要があったわけで、天麩羅店にとって

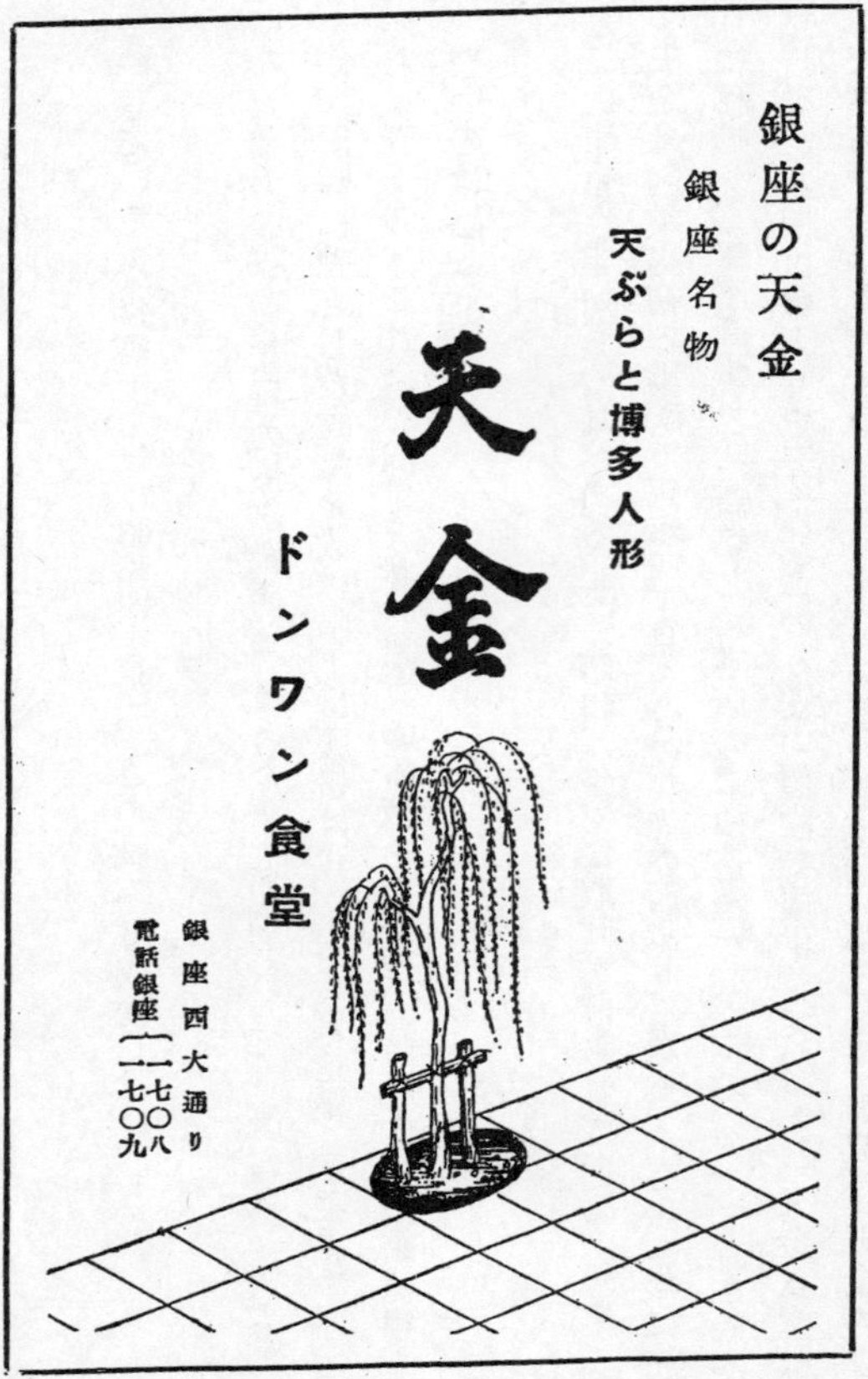

図37　天金の広告。「ドンワン食堂」とある。『大東京うまいもの食べある記』（昭和８年）

天丼は不可欠なメニューになっている。

天金は戦災で焼失し、終戦後すぐに再開を果たしたが、昭和四十五年に暖簾を下ろしてしまった。

(三) 蕎麦屋に天丼

先に紹介したように、江戸後期には蕎麦屋で天麩羅蕎麦を出すようになっていた(九六頁)。しかし、天丼はなかなか蕎麦屋のメニューに加えられなかったが、平山蘆江(明治十五年生まれの新聞記者)の『東京おぼえ帳』(昭和二十七年)には、

「明治も日露戦争を終つた頃から、東京の夜の町にはチヤルメラの音が悲しく響きはじめた。チヤアシウ麵とかワンタン麵とかラア麵とか油つぽいのが、鍋やきうどんや、風鈴そばやを追払つて、そばやの見世の中へ天どんと共に割り込むやら、折角、意気なあんちやんの腰かけぶりも台なしに怪しげな円てえぶるや、半こわれの椅子席が、やぶそばの看板の家にさへ据ゑつけられるやうになつたのだ」

とあって、蕎麦屋が変化し、天丼を出す時代が訪れていることを告げている。ここでは蕎麦屋が天丼を出すようになった時期が明確でないが、飲食店のガイドブック『食行脚』(大正十四年)は「蕎麦屋丼の元祖」と題して、

「蕎麦屋で、丼飯の歴史は左程古くはない。大正元年、新宿武蔵野館裏の船橋屋で、天丼と親子丼とを売り出したのが、そもそもの初まりで、当時、新宿の船橋屋は飯屋になつたと軽蔑する同業者も随分あつたものだ。然しその後、浅草仲見世の萬屋で遣り出すと間もなく、市中到るところの蕎麦屋さん、我も我もと所謂飯屋の兼業をするやうになつた」

と記している。大正元年に新宿武蔵野館裏の船橋屋(現在の「天ぷら船橋屋」)が天丼と親子丼とを売り出すと、市中到るところでこうした蕎麦屋が増えていったとあるが、雑誌『風俗』(大正六年六月一日号)には、

「二、三年以来蕎麦屋で天丼、親子丼を兼業にする家が多くなつた。最初は鉄道駅前などで旅客の便を計つてやつたものだが、種物《たねもの》につかふ天ぷら、鳥、玉子が

共通に出来るので一軒殖へ二軒殖へて現今では「龍丸書き《たつまるが》」看板の傍には必ず此別格《べつかく》看板を見ぬ処はないやうになつた。是れも東京が地方化して行く一つとして見る」

とある。そもそも蕎麦屋には天ぷら、鳥、玉子があるので、天丼や親子丼を出すことが出来、こうした店が増えていったとしている。「龍丸書き」とは蕎麦屋専門の書風をいった。

蕎麦屋では、大正元年頃に天丼や親子丼を出すようになり、大正三、四年頃にはこうした店が増えていた。関東大震災後間もないころに東京の街を北に南にあちこちと歩いて「バラック看板大凡六百有余」をスケッチした『新帝都看板考』(大正十二年)には、深川公園近くの蕎麦屋が「そば　天丼　親子丼　藪平」と書いた看板をぶら下げているのがスケッチされている(大正十二年十一月二十八日のスケッチ、**図38**)。蕎麦屋が天丼を出していたのが確認できる。昭和五年に出版された『蕎麦通』の作者は、

「現在の蕎麦屋で、往昔の面影を庭園の眺めに留めている家は、震災後には全く

図38　蕎麦屋の看板。「そば　天丼　親子丼　藪平」と書かれている。
『新帝都看板考』（大正12年）

絶無となってしまい、そして東京では代表的な蕎麦屋が、いずれも入口の土間にテーブルと椅子を並べて、簡易食堂化してしまったことは、時代の要求でやむを得ないが、中には肝腎な蕎麦を二の次として、親子丼や天丼や支那蕎麦の類を売るに至ったのは、真に心細い次第である」

と嘆いているが、「蕎麦屋に天丼」が定番になっていった。

蕎麦屋は東京の町中に存在し、明治十年には東京府内に六二四軒存在していたが（『明治十年東京府統計表』明治十一年）、昭和十一年には「大東京蕎麦商組合」に「一千五百余名」の蕎麦屋が加盟している（『麵業五十年史』昭和三十四年）。蕎麦屋が天丼をメニューに加えることにより、天丼はさらに日本人の日常食になっていった。

(四) 天丼は東京名物に

明治二十六年生まれの銀座「天国」二代目の主人・露木米太郎は、天丼を主に売っている店は、天丼を年中頭に置いていて、「そうゆう店はスタートから衣のとき方も違うし、おつゆも天丼用と天ぷら用の二通りにこしらえてあります」とした上

で、

「江戸特有な味を持つ天丼の汁の作り方については、各店の主人達が大変な苦心をして他店の天丼を知られぬように食べに行き、他店のよい味を少しでも自分の店の汁に取り入れて、勉強と競争をしておりますので、天丼の味こそ東京名物で、他地方には絶対に追随を許さない江戸の持ち味とでも申せましょう」

と自慢している（『天婦羅物語』昭和四十六年）。東京の天麩羅店は、天丼用の天麩羅のコロモや天つゆの工夫を積み重ねて、天丼を東京名物に仕立て上げていった。東京では美味い天丼が食べられたし、今でも食べられる。

江戸庶民が屋台で食べていた江戸前天麩羅は、江戸の町で蕎麦と出会って天麩羅蕎麦となり、茶漬と出会って天麩羅茶漬が生まれた。さらにご飯と出会って天丼が誕生し、東京名物の天丼に発展して、我々の口腹を満たしてくれている。

第三章　親子丼の誕生

一　鶏を食べなかった日本人

(一) 時告げ鳥として飼われた鶏

いうまでもなく親子丼とは、鶏肉と鶏卵が主材料なことから名付けられた。今ではこの組合せの親子丼を手軽に食べることが出来るが、親子丼が生まれるまでには長い道のりがあった。

日本ではおよそ二〇〇〇年前には鶏が飼われていたという（『日本人の誕生』昭和六十二年）。この鶏を食べる者がいて、天武天皇は、天武四年（六七五）四月十七日に「今自《いまよ》り以後《のち》、〈略〉牛《うし》・馬《うま》・犬《いぬ》・猿《さる》・鶏《にわとり》の宍《しし》〔肉〕を食《くら》ふこと莫《なか》れ。以外《そのほか》は禁《いさめ》の例《かぎり》に在《あ》らず。若《も》し犯《おか》すこと有《あ》らば罪《つみ》せ」といった禁令を出し、牛、馬、犬、猿の肉とともに鶏肉を食べることを禁じている（『日本書紀』養老四年・七二〇）。この禁令で鶏肉を食べることが難しくなったわけだが、さらに追い打ちをかけるように、元正天皇は養老五年（七二一）七月二十五日に、「諸国《くにぐに》の鶏《にはとりゐのしし》猪を悉《ことごと》く本処《ほんしよ》に放《はな》ちて、その性《しやう》を遂《と》げしむべし」と、鶏や猪を飼うことを禁じ、全国に飼っている鶏や猪を本来の棲息地に解放するよう命じている（『続日本紀《しよくにほんぎ》』延暦十六年・七九七）。天皇の詔《みことのり》によって、日本では鶏を飼うことすら難しくなったが、実際にはそうならなかった。食用以外の目的で飼うのであれば構わないと考えられていたからで、鶏は「時告げ鳥」として飼われていた。室町時代の公卿・万里小路時房の日記『建内記《けんないき》』の嘉吉三年（一四四三）六月二十三日には「異朝の畜鶏は、食物のためなり。本朝その儀なし。ただ時を知るのみ」とある。

安土桃山時代の終わりころに来日した宣教師ロドリーゲス（一五七七〜一六一〇在日）は、

「鶏や鴨や家鴨《あひる》を飼うのはただ娯楽のためであって食用にするためではない。なぜなら、王国〔日本〕中で、豚、鶏、牛のような家畜は不浄なものと考えられ、家畜一般の用途はその肉を食うのではないからである」

と証言している（『日本教会史』第七章　元和八年〈一六二二〉頃）。このころの日本では、鶏は不浄なものとみなされていた。

鶏肉を食べない時代では、鶏の飼い方は今とは異なっていた。鶏は雄と雌の一《ひと》番《つがい》を庭に放し飼いにしている程度だったので「庭鳥」と呼ばれるようになったと考えられ、『名語記』（建治元年・一二七五）に「問　ニハトリ如何。答　鶏ナリ。ツネニ庭ニスメバ庭鳥歟」とある。

ロドリーゲスが「鶏や鴨や家鴨《あひる》を飼うのはただ娯楽のためであって」といっているように、鶏をたたかわせて観覧する闘鶏は古くから行われていて、平安時代の宮中では、「鶏合せ」が三月三日の節句の年中行事になっていた（図39）。

（二）好んで食べられていた野鳥

日本人は鶏肉を食べない代わりに野鳥の肉は好んで食べていた。

室町時代の有職故実を記した『海人藻芥《あまのもくず》』（応永二十七年・一四二〇）には、

「大鳥は白鳥、鴈《がん》、雉子《きじ》、鴨、此外は供御《くご》（天皇の食物）に備えざるなり。小鳥

吉家模本（江戸前期）

図39　平安末期の鶏合せ。雄鶏を勝負させている。『年中行事絵巻』住

は鶉《うずら》、雲雀《ひばり》、雀《すずめ》、鴫《しぎ》、此外は供御に備えずと云々」

とあって、こうした野鳥類が天皇をはじめとして公家や武家の饗膳にのぼっていた。なかでも、最も珍重されていたのは雉だった。野鳥の多くが渡り鳥として日本に飛来し、捕獲シーズンが限られていたのに対し、雉は四季を通じて山野に棲んでいた。オールシーズン捕獲が可能だったので、平安時代の宮廷の饗宴で供される鳥料理は、雉を材料にすることが多かった。

鎌倉末期には、鳥では雉が最も高貴なものとする観念が定着し、『徒然草』(元弘元年〈一三三一〉頃)には「鳥には雉、さうなき物也」とある。雉は鳥の中でこの上ないものに位置づけられ、室町時代になると「只鳥ト計《ばかり》云ハ雉ノ事也」(『四条流庖丁書』延徳元年・一四八九)といわれるまでになっている。特に鷹に取らせた雉は「鷹の鳥」と呼ばれ、最高のご馳走とされた。

ところが、織田信長、豊臣秀吉があいついで覇権を握るころになると、野鳥に対する価値観に変化が現われ、饗宴や茶会の献立で鶴が重要視されるようになった。前述のロドリーゲスの『日本教会史』第七章によると、当時流行していた茶会の献立について、

「狩猟される鳥で、日本人が最も珍重しているものの第一は鶴、第二は白鳥、第三は野鴨であって、貴人が荘重な宴会で行なう茶の湯では、もてなしを盛大にするためにこれら三種類の中のどれかが必ず出される」

とある。鶴を最高の鳥として珍重する考えは徳川将軍家にも受け継がれた。

(三) 食べられていた鶏卵

鶏卵については、天武天皇の肉食禁止令の対象になっていなかったこともあり、鶏肉ほどタブー視されていなかった。

仏教説話集『日本霊異記』中巻第十(弘仁年間・八一〇〜八二四)には、「常に鳥の卵を求めて、煮て食ふを業《わざ》」としていた男が見知らぬ兵士に呼び出され、燃えさかる麦畑の中に押し入れられて焼き殺されてしまう話が載っているが、最後に「今身《こんじん》に鶏《とり》の子を焼き煮る者は、死して灰河地獄《けがぢごく》に堕《お》つ」と警告されている。「灰河地獄」とは、八熱地獄に付属している十六遊増地獄の一つで、熱い灰が河のように流れている中で罪人をさいなむ地獄をいった。

また、無住和尚の『沙石集』（弘安六年・一二八三）には「鶏《にはとり》ノ子ヲ殺シテ酬《むくひ》タル事」と題し、尾張のある女が自分の子に食べさせようとして「鶏ノ子」をたくさん殺し、その報いで二人の子供を失ってしまう話が載っている。

いずれの話も、仏教の殺生戒によって、鶏卵を食べると悪報が身に及ぶ話だが、見方を変えれば鶏卵を食べる人がいたことを物語っている。

鶏卵を食べながら花見をしている人々もいた。源顕兼《あきかね》の『古事談』「第二　臣節」（建暦二年〜建保三年〈一二一二〜一二一五〉頃）には、観桜の宴が催されたとき、藤原惟成《これしげ》という廷臣が「長櫃飯二、外居鶏子一、折櫃擣塩一杯」を仕丁《しちょう》（雑役に従事した男）に担がせて持って行ったところ参加者から歓声があがった、という話が載っている。「外居《ほかゐ》」は曲物で作られた食物を納めて運ぶ円筒形の容器で、外側に反った三本の足がついている（図40）。これに「鶏子」（鶏卵）を入れて持参しているのでかなりの数の卵であろう。折櫃（檜の薄板を折り曲げて作った箱）には「擣塩《つきしお》」（擣《つ》いて細かく砕いた塩）を入れて持参している。参加者が桜を眺めながら、ゆで卵に塩をつけて食べている様子が目に浮かぶ。

無住和尚は、『沙石集』で鶏卵を食べると悪報が身に及ぶとしている一方で、『雑《ぞう》談集《だんしゅう》』「巻之二」（嘉元三年・一三〇五）には、鶏卵を好んで食べる破戒僧の笑話を載せている。

図40　外居を担う男。『春日権現験記絵』（延慶２年・1309）

「或《アル》上人、雞《ニハトリ》ノ卵《カヒゴ》ヲ取《トリ》テ、ユデテクヒケルガ、小法師ニカクシテ茄子漬《ナスビヅケ》ト名《ナ》ヅケテ食《ショク》シケル。小法師コレヲ知リテ、事ノ次《ツイ》デニ云ヒタク思テ、雞《ニハトリ》ノ暁《アカツキ》鳴《ナク》ヲ、御《ゴ》房《バウ》々々ナスビヅケノ父ノ鳴《ナキ》候。キカセ玉フカト云ヒケル」

ある上人が、小坊主にかくして茄子漬と呼んで鶏の卵をゆでて食べていた。小坊主はこれを知って、機会があればすっぱ抜いてやりたいと思っていたが、鶏が暁《あかつき》に鳴いた機会をとらえて「茄子の親が鳴いています。聞こえますか」といって上人の隠し事をあばいている。
僧侶でも鶏卵を食する者がいたことがうかがえる。

(四) 鶏卵を食べることが普及

室町時代になると、鶏卵が食品扱いされるようになる。『尺素往来』(室町中期)の「巡役《ジュンヤク》之朝飯」には、「巡役」(一定の間隔をおいてまわってくる任務)に就く日の朝食に準備すべき食材名が「四足」「二足」「魚類」に分類して列記されているが、このうちの「二足」については「雉《キジ》、鶉《ウズラ》、鴫《シギ》、鵖《ヒハリ》、鴛《オシ》、鴨《カモ》、鴈、鵠《ククイ》、鶴、鷺、小鳥、卵子《カイゴ》等」とある。当時好んで食べられていた野鳥類と一緒に「卵子」の名があげられている。

『文明本節用集』(室町中期)をみると、「雞《ニハトリ》」は「気形門《きぎょう》」(生き物類)に分類されているのに対し、「雞卵《ケイラン》」は「飲食門」に分類されている。鶏は生き物(動物)として扱われているが、鶏卵は食べ物として扱われている。

鶏卵に対するタブー視が薄らいでいる。

やがて、十六世紀中頃にヨーロッパ人が来航すると、日本人の食生活に変化がみられるようになった。永禄六年(一五六三)に来日し、三四年に亘って布教活動に努め、長崎で生涯を終えたポルトガル人宣教師ルイス・フロイスは、「この頃〔一五九三年ころ〕に行われた幾つかの布教による成果について」のなかで、

「私たち（ヨーロッパ人）の食物も彼らの間ではとても望まれております。とりわけ、これまで日本人が非常に嫌悪していました卵や牛肉料理がそうなのです。太閤様〔秀吉〕までがそれらの食物をとても好んでいます。このようにポルトガル人の品々が彼らの間でたいした好評を博するようになりましたことは、まったく驚くべきことなのです」

と語っている（『フロイス・日本史』五畿内編、第六十九章、十六世紀後半）。フロイスには日本人は鶏卵を嫌悪しているようにみえたが、来日ヨーロッパ人の影響を受け、日本人の間で卵を食べることが普及していった。牛肉も食べるようになったとあるが、後述するように、秀吉や江戸幕府が屠牛を厳禁したため、牛肉食は一時的な現象で終っている（一九五頁）。

遅ればせながら、親の鶏を食べることも江戸時代に始まるが、親（鶏肉）と子（鶏卵）が一つの料理のなかで出会う状況にはなかった。親子丼への遠い道のりは

続く。

二　江戸時代の鶏肉・鶏卵食

(一)　料理書に現われた鶏肉・鶏卵

江戸時代に入ると、鶏卵の料理法がみられるようになる。寛永三年(一六二六)九月六日、後水尾天皇は京都二条城に行幸し、前将軍秀忠と三代将軍家光父子の出迎えを受け、駐輦《ちゅうれん》は五日に及んだ。その際に幕府側が接待した饗膳の献立次第が書き残されているが、「十日朝」には「玉子フワフワ」が供されている(『後水尾院様行幸二条城御献立』寛永三年)。徳川幕府が威信をかけて天皇をもてなした料理の一品に鶏卵料理が登場している。鶏卵に玉子の字があてられており、鶏卵を「玉子」と表記した早い例になる。「玉子フワフワ」とは、寛永二十年(一六四三)に出版された『料理物語』に「たま子をあけて、玉子のかさ三分一だし・たまり・いりざけをいれ、よくふかせて(沸騰させて)出し候。かたく候へばあしく候」とある(ここでも「玉子」と表記)。

一方で鶏肉を使った料理もみられるようになり、『料理物語』には、

「鶏《にはとり》汁、いり鳥、さしみ、めしにも。玉子はふわ〱、ふのやき、みのに、丸に、かまぼこ、そうめん、ねり酒、色〱」

とあって、四種類の鶏料理と七種類の鶏卵料理が紹介されている（図41）。

江戸時代になっても野鳥は好んで食べられていたが、乱獲により野鳥の数が少なくなった。八代将軍吉宗は、享保三年（一七一八）七月に、鳥類減少のため、向こう三年間、鶴・白鳥・雁・鴨を贈答や食料にすることを禁止し、江戸の鳥屋を十軒に限定する触れを出している（『御触書寛保集成』一一三四）。

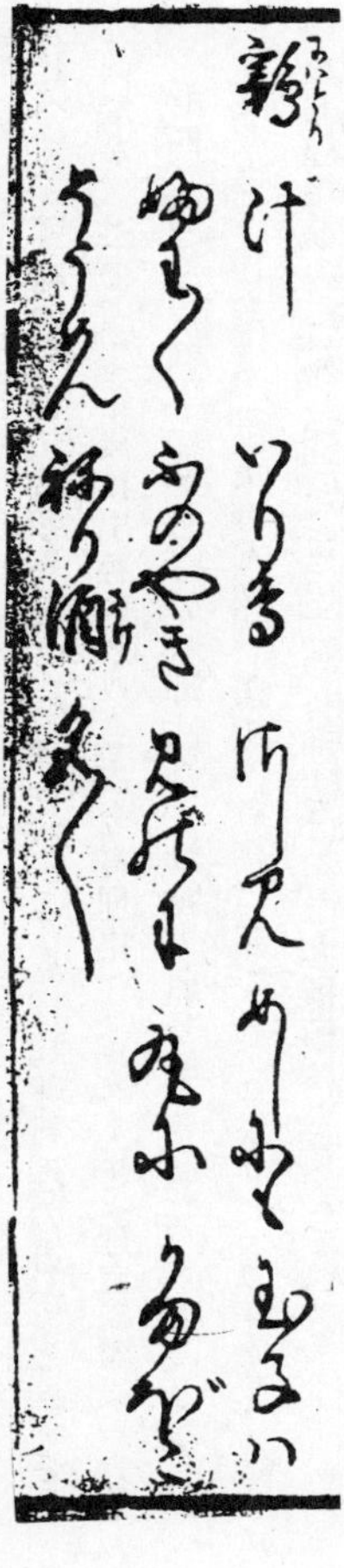

図41　鶏肉と鶏卵の料理名。『料理物語』（寛永二〇年）

野鳥の減少によって鶏の需要が増え、鶏肉を食べることが普及していくが、鶏肉に比べて、鶏卵の料理法は多彩だ。『料理物語』でも、鶏卵料理の方が多く示されていたが、この三〇年後に出版された『古今料理集』（寛文十年～延宝二年〈一六七〇～七四〉頃）では、「にわ鳥」の料理法は、汁物、煎り焼き、のっぺい（とろみをつけた煮物）、せんば（塩味の煮物）、鶏飯、煮鳥、茹で鳥、こくしょう（濃漿）といった七種類なのに対し、「たまご」の料理法は、二九種類にも及んでいる。

そして、天明五年（一七八五）には、「玉子百珍」の別称がある一〇三種類もの鶏卵料理を載せた『萬宝料理秘密箱』「前編」や、酒の肴、吸物などを鶏卵一色で組み立てた『萬宝料理献立集』が出版されている。

（二）養鶏業が未発達の江戸時代

料理書をみると、江戸時代にはかなりの鶏肉や鶏卵が消費されているようにみえるが、当時の生産量を考えると、そうともいえないことが分かる。日本にやってきたフランスの宣教師たちが本国に送った書簡等にもとづいて一六八九年にパリで編集された『日本西教史』（クラッセ著）には、日本の山林にはシカ、イノシシ、ウサギの類が多く、鳥類も多いが、「鳥獣を牧養して活計とする者を見ず」とあるように、江戸時代には養鶏業が発達していなかった。
人見必大《ひとみひつだい》の『本朝食鑑』（元禄十年・一六九七）には、

「〔鶏を〕民間で養《か》うには、三つの利がある。一つは、山中の田家が風雨の日に昼夜もわからない時、鶏が鳴いて時を知らせてくれる。二つには、場庭《にわ》に穀菽《こくしゅく》〔穀類と豆類〕が漏脱《ろうだつ》して〔漏れ落ちて〕土砂に混じてしまっても、鶏は啄《つつ》いて残さずに食べてくれる。三つには、鶏を多く蓄《か》っていれば、卵を生むのも多くいるので、時どきは市に販売し、不時の利が得られる」

とあって、養鶏には三つの利点のあることが挙げられているが、時どきは卵が売れるとある。まだこの時点では、利益を得ることを目的とした養鶏法はみられない。
宮崎安貞も『農業全書』（元禄十年・一六九七）において、養鶏は利が得られるとしながらも、その難しさを論じている。

「〔鶏は〕甚だ利を得る物なれども、屋敷の広き余地なくては多く畜《か》ふ事はなり難し。凡雄鳥二つ雌鳥四つ五つ程畜ふを中分〔ほどよい数〕とすべし。〈略〉甚だ多く畜ひ立つるは、人ばかりにては夜昼共に守る事なり難く、狐・猫のふせぎならざる故、能よき〔能力のある〕犬を畜ひ置きてならはし守らすべし（但し、かやうにはいへども、農人の家に鶏を多く飼へば、穀物を費《つひや》し妨げ多し。つねのもの是をわざとしてもすぐしがたし。しかれば多くかふ事は其人の才覚によるべし）」

せいぜい雄鶏二羽、雌鶏四、五羽を飼うくらいが適当で、多く飼うには、狐や猫に襲われるのを防ぐために番犬を飼って訓練する必要があり、穀物の費えも多い。普通の人では多く飼うのが難しく、それなりの才覚が必要だ、と説いている。

また、江戸時代の鶏は、卵を産む数が少なかった。佐藤信淵の『経済要録』（安政六年・一八五九）には「総て雌鶏は二歳より六歳までの稚鶏に能く食物を与へ、法を以て此を飼ふときは、毎年卵を生むこと百四五十に及び、六歳より以上は年を重るに従ひ、卵を生むこと少き者なり」とある。幕末期でも、現在の卵用種の白色レグホーン種が年に二八〇個くらい生むのと比べ、優れた方法で飼育しても採卵数は半分位に過ぎなかった。

（三）自由に商売できなかった鶏卵

生産量が多くない鶏卵の取引には「御用玉子問屋二十七軒」が指定されていた。御用玉子問屋は生産者から直接鶏卵を仕入れる特権が認められ、その見返りとして幕府に鶏卵を納入する義務を負わされていた。しかし、この御用玉子問屋を通さずに直接生産者から仕入れる者が後を絶たなく、町奉行所は天明八年（一七八八）五月二十九日に、

「御用玉子を納めてきた二十七人に限り、直接に玉子荷物を引き受けて問屋商売し、そのほかの者は二十七人の問屋から買い受けて商売するよう定めている。しかるに、素人が隠れて玉子荷物を引き受けて買ったり、途中へ出向いて山方より玉子荷物を持ち出した者から値段をせり上げて購入したり、田舎に直接出向いて商売したりしているため、近年は殊の外玉子値段が高値になっている。先年定めた通り、今後このような行為を一切してはならない。町中で玉子商売をする者は、御用納めをしている玉子問屋二十七人より買い受けて商売するように」

といった申し渡しを年番名主（地域ごとに編成された町組の代表名主。一年交代）に

申し渡している（『徳川禁令考』前集第五）。

こうした申し渡しはその後も繰り返し達せられているので、この制度を徹底できなかったことがうかがえるが、江戸の鶏卵の流通ルートは町奉行所によってコントロールされていた。

しばらく続いていたこの制度は文政二年（一八一九）七月に廃止された。その理由は定かでないが、その後は自由な取引が出来るようになって玉子問屋の数が増え、天保九年（一八三八）には江戸市中に五十七名の「玉子渡世」の者がいたことが記録されている（『諸事留』五）。しかし、相変わらず鶏卵の流通量は少なく、水野忠邦による天保改革によって、天保十三年（一八四二）三月八日に、日用品五十八品目の値下げが命じられているが、その中に鶏卵は含まれていない。鶏卵は「日用品」でなく、鶏卵の値段が市民生活にそれほど影響を及ばさなかったことがうかがえる。

（四）高価だった鶏卵

日常食でなかった鶏卵の値段は高かった。下級幕臣だった小野直方の日記『官府《かんぷ》御沙汰略記《ごさたりやつき》』（延享二年〜安永二年・一七四五〜七三）には、日々の生活記録が克明に書き込まれているが、その中には、玉子の購入値段が記録されている。

○延享五年三月六日「卵四ツ代四十文ニ買ヒ来ル」（一個十文）

○寛延二年八月二十三日「玉子三ツ四十五文砂糖十五文黒砂糖廿文買之」（一個十五文）

○寛延三年三月十一日「鶏卵六ツ四十八文ニ買」（一個八文）

○寛延四年三月十日「鶏卵六代六十文ニ買」（一個十文）

○宝暦二年三月八日「鶏卵五代四十文ニ買」（一個八文）

江戸中期の延享五年（一七四八）から宝暦二年（一七五二）の間、鶏卵一個の値段が八文〜十五文している。当時の一文が今のいくらになるかは大変難しい問題だが、江戸中期から後期を通じておおよそ米一石（約一五〇キログラム）が一両であったことを目安にして換算すると、一両が七万五〇〇〇円位になる。一両は銭四〇〇〇文が公定相場なので、一文が十三円位に相当する。卵一個が一〇四円〜一九五円位していたことになる。

こうした高価な鶏卵を売り歩く、ゆで卵売りが町を巡るようになり『近世職人尽

図42　ゆで卵売り。『近世職人尽絵詞』（文化２年）

絵詞』（文化二年・一八〇五）には鶏卵売りの絵が描かれ「たまご〳〵　うてた〔茹でた〕たまこをめすましきか　なまのも候」と売り歩いている（図42）。鶏卵売りの売り声は「たまごたまご」と二声発するのが特徴で、

○「一声も三声も呼ぬ玉子売り」（柳六〇　文化九年）

と詠まれている。『守貞謾稿』巻之六にも鶏卵売りのことが載っていて、

「湯出《ゆで》鶏卵《たまご》売り　鶏卵の水煮を売る。価大約二十文。詞に、「たあまごたあまご」と云ふ。必ず二声のみ。一声もまた三声も云はず」

とある。ゆで卵が一個二〇文（二六〇円位）で売られている。

『守貞謾稿』巻之五には蕎麦のメニューが載っているが、もり蕎麦が一杯十六文なのに対し、「玉子とじ」は三十二文している。玉子とじの値段は、もりそばの倍で、玉子一個の値段が上乗せされている（図43）。

また、同書後集巻之一には握りずしの値段も載っているが、車海老、白魚、まぐろさしみ、こはだ、あなごなどの握りが一個八文であるのに対し、「玉子巻は十六文ばかりなり」とあって、玉子巻はまぐろの倍の値段している（図44）。今とは大違いだ。幕末近くになっても鶏卵の値段が高く、親子丼は生まれにくい状況だったが、鶏肉と鶏卵の格（身分）の違いも足かせになっていた。

三　上下に格付けされた食材

（一）室町時代の食材の格付け

室町時代には公家や武家の社会で、食材を上下に格付けすることが流行していた。公家社会の料理流派、四条流の口伝書『四条流庖丁書』（延徳元年・一四八九）には、「美物《ビブツ》ヲ拵テ出スベキ事。参ルベキ次第ハビブツノ位ニヨリテ出スベキ也。魚ナ

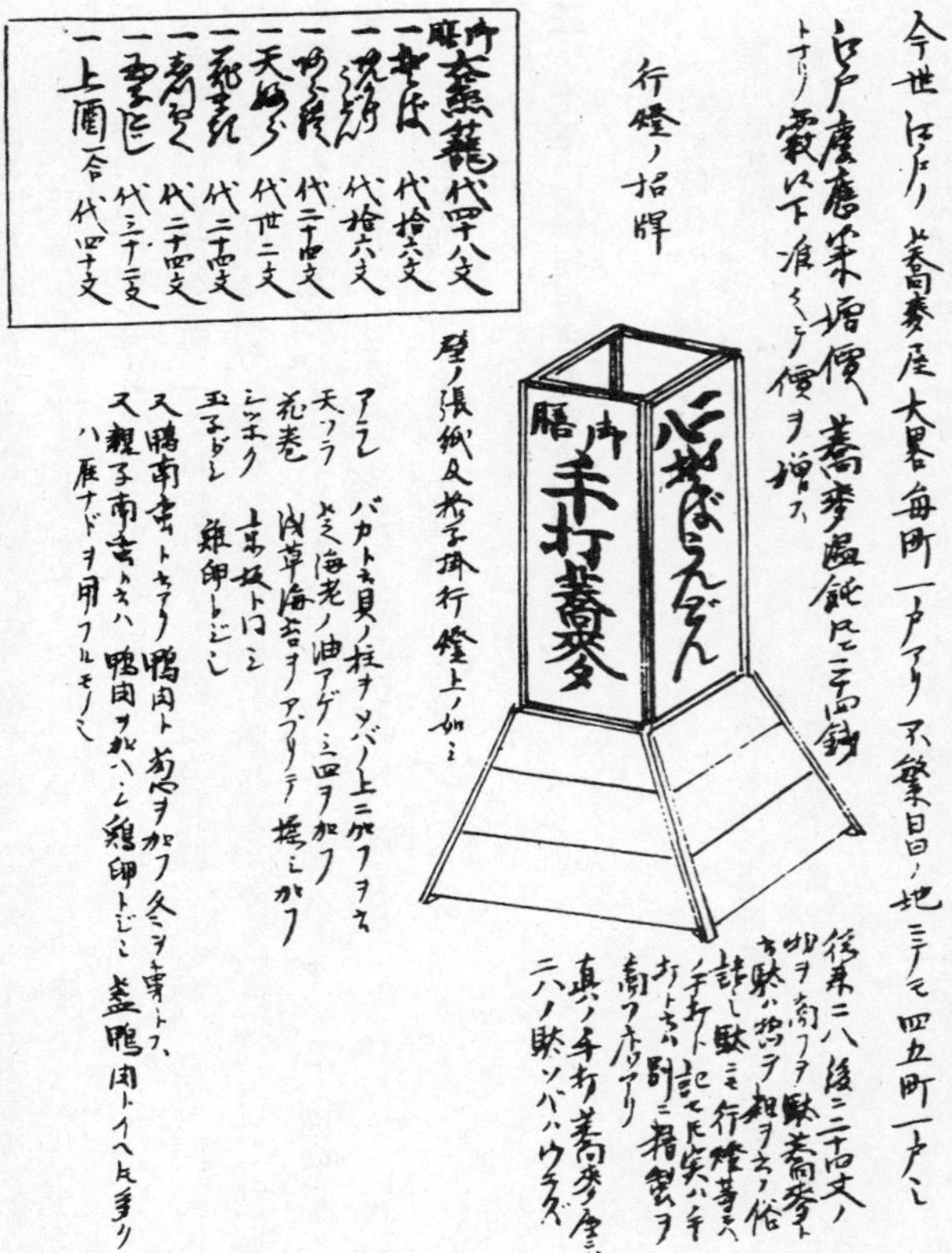

図43　蕎麦屋のメニュー。「御膳蒸籠　代四十八文、そば　代拾六文、あんかけうどん　代拾六文、あられ　代二十四文、天ぷら　代世二文、花まき　代二十四文、玉子とじ　代三十二文」とある。『守貞謾稿』（嘉永６年）

ラバ鯉ヲ一番ニ出スベシ。其後鯛ナド出スベシ。〈略〉水鳥ナラバ白鳥・菱喰・雁ナドケ様《かよう》ノ次第ニ参ラスベシ。但、鷹ノ鳥ノ事ハ、双ベキ物コレ有ルベカラズ」

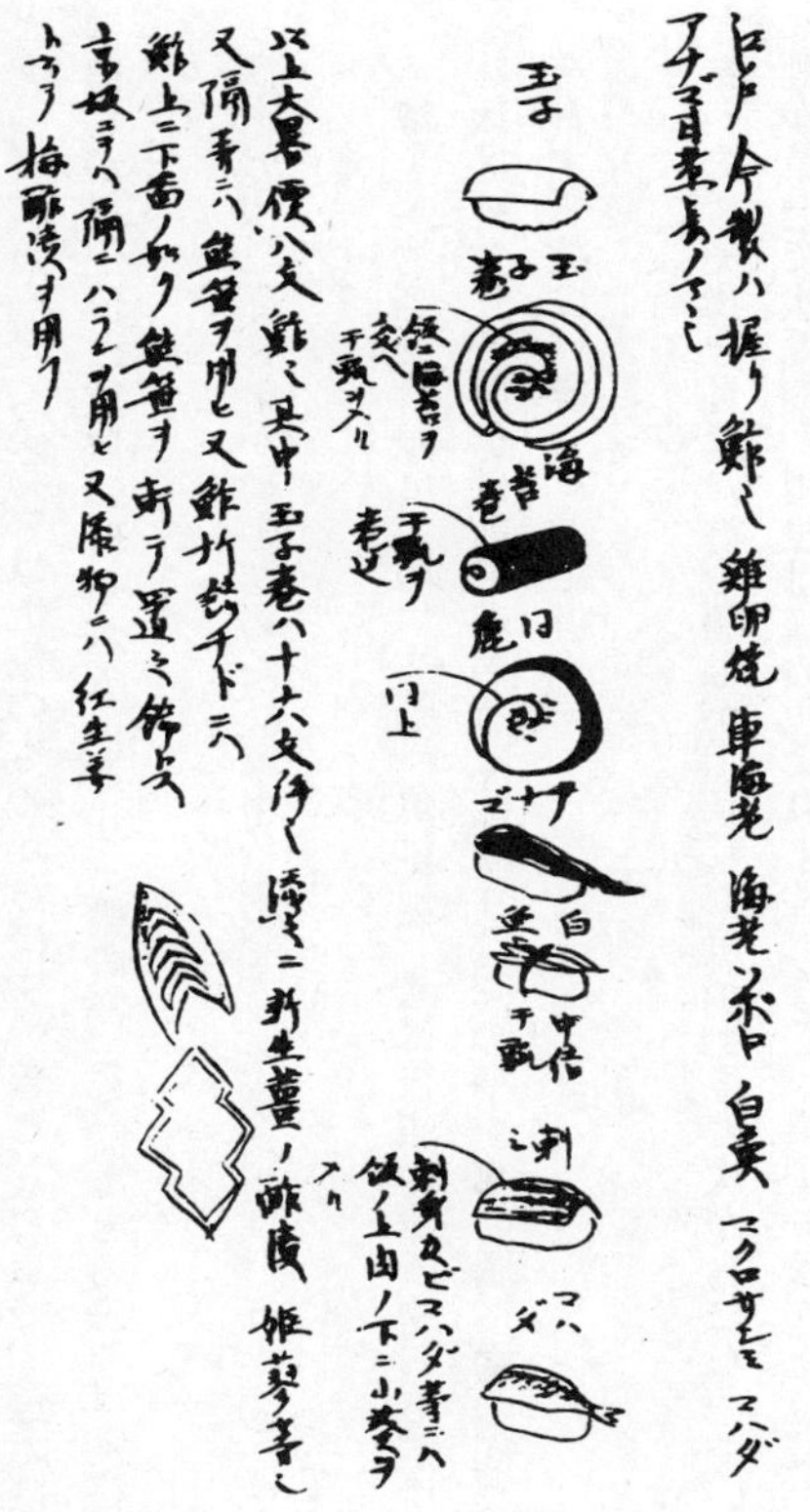

図44　すしの種類と値段。すしの絵の後に「以上、大略価八文鮓也。其中玉子巻は十六文許《ばかり》也」とある。『守貞謾稿』（嘉永6年）

とあって、魚鳥類（美物）は上位のものから出すべきとした上で、魚では鯉、鳥では白鳥が最上位に位置づけられているが、鷹の鳥（鷹狩でとる鳥）は別格扱いされている。

武家の伊豆守利綱が書き留めた『家中竹馬記』（永正八年・一五一一）にも、

「樽・美物等の目録は［の］次第。魚は前、鳥は後也。魚の中にも鯉は第一也。其次は鱸なり。河魚は前、海の魚は後なり。鷹の鳥、鷹の鴈、鷹の鶴などは、鷹を賞する故に、鯉より前に書也」

とあって、美物を目録に書く順番が示され、魚が上位で次が鳥になっている。魚では鯉が第一で次は鱸《すずき》、川魚は海の魚より上位になる。鳥より魚が上位だが、鷹の鳥はやはり別格扱いで、鯉より上の最上位にランクされている。

食材の格付けを意識して料理を出すのは大変だが、こうしたことが重んぜられた時代だった。

（二）身分違いの鶏と鶏卵

食材の格付けは江戸時代に引き継がれ、この時代になると鶏や鶏卵も対象にされるようになる。その様子を料理書でみてみると次のようにある。

『古今料理集』（寛文十年〜延宝二年・一六七〇〜七四）では、魚鳥類について、「賞くわん（賞翫）なり」「賞翫にも用ゆへきか」「賞くわんに不宜（よろしからず）」といった格付けをしているが、鳥類では、白鳥、がん、鶴、しぎ、むなくろ（胸黒）、うづら（鶉）、けり、かも、さぎ、きじ、ひよ鳥といった野鳥類が「賞くわん也」（賞味するに価する）とされている。これに対し、「にわ鳥」の評価は低く、「賞くわんに不宜」（賞味するに価しない）とあるが、鶏卵の評価は高く「たまご　賞くわん也」とあって、野鳥類と同じ扱いにされている。

『黒白精味集』下巻（延享三年・一七四六）では、魚鳥類を上・中・下に分けて格付けをしているが、鳥類では斑鳫《バン》、真鴨、雉子、青鷺、水鶏、鷸《しぎ》、鶉、雲雀、鶫《ツグミ》、鴨鶩《かもあひる》（合鴨）などの野鳥類が「上」にランクされている。これに対し、鶏は「下也。専冬。夏土用内かしわ雌」と「下」にランクされているが、鶏卵は「鶏卵　上　四季に用」と「上」にランクされている。しかも、鶏肉は期間限定なのに対し、鶏卵は四季に用いるとある。

鶏と鶏卵は身分が違っていた。

こうした考えは江戸幕府の服忌令にも表れている。元禄元年（一六八八）十二月に、幕府は将軍が「上野、紅葉山、増上寺御参詣之時」の供奉者に対して、「食穢之事」を定めているが、そこには、

「一　羚羊《かもしか》・狼・兎《うさぎ》・狸・雞　五日
一　牛馬　百五十日
一　豕《ゐのこ》・犬・羊・鹿・猿・猪　七十日
一　二足ハ前日朝六時より給申間敷候《たべまうしまじき》、玉子ハ魚ニ同じ
一　五辛前日之朝六時より給申間敷候
　以上」

と規定されている（『御触書寛保集成』）。鶏は羚羊などの四つ足グループに入れられ、参詣の五日前から食用が禁じられているが、鶏卵は魚と同じに扱われ、食べても差し支えないことになっている。幕府においても鶏肉に対する差別意識を有していた。

こうした差別が生じたのは、天武四年（六七五）に発せられた肉食禁止令以来、日本人は家畜や家禽の食用を避けてきたのに対し、鶏卵の食用はそれほどタブー視

されておらず、鶏肉よりも早く食用が始まっていることと関係がありそうだ。

（三）江戸時代の鶏肉と鶏卵の料理

したがって、格付け（身分）の異なる鶏肉と鶏卵とを組み合わせた料理は少なく、先に述べた「玉子百珍」の別称がある『萬宝料理秘密箱』には一〇三種類もの玉子料理が載っているが、鶏肉と鶏卵を一緒に使った料理は「冬葱蒸卵の仕方《ふゆねぎむしたまごしかた》」の一品にとどまっている。これは、

「ねぎの白根《しろね》か又は胡葱《あさつき》かをこまぐにして、温酒《あたゝめさけ》にて右のねぎをしばらくつけて、しぼり上ケて右のに入レ（中皿か茶碗に入れ）、たまごを一ッ宛《つゝ》わりこみてむすべし。但《たゝ》し鶏《にわとり》の作肉《つくりみ》を合するもよし。尤醤油をすこし入レるなり」

といった料理で、鶏肉と鶏卵の茶わん蒸しだが、これとても必ずしも鶏肉を入れることを必要としていない。

十返舎一九の『串戯《じょうだん》しつこなし』後編（文化三年・一八〇六）には、鍋を前にした仲睦まじい夫婦が描かれているが、「二人寝酒の小鍋立て、ちんちん鴨の玉子と

図45　鴨の玉子とじ鍋を前にした夫婦。『串戯しつこなし』後編（文化3年）

じ」とあって、二人は鴨の玉子とじ鍋を食べている（図45）。このころには鳥肉の卵とじが現われているが、使われているのは鶏肉ではない。

　また、先に紹介した『守貞謾稿』の蕎麦屋のメニューには、「親子南蛮」の名もみえるが、「親子南蛮と云は、鴨肉を加へし鶏卵とじなり。けだし鴨肉といへども、多くは雁《がん》などを用ふるものなり」と説明されている（図43、一五二頁）。親子南蛮とはいいながら、本当の親子でない食材が使われている。『黒白精味集』にみられたように、鴨・雁は鶏卵とともに「上」にランクされているが、鶏は「下」にランクされている。玉子とじや親子南蛮に鶏肉が使われないのは、江戸時代には鴨肉が好まれ、鶏肉はポピュラーな食材になっていなかったことにもよるが、鶏肉と鶏卵とは身分が異なることも関係していたものと思える。士農工商といった身分制社会においては、差別意識は食材にまで及んでいた。

江戸時代の終わりころになっても、生産量や値段の点から、また身分上の違いなどから、鶏肉と鶏卵を一緒にした親子丼が生まれる状況にはなかった。また、江戸時代には蕎麦の上に天麩羅をのせた天麩羅蕎麦や鴨肉の鶏卵とじをのせた親子南蛮がみられるのに、これらをご飯の上にのせるという発想は現われてこなかった。

四　養鶏業の発達

(一)　養鶏業の勃興

江戸時代には小規模な養鶏が行われていたに過ぎなかったが、幕末になると大きな変化がみられるようになった。『風俗画報』第二六号（明治二十四年三月十日）には、

「米船横浜に駛入《しにゅう》以来、外国人の牛肉を常食とするを見て、其風儀《そのふうぎ》忽《たちま》ち本邦に移り、慶応二年〔一八六六〕頃より牛肉を販売せし事『続武江年表』に見ゆ。去ればく当時より鶏肉をも食する者次第に増加して今日の如き盛況を極《きわ》むるに至りしならん。茲《こゝ》に至りて養鶏の事業大いに起り、蓄〔畜〕産家中に之《こ》れを専業となすもの続々現はれ、外国の種鶏《しゆけい》を購求《かうきう》して各自飼養《しやうけい》鶏の珍奇《ちんき》を競ひ、一時《いちじ》其声価《そのせいか》〔成果〕数百円に至りし物〔者〕あり」

とあって、幕末の開国により牛肉食が普及していくなかで、鶏肉の消費量も増え、養鶏業が勃興している。外来種が輸入されるようになったとあるが、『実用養鶏百科全書』（大正十四年）によると、

「本邦へ初めて洋種の鶏が輸入されたのは、安政年間〔一八五四～六〇〕で、種類はポーリッシュであったが、当時これを蘭鶏と呼んで居た。オランダ貿易船が持つて来たからである。更に明治十年前後には、黒色ミノルカ及白面黒色スパニッシュの両種が、或外国人に依つて、輸入されたのであるが、当時前者を「耳白《じろ》」、後者を「顔白《かほじろ》」と呼んで居たとのことである。それから、明治十八九年頃

になると、漸く養鶏熱が盛《さかん》になり、ブラーマ、コーチン、ハンバーク、レグホーン等が輸入され、次いで二十一年となるや、日本家禽協会が設立され、鶏種の如きも、当時外国に於て成立して居た殆ど総てのものが、輸入されたのである」

とあって、欧米諸国から多くの鶏種が輸入されている。

（二）養鶏戸数と生産量の増加

鶏の飼養戸数も増加した。『農林省累年統計表』（昭和七年）によると、

「鶏ノ調査ヲ始メテ為シタルハ明治三十九年ナルガ当時ノ飼養戸数ハ二、七三〇、一八一戸ニシテ、十羽未満ノ飼養戸数二、四六九、三三〇戸（九〇・四パーセント）、十羽以上五十羽未満ノ飼養戸数二五三、五六三（九・三パーセント）、五十羽以上七、二九八戸（〇・三パーセント）ナルガ四十一年ニハ既に三十万戸余ヲ増シテ三百万戸余トナリタリ」

とあって、まだ小規模経営が圧倒的に多いが、それでも十羽以上の飼養戸数が一割

近くを占めるようになっている。

養鶏戸数の増加に伴って鶏卵の生産量は増え、

「産卵数ハ成鶏ノ増加ト併行シテ年々著シキ増加ヲ示シ、三十九年ハ五九三百万個ナリシガ最近ハ二、五二八百万個ニ達シ其ノ増加率ハ四倍以上ニ及ブ」(『農林省累年統計表』昭和七年)

とあって、明治三十九年には五億九千三百万個に及んでいる。これを当時の人口で割ると、年間一人一二・三個の鶏卵を消費していたことになる。このほか清国(中国)から鶏卵が輸入されていて、明治十九年二月十二日付の「郵便報知新聞」は、清国から「日本へ輸送するもの廿万個以上なり」と報じているが、輸入量は年々増え、大正元年には六、七八五万四〇〇〇個に達している(「東京朝日新聞」大正十二年八月二十五日号)。国内生産量の八・三パーセントにあたる。

(三) 親子の身分差が解消

江戸時代の士農工商といった身分制社会においては、差別意識は食材にまで及んでいた。身分の異なる鶏と鶏卵の親子が料理で出会う機会はほとんどなかったが、明治維新を迎えると、様子が変わってきた。

江戸時代、苗字帯刀といって、苗字をとなえ刀をさすことは武士階級の特権で、庶民は特に許された場合に限られていた。それが明治三年九月にはすべての家が苗字を有することができるようになり、明治九年三月には廃刀令が公布されて士族（武士階級だった者に与えられた身分の呼称）の帯刀が禁止された。

四民平等（同権）が唱えられるようになり、かつて武士だった人も商いをすることが必要になり、養鶏業を営む者も出てきた。『日本養鶏史』（昭和十九年）によると、

「明治維新以後、〈略〉養鶏に対しては、当初、他の産業ほど政府の誘導もなかったのであるが、武士階級の徒食のものを助ける為め起業資金を貸与した際、諸事業と共に、養鶏に着手したものも少なからずあった」

とあって、養鶏業に参入した武士たちがかなりいた。

明治時代を通じて、時代の変化の中で養鶏業が発達し鶏肉と鶏卵の生産量は著し

く増加した。食材を差別する意識は薄れて親子の身分上の差別も解消し、親子丼が生まれる舞台が整っていた。

五　親子丼の誕生

(一) 親子丼が現われる

親子丼の誕生について、山本嘉次郎は「親子どんぶり考」で、

「私の親父は、親子どんぶりの発明者である。子供のとき、一家が食卓を囲んでいると、何かの話のついでに、「親子どんぶりというものは、オレが考えたものなのだ」と親父がいった。〈略〉株屋とか貿易商とかいう連中と一緒に、親父は料理研究会というものを作り、旨いものを漁り歩いた一時期があった。その会で、忙しいときは立ったままで食え、美味で滋養に富んだものと考えた。そこで生まれたのが、親子どんぶりなのであった。親父ひとりで考案したのか、みんなでひねり出したのか、あるいは料理人に工夫させたのかそこははっきり聞いていない。滋養に富んだというのがいかにも明治らしい。推測すると明治二十五年あたりで

はないかと思われる」

と語っている（『洋食考』昭和四十五年）。

一方で、明治二十四年ころに親子丼を考案したとして「元祖親子丼」を名乗っている鳥料理店もある。

いずれも当時の資料が残されているわけではないので、確かなことはわからないが、実はこのころにはすでに親子丼が売られていた。明治十七年九月六日の「大阪朝日新聞」に神戸元町の「江戸幸」といううなぎ屋が新聞広告を出しているが、営業品目の中に、「親子上丼　弐拾銭」「親子並丼　拾弐銭五厘」「親子中丼　拾五銭」とみえる（「聞蔵Ⅱビジュアル」、図46）。

これが親子丼の初見になるが、東京での早い例としては次のような記述がみられる。

明治から昭和にかけて半世紀に亘り、新聞記者として活躍していた慶応四年生まれの鶯亭金升（昭和二十九年没）は、「明治二十四年頃、下谷《したや》不忍池《しのばずのいけ》の畔」に住んでいたときの話として、

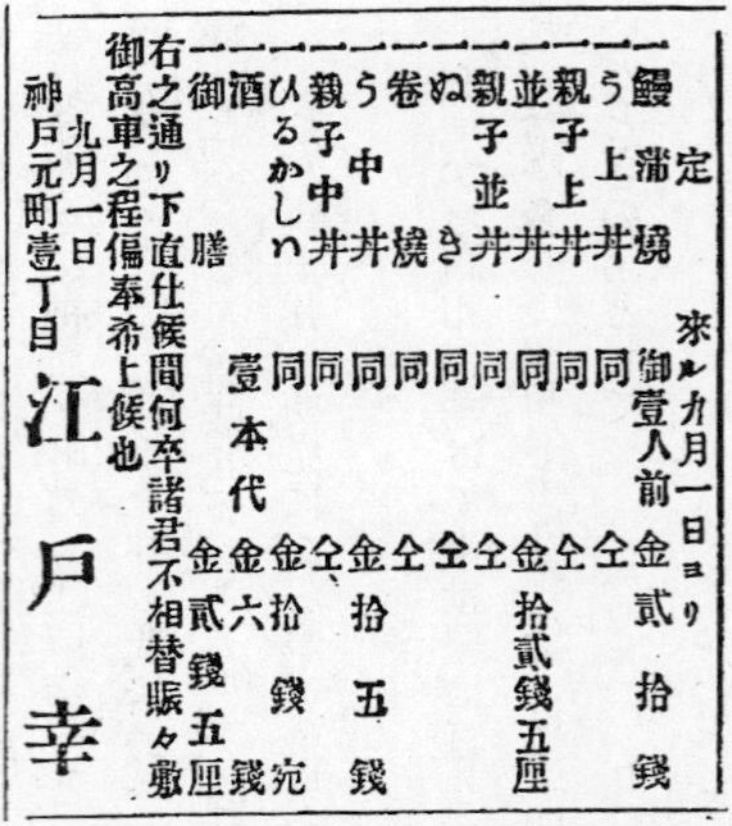

定

来ル九月一日ヨリ

一饂常燒　御壹人前　金貳拾錢

一う上丼　同　全

一親子上丼　同　全

一並丼　同　金拾貳錢五厘

一親子並丼　同　全

一ぬき　同　全

一巻燒　同　全

一う中丼　同　金拾五錢

一親子中丼　同　全、

一ひるかしれ　同　金拾錢宛

一酒　壹本代　金六錢

一御膳　金貳錢五厘

右之通リ下直仕候間何卒諸君不相替賑々敷御高車之程偏奉希上候也

九月一日

神戸元町壹丁目

江戸幸

図46　親子丼の名が確認できる最古の史料（「大阪朝日新聞」明治17年9月6日）

「僕の家の台所の向うに車夫が住んでいた。内儀《かみ》さんと妻と懇意になり、水を汲ませたり、洗濯をさせたりして時々小遣銭をやるので、内儀さんは喜び、女の子をよこして使いをさせる事もあり、果《はて》は通勤《かよい》の女中のようになった。

〈略〉

五月雨《さみだれ》の降りつづく或日の夕べ、内儀さんは萎《しお》れて入来《いりきた》り、

「奥さん、申しかねますが良人《やど》がまだ帰りませんので子供がお腹《なか》をすかしております。二十銭拝借願います」

と金の無心に来たので、五十銭出してやったら大喜び、押し頂いて、

「相済みません。これだけあれば今川焼よりお蕎麦《そば》に致します」

と莞爾々々《にこにこ》して出て行ったが、翌日五十銭返しに来たので、

「宜《い》いよ、洗濯や張り物をまたお頼みするから」と受取らずに帰し「今日は景気

が好いナ」と噂しながら覗いて見れば、夫婦は二人の子と四つのドンブリを中にして、笑いながら睦《むつま》じく食事をしている。天丼《てんどん》か親子かと思ったら上等の鰻丼《うなどん》であった。」

その夜、娘が来たから、

「今日のおひるは大層な御馳走だったネ」と言ったら、

「ハイ、お父《とつ》さんが車坂から吉原へ行くお客を乗せました。それからまた浅草までお客がありまして、昨夜遅くまでしっきりなしに好い仕事があったものですから、沢山お金を持って来ました。阿母《おっか》さんは嬉しがっています」

と回顧している(『明治のおもかげ』昭和二十八年)。金升が二十四歳ころの話になる。金升の自伝『生立ちの記』によると、金升は明治二十二年二月十一日に結婚し、根岸(台東区)に新居を構えるが、この年の九月八日には下谷池之端茅町に転居し、翌年の十月二十六日までそこに住んでいる(『鶯亭金升日記』昭和三十六年)。そのころの話だから、「明治二十四年頃」ではなく、明治二十二、三年頃のことになる。『明治のおもかげ』は著者の晩年の回顧録である。したがって、記憶違いもみられるが、新婚間もないころの思い出が鮮明によみがえっていて、すでに生まれていた鰻丼や天丼と一緒に親子丼の名があげられている。

時代は少し後になるが、大正十一年ころの三越食堂では「鰻めし　金一円」「親子めし　金五十銭」で売られており（『だまされぬ東京案内』大正十一年）、天丼は「都心での「並」一杯の値段」が四十銭だった（『値段の明治・大正・昭和風俗史』昭和五十六年）。親子丼や天丼は鰻丼の半値位で食べられた。車夫の家庭は貧しく、前日には二十銭の金にも困って借金しに来ている。いくらいい稼ぎがあったとしても、せいぜい親子か天丼どまりであろうと予測したところが「上等の鰻丼であった」と驚いている。

明治二十二、三年頃には親子丼が出前されるほどよく知られた食べ物になっていたようだ。尾崎富五郎編『商業取組評』（明治十二年）には「鶤舎」（しゃも屋）の番付表が収められている（図47）。そこには五九軒のしゃも屋がランキングされているが、金升が住んでいた池之端茅町近くには、下谷三橋に一軒、湯島に四軒のしゃも屋の名がみえる。後述するように鳥料理店では早くから親子丼を売っていたようなので、こうした店のどれかが親子丼を出前していたものと思える。

(二) 料理書に親子丼の作り方

料理書にも親子丼の名がみられるようになる。『簡易料理』（明治二十八年）とい

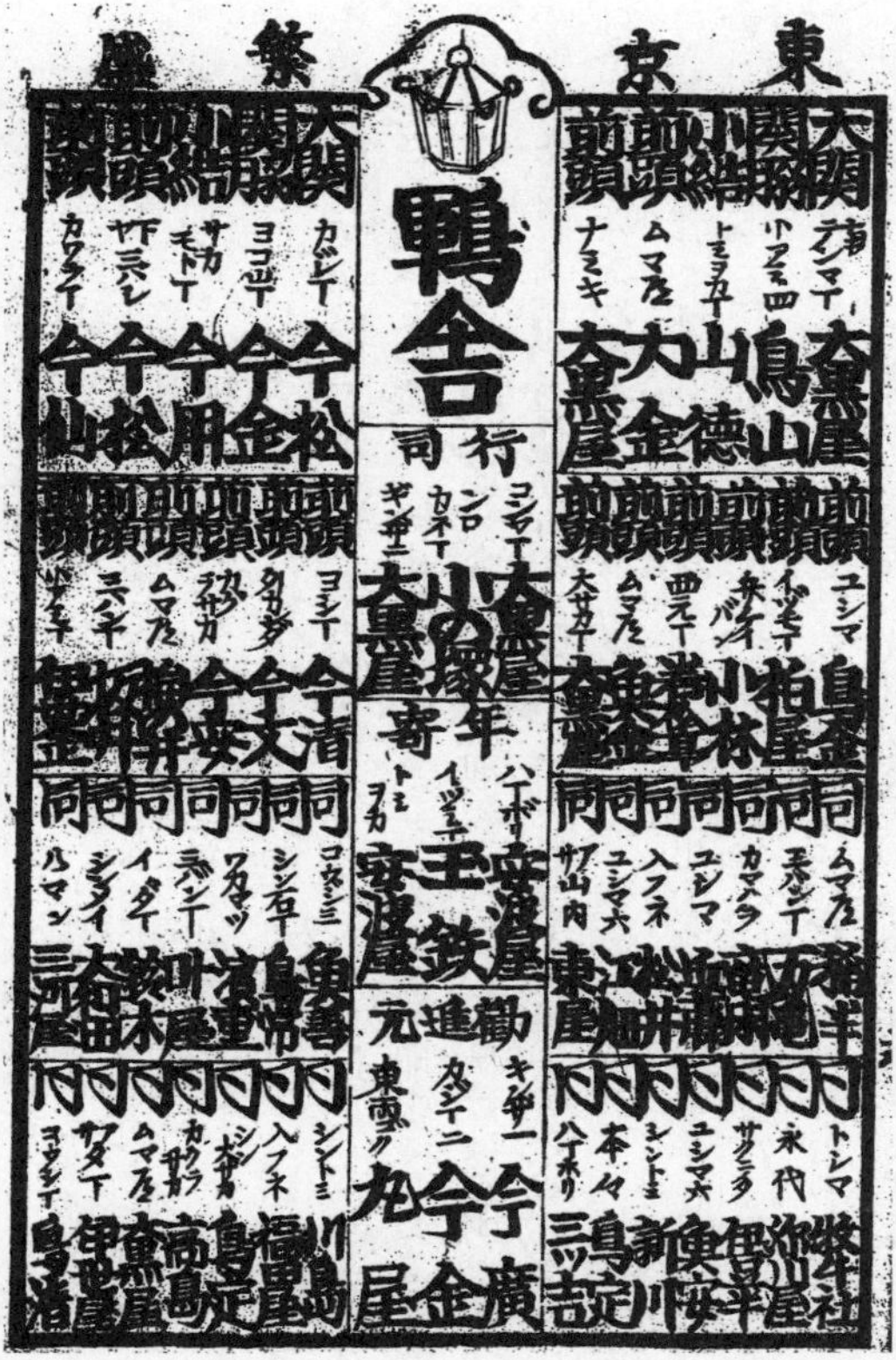

図47　しゃも屋の番付。東（右側）には「ユシマ」に四軒（いずれも前頭）、西（左側）には「下ヤ三ハシ」に一軒（前頭筆頭）のしゃも屋の名が見える。『商業取組評』（明治12年）

う料理書には、「鶏飯及親子丼」の作り方が載っていて、

「鶏飯《とりめし》の製法は鶏肉を常の如く切り取り、一旦湯煮《ゆに》して直ちに取り揚げ、其湯《そのゆ》にて飯を炊き、葱《ねぎ》、胡羅蔔《にんじん》等を取《と》まぜて食す、親子丼《おやこどんぶり》は鶏肉を右の如くし熱飯《あつめし》に鶏卵《たまご》を蒸し肉と卵を取り混ぜて出《いだ》すを以て親子丼の名あり」

と説明されている（図48）。作り方がおおざっぱでよくわからない点があるが、鶏肉を小さく切って湯煮し、丼に盛った炊き立てのご飯で卵を蒸し（蓋をしてか）、そこに鶏肉を加えて鶏卵と混ぜ合わせる料理のようだ。味付けは不明だが、同書のすぐ前にある「肉飯」の作り方から類推して、醬油と味醂を煮立てて作った汁を上からかけて食べるのであろう。

今の親子丼とは作り方が異なるが、長い間出会うことのなかった実の親子が出会った「親子丼」の作り方が示された早い例になる。鶏の親子の間を長い間隔てていた壁が、明治維新という新しい時代の波によって打ち砕かれたのだ。

現在食べているような親子丼も間もなく現われる。後述するように、正岡子規は明治三十四年に今と同じ作り方の親子丼を食べているが、明治三十八年刊の『新式

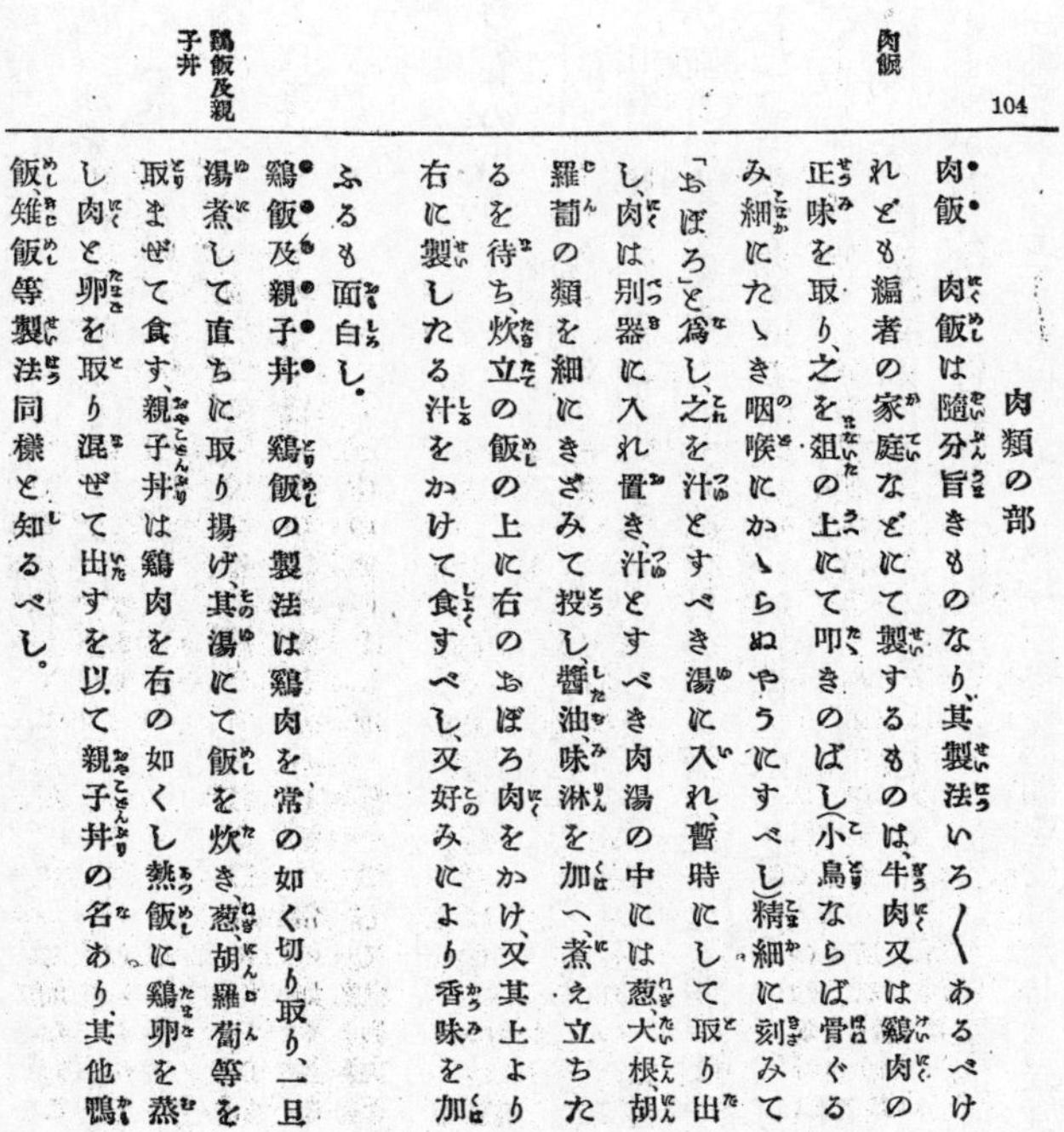

肉類の部

肉飯　肉飯《にくめし》は隨分《ずいぶん》旨《うま》きものなり、其製法《せいはう》いろ〳〵あるべけれども編者の家庭《かてい》などにて製《せい》するものは、牛肉《ぎうにく》又は鷄肉《けいにく》の正味《せうみ》を取り、之を爼《まないた》の上《うへ》にて叩《たゝ》きのばし（小《こ》鳥《とり》ならば骨《ほね》ぐるみ細《こまか》にたゝき咽喉《のど》にかゝらぬやうにすべし）精細《こまか》に刻《きざ》みて「おぼろ」と爲《な》し、之《これ》を汁《つゆ》とすべき湯《ゆ》に入《い》れ、暫時にして取《と》り出《だ》し、肉《にく》は別器《べつき》に入れ置《お》き、汁《つゆ》とすべき肉湯の中には葱《ねぎ》、大《だい》根《こん》、胡羅蔔《にんじん》の類を細にきざみて投《とう》し、醬油《したぢ》、味淋《みりん》を加《くは》へ、煮《に》え立ちたるを待《ま》ち、炊立《たきたて》の飯《めし》の上に右のおぼろ肉《にく》をかけ、又其上より右に製《せい》したる汁《しる》をかけて食《しよく》すべし、又好《この》みにより香味《かうみ》を加《くは》ふるも面白《おもしろ》し。

鷄飯及親子丼　鷄飯《とりめし》の製法は鷄肉を常の如く切り取り、一旦湯《ゆ》煮《に》して直ちに取り揚げ、其湯《そのゆ》にて飯《めし》を炊《た》き、葱《ねぎ》、胡羅蔔《にんじん》等を取《とり》まぜて食す、親子丼《おやこどんぶり》は鷄肉を右の如くし熱飯《あつめし》に鷄卵《たまご》を蒸《む》し肉《にく》と卵《たまご》を取《と》り混《ま》ぜて出《いだ》すを以て親子丼《おやこどんぶり》の名《な》あり、其他鴨《かも》飯《めし》、雉《きじ》飯《めし》等製法《せいはう》同樣と知《し》るべし。

図48　「肉飯」と「鷄飯及親子丼」の作り方が載っている料理書。『簡易料理』（明治28年）

節用辞典《いろはせつようじてん》』には、「親子丼（名）料理の名。丼にあたたかなる飯を入れ、その上に、鶏肉へ卵をかけて煮たるものをかけたるもの」と説明されている。さらに大正二年刊の『飯百珍料理』の「親子丼飯の料理法」になると、沸騰させたみりんと醤油で鶏肉を煮て、それに三つ葉を加え、玉子を割り込んで、丼に盛った炊き立てのご飯の上に乗せ、火で焙って揉んで粉にした浅草海苔を振りかけて供する方法が示されている。

(三) 親子丼の出前

明治三十年代になると親子丼を取り寄せて食べているのがふつうにみられるようになる。山田一郎という新聞記者の生涯を記した『天下の記者』（明治三十九年）には、この記者が東京駅近くの「鍛治橋外の中央旅館」に旅館住まいしていた時、「旅館に居て普通の宿料を払ひながら、旅館の定食を食はないで、毎晩、鰻丼や親子丼を二三杯平らげ」ていたというエピソードが紹介されている。明治三十年七月ころの話で、近くに親子丼を出前する店があったことになる。

家庭の主婦が書き綴った日記帖（明治三十一年六月から三十二年七月まで）には、毎日の生活記録が記されているが、叔母一家の訪問を受けた時、昼食に親子丼を取り寄せていて、「昼、一同へおやこどんにて出す」とある（明治三十二年七月十二日、『明治の東京生活』）。親子丼は早くも「おやこどん」と略称されている。

正岡子規が、脊椎カリエスという難病にとりつかれながらも、死の直前まで書き続けた『仰臥漫録』には、明治三十四年十月一日のところに「晩　親子丼《どんぶり》（飯ノ上ニ鶏肉ト卵ト海苔《のり》トヲカケタリ）　焼茄子　ナラ漬　梨一　苹果《りんご》一　九時眠ル」とある。子規はこの日の晩飯に、鶏肉を卵でとじ、その上に海苔をまぶした親子丼を食べている。親子丼は出前であろう。

子規が『仰臥漫録』の筆を起した明治三十四年（一九〇一年）には、「すでにその肺は左右ともに大半空洞となっていて、医師の目にも生存自体が奇蹟とされていたという」（岩波文庫『仰臥漫録』の阿部昭の解説）。このような病状にあっても、子規は親子丼を味わい、貴重な記録を残してくれている。翌三十五年九月十九日、子規は三十五歳の短い生涯を閉じた。

（四）駅弁に親子丼

駅弁にも親子丼が登場した。饗庭《あえば》篁村《こうそん》と右田《みぎた》寅彦《のぶひこ》が連れ立って、明治三十二年十月二十八日から三十一日まで三泊四日の日光見物に出かけたとき、日光へ行く途中の小山《おやま》駅で親子丼を売っているのを見かけた。親子丼を売るのは風変わりで、入れ物も甚だ風流だったが、「箒川遭難《はうきがはさうなん》の如《ごと》き大惨状《だいさんじやう》を呈《てい》したる日鉄線路《にってつせんろ》に親子《おやこ》ドンブリとは禁句《きんく》に近《ちか》し」と恐れをなして買わずに通過してしまった。帰途小山駅に着くとまた親子どんぶりが目に付く。「汽車発着毎に売《う》て居ては冷《ひえ》て玉子の気味が悪く、迚《とて》も口が付《つけ》られまいと余計な事を心配しつゝ車窓《まど》よりプラツトホームを見れば其処《そこ》にドンブリの料理場ありて勢ひよく火を起し盛んに鍋を暖《あた》め居《を》れり。イヤあれなれば大通《だいつう》だ、一つ買はうと言ふ間もなく汽車は運転を始めしかば如何《いかん》ともする事能《ことあた》はず」と、空《むな》しく美味そうな香りを嗅いだだけで通過している(『旅硯』「紅葉狩」明治三十四年)。

明治三十二年には、小山駅のプラットホームに調理場があって、勢いよく火を起し、鍋を暖めて親子丼を売っていた。

箒川遭難とは、明治三十二年十月七日、暴風雨によって栃木県那須郡箒川鉄橋で日本鉄道線(東北本線)の列車が転覆し、客車が豪雨によって増水した箒川の流れに転落して、死者十九人の被害を出した事故をいう。箒川鉄橋は小山駅の北方にあった。篁村と寅彦が日本鉄道線で日光に旅したのは事故から間もないころだったので、「日鉄線路《にってつせんろ》に親子《おやこ》ドンブリとは禁句《きんく》に近《ちか》し」と恐れをなして買わなかったのだ。

「親子ドンブリ」と「親子がどんぶり」を重ね合わせたのであろう。

出前あり、駅弁ありで、親子丼の知名度は増していった。『月刊食道楽』（明治三十八年十一月号）には、「天丼《てんどん》、鰻丼《うなどん》、親子丼《おやこどんぶり》は誰《だれ》も知れることとなり」とあって、親子丼は先輩の鰻丼や天丼と肩を並べるようになっている。

では、親子丼はどのような店で売り出されたのであろうか。

六　親子丼の普及

（一）　鳥料理店に親子丼

明治八年に出版された「東京牛肉しゃも流行見世」には五十六軒のしゃも鍋屋の名がみえる（図49）。しゃも鍋屋の繁昌ぶりがうかがえるが、ここに名前のみえる「大関　銀座二丁目　大黒屋」と「勧進元　京橋大根河岸　大黒や」について、同年八月十四日の「郵便報知新聞」は、「しやもや大繁昌」の見出しで、

「銀座二丁目の煉化石室（煉瓦造りの建物）に、新らたに見世を開きし大黒屋（しやも鍋店）は京橋大根河岸にて有名な者にて、日々の商売、しやも、あひ鴨、

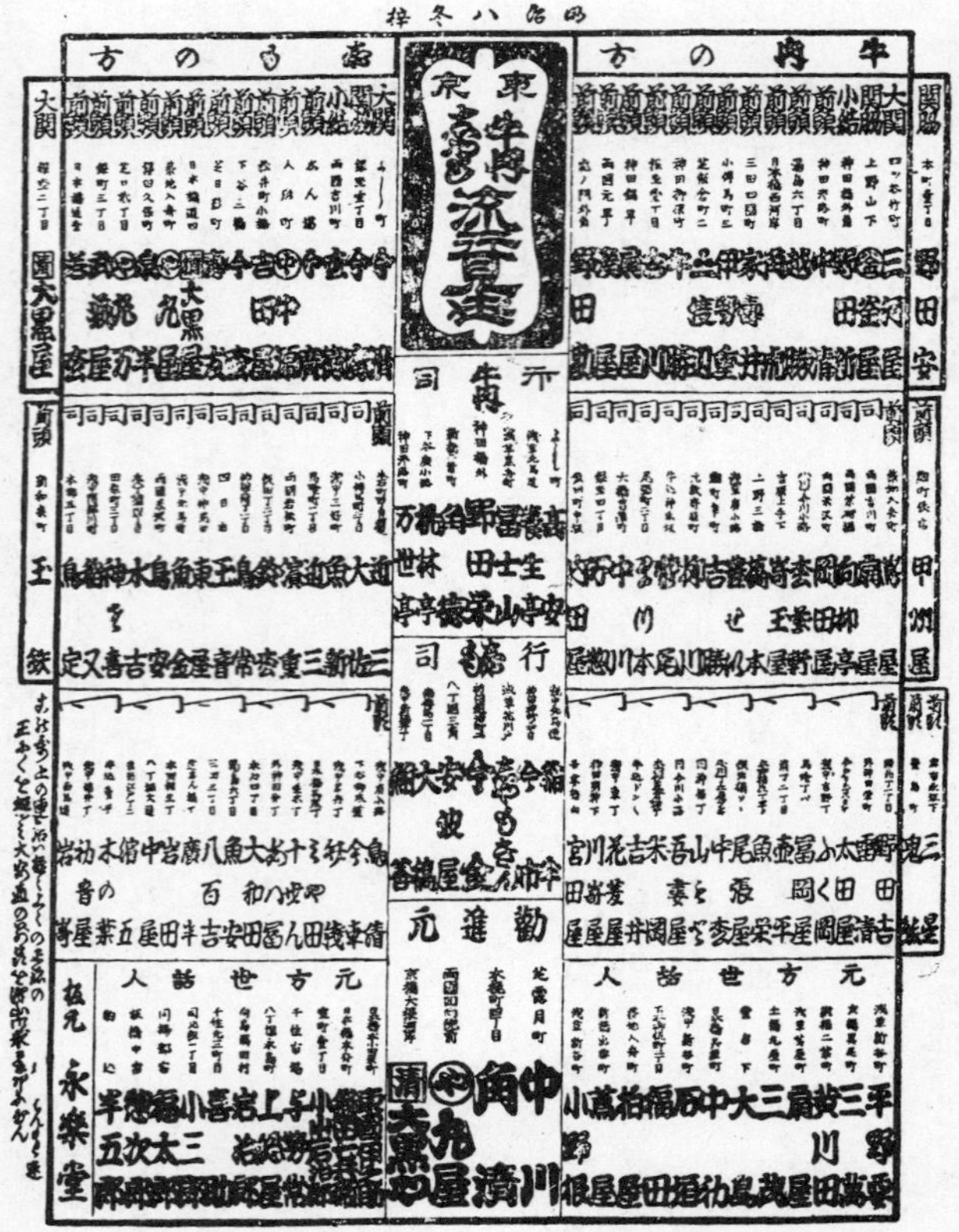

図49　牛鍋屋としゃも屋の番付。「しやもの方」の大関に「大黒屋」（上段左端）、中央の勧進元に「大黒や」とみえる。「東京牛肉しやも流行見世」（明治８年）

一日百羽の余に過ぐると云へり。来客はあぐらの鍋に押合ひへしあひ、立錐の場所もなき程なれば、昼夜の雑踏大方ならず」

と報じている。京橋近くの大根河岸に本店のある大黒屋が銀座に支店を出し、大当たりしている。

「大黒屋」がしゃものほかに合鴨も出していたように、しゃも屋はしゃも以外の鳥肉も出していたので、鳥屋、鳥料理店などと呼ばれるようになる。『東京流行細見記』「肉食屋とり」(明治十八年)には、鳥安以下三十軒の鳥料理店がランキングされているが、店名の下には、「かむろ　あひがも　しやも　かしハ　げいしや　玉子　ねぎ　やりて　たれ」とある(**図50**)。これらの店では、合鴨・しゃも・かしわなどの肉を葱と一緒にタレで煮て食べる鳥鍋を提供していたようだが、玉子も置いているので、鳥鍋の玉子とじも食べられていたものと思える。

この鳥鍋の玉子とじをどんぶり飯の上に乗せれば親子丼ができる。鳥料理店では早くから親子丼を出していたのではなかろうか。『明治のおもかげ』にみられた親子丼は、鳥料理店から出前されていたのではないかと記したが、ここに名のみえる「東両ごく　丸や」は親子丼を名物にしていた。

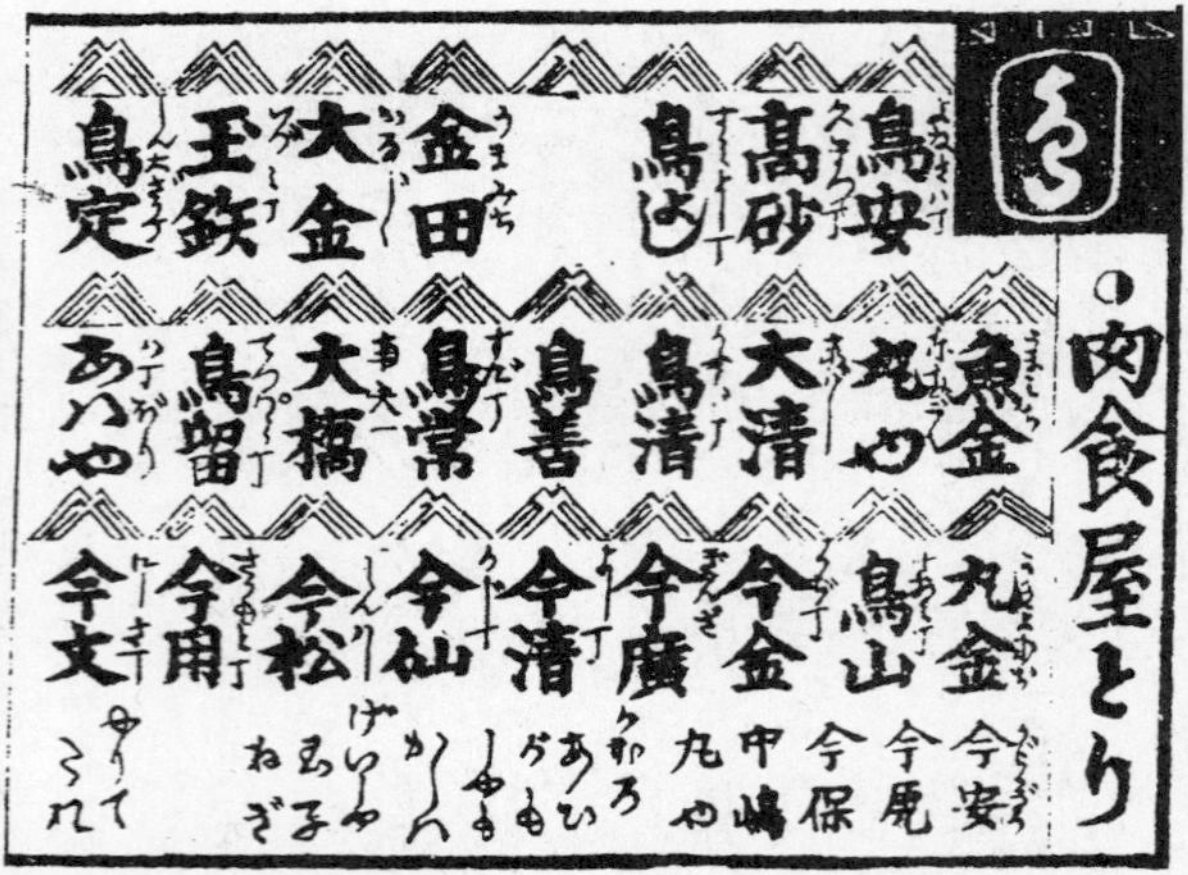

図50　鳥料理店のランキング。店名の下に「あひがも　しやも　かしハ　玉子　ねぎ」などとみえる。『東京流行細見記』（明治18年）

「丸や」は両国の回向院前のしゃも鍋屋で、初代の店主が非常にのぼせ性で、いつも坊主頭でいたので「坊主しゃも」の名で通っていた。長谷川時雨の『旧聞日本橋』（昭和十年）には、父親の長谷川深造が幕末から明治維新にかけての江戸のようすを描いた絵が収められている。その中には坊主しゃもが描かれていて、「なかなかの繁昌にて、相撲興行中の如きは、一寸の空無き程なり」とある（**図51**）。この頃は両国の回向院境内で大相撲興行が行われていた。

　この相撲ファンに目を付けた坊主しゃもでは相撲興行中に親子丼

図51　「坊主の暹羅鶏《しやも》や獣肉屋」。右側が坊主しゃもで、店の前には鳥籠が置かれている。左側は獣肉屋で、獣肉を吊るし、「山鯨」の看板を立てている。『旧聞日本橋』（図は昭和58年の岩波文庫版より）

の出前をしていた。雑誌『太平洋』（明治三十九年二月一日号）は「東京一の軍鶏屋（回向院前の坊主軍鶏）」と題して、坊主しゃものことを紹介しているが、この店では「如何な日でも相撲興行中は親子丼が五百以下になる事は無いと云つて居る」とあって、次のようにある。

「〔鶏肉の〕桜煮と親子丼が場所中の売物であるから、昼食を当て込むので、十一時から正午がらみに料理するのだから、其の台所の光景は凄まじいもので、大半台へ堆《うづたか》く鶏卵が煎つてあり、傍では丼へ飯を盛る、鍋方は大鍋で鶏肉を煮ると云ふ騒ぎだが、例年の事で馴れて居るから、僅に一時間余の中《うち》に五百の丼、それ以上の桜煮を料理するのだ。斯う云ふ咄嗟《とつさ》感《かん》の仕事だから、平常は一人前に鶏卵一個と極《き》めてゐるのだが、相撲中は煎り上げて置いて金杓子《かなじやくし》で掬ふのだから、盛り方次第で運不《うんふ》運《うん》が無きに非《あら》ずだ相である。併しこの親子丼は、相撲場《すもふば》に於ける一の名物で、貴顕方も之を手にする。徳川侯爵などは、何時も正面桟敷で親子丼を抱へ込んで居られるのを屡々拝見致す様な訳である」

大相撲中の昼食には親子丼が五百も売れるので、それを用意するための台所は大忙しだ。手際よく仕上げるための手順は整えられていて、あらかじめ煎っておいた鶏卵と大鍋で煮た鶏肉を丼飯にのせて親子丼を作っている。親子丼が相撲場所の名物食になっていること、徳川侯爵のような身分の高い人まで食べていること、この店では平常でも親子丼を出していることなどがわかる。

坊主しゃもは、「東京牛肉しゃも流行見世」にも「勧進元　両国回向院前　丸屋」としてその名がみえ（図49、一七六頁）、現在も同じ場所で営業を続けている（現在の店名は「ぼうずしやも」）。「例年の事で馴れて居るから」とあることから、かなり前から親子丼を売り物にしていたようだが、残念ながら二度の災害（関東大震災と第二次世界大戦）に遭ってそれを示す記録を焼失してしまっていて、確かめることができない。ただ、唯一戦前にこの店で使用していた領収書が残っていて、そこには「しゃも　料理　親子丼」といった営業品目が記され、「市内は出前迅速にお届申上候」とある（図52）。旧東京府（現東京都）ができて、府内には明治二十二年から昭和十八年まで東京市が置かれていた。「市内」とあることから、東京市時代に親子丼の出前をしていたことが分かる。今の女将の話によると、昭和三十九年頃までは親子丼の出前をしていたという。

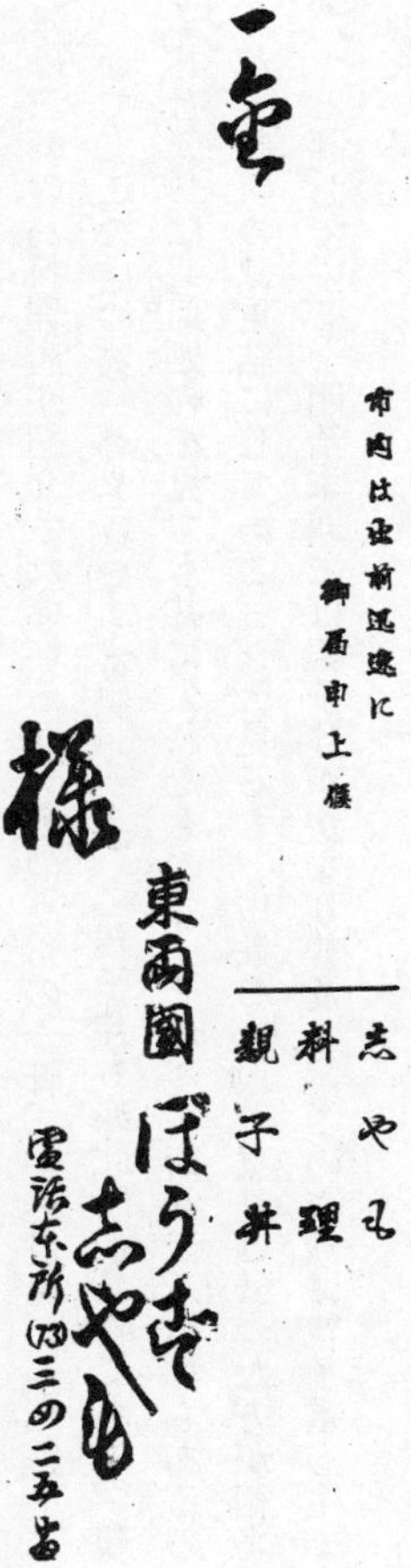
一金
月　日
市内は出前迅速に
御届申上候
様
志やも
料理
親子丼
東両國
ぼうず志やも
電話本所(73)三の二五番

図52　ぼうずしやもの領収書

親子丼を名物にする店はほかにも現われた。『月刊食道楽』（明治四十年一月号）には三軒の鳥料理店が紹介されているが、そのうちの一軒、牛込肴町の「川鉄」についての、この店の第一の名物は「寄鍋《よせなべ》」だが、「親子丼も亦此《こ》店の名物である。親子丼と云へば、何処《どこ》のを見ても丼に入れたもので、それゆえ斯《か》う云ふ名称もあるのだが、此店のは重詰にしてある。シテ見ると、川鉄のは親子重詰と云つた方が相当だ」と評している。明治末期には親子丼がかなり普及し、このように親子重も生まれている。

（二）洋食店に親子丼

「川鉄」が親子丼を名物にしていたころ、洋食店でも親子丼を出すようになっている。作家の菊池寛は「半自叙伝」のなかで、「上京当時のことについて、少し書いて見たい」とした上で、

「私は上京する時、曾て東京にゐた従姉《いとこ》が、東京へ行つたら、親子丼と云ふものを喰べて見ろ、それはおいしいものだからと教えてくれた。私は、東京へ来てしばらくしてから、湯島切通しの岩崎邸の筋向ひにある小さい洋食店で、玉ねぎ入

りの親子丼を喰べた。それは、実に美味しかつた。従妹の言空しからずだと思つた。私はその後も、金と機会があるごとに、同じ店へ行つて親子丼を喰べたものである」

と回想している（『文藝春秋』昭和三年八月号）。

菊池寛は四国高松藩の藩儒の家に明治二十一年に生まれた。そこで少年時代を過ごした者にとって、親子丼は未知の食べ物だった。明治四十一年に東京高等師範学校に入学のため上京し、初めて洋食店で親子丼を食べ、その味に魅せられ、その後も機会あるごとにそこを訪れている。菊池寛はこの店のことを別のところで「一品料理の洋食屋」として紹介している。当時流行していた一品西洋料理店でも親子丼をメニューに加えていて、玉葱が使われている（図53）。

玉葱は、最も古い歴史を持つ野菜の一つで、原産地は、はっきりしないがどうも中央アジアらしい。古代エジプトには早く伝わり、その後地中海地方で発達し、ヨーロッパ全域に広まった。原産地から西方には早くから伝わったが、どういうわけか東方にはなかなか伝わらなかった。日本には西洋野菜の一つとして明治初年になって渡来し、その後急速に生産が伸びた。『舶来穀菜要覧』（明治十九年）には欧米

図53　一品洋食の屋台。暖簾に「一品料理　軽便洋食」、看板に「立食洋食」と書かれている。『太平洋』（明治36年12月10日号）

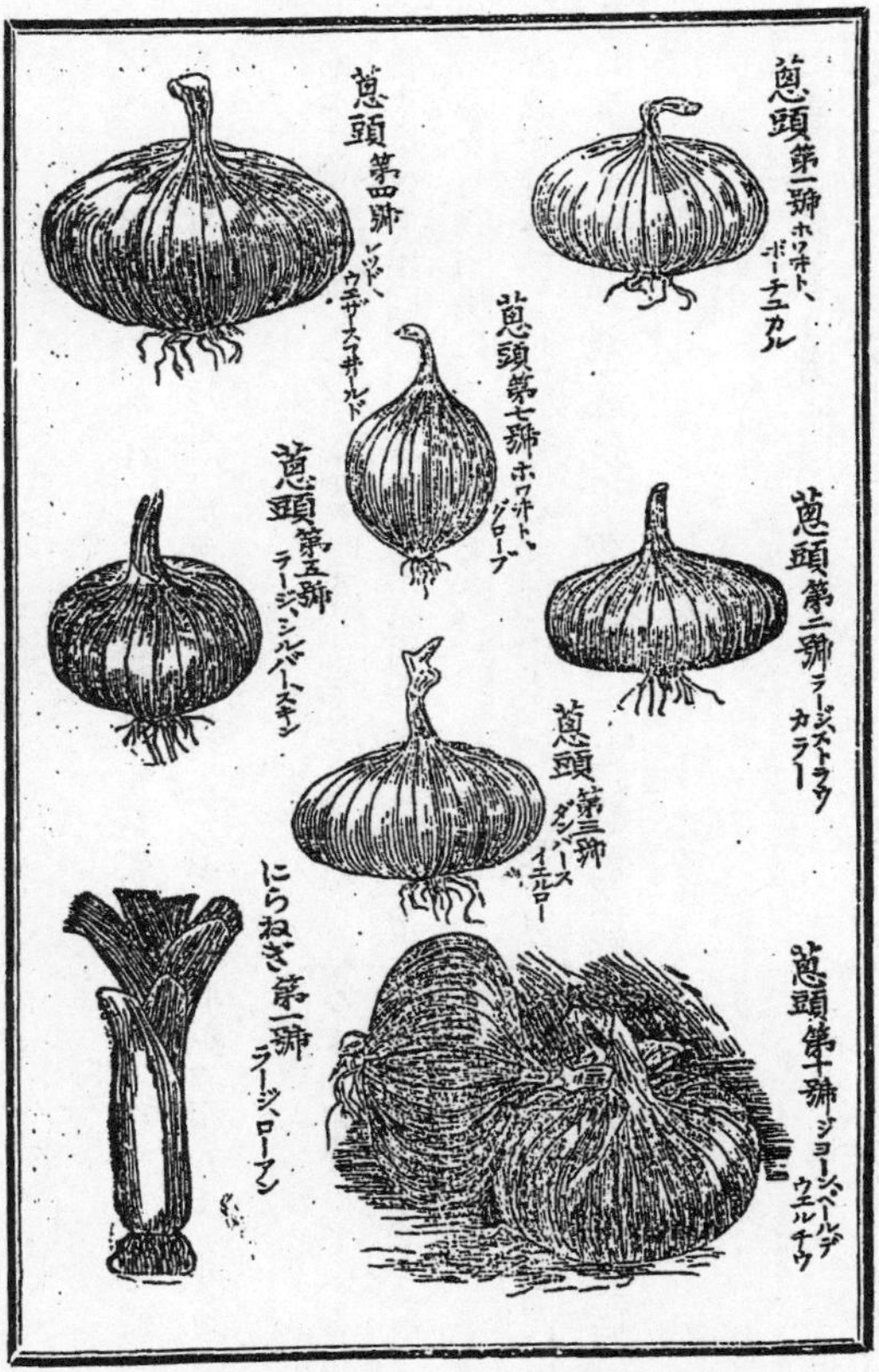

図54　輸入玉葱の種類。欧米から12種の玉葱が渡来している。ここに描かれているのはその内の7種。『舶来穀菜要覧』（明治19年）

から舶来した「葱頭《たまねぎ》」の種類が載っているが（図54）、明治三十三年刊の『農家宝典』には、

「葱頭（百合科）　西洋ニテ頗ル貴重スル蔬菜ニシテ近来本邦ニテモ盛ニ需要スルニ至レリ。東京付近ニ於テ是ガ栽培ヲナシ多大ノ収益ヲ得ルモノ少カラズ」

とあって、玉葱の需要が増え、東京近郊でも栽培されるようになっている。当然、青物市場にも出回っていて、『東京風俗志』（明治三十四年）には「球葱《たまねぎ》・馬鈴薯《じやがたらいも》等近来愈々《いよいよ》青物市場に上る」とある。

玉葱が日本でなじみのある食材になって、洋食店では親子丼に玉葱を使用するようになっている。親子丼に玉葱を使うことは、西洋野菜を利用する洋食店のアイデイアかも知れない。

（三）　蕎麦屋に親子丼

続いてそば屋が親子丼をメニューに加えるようになった。幕末頃の蕎麦屋では鶏肉を使った「かしわなんばん」や鶏卵を使った「玉子とじそば」を出していた

(『江戸見草』)。したがって、蕎麦屋では鶏肉と鶏卵を使った親子丼を作るための材料が備わっていた。しかし、蕎麦屋が親子丼を出すようになったのは大正時代になってからで、天丼のところで述べたように(一二六頁)、大正元年に初めて新宿武蔵野館裏の船橋屋で天丼とともに売りだされたのが早い例になる。

大正三、四年ころには親子丼を出す店が増え、関東震災後間もないころに東京の街を歩いて「バラック看板大凡六百有余」をスケッチした『新帝都看板考』(大正十二年十二月)には、「きそば　天どん　親子丼　砂場」と板に書いて看板にした蕎麦屋がスケッチされている(大正十二年十月三十日のスケッチ、図55)。蕎麦屋が親子丼を出していたことを目にすることができる。

蕎麦屋の親子丼は、鳥料理店や洋食店より遅れたが、蕎麦屋の数は多い。明治十年には東京府内に六二四軒の蕎麦屋があって(『明治十年東京府統計表』明治十一年)、東京の町中に存在していた。親子丼が日常食化するのに蕎麦屋の果たした役割は大きかったといえよう。

蕎麦屋では鴨南蛮を出していたので、新橋駅近くの「能登治《のとじ》」のように、江戸時代さながらの組み合わせで合鴨と鶏卵を使った親子丼を売り物にしている店もある。

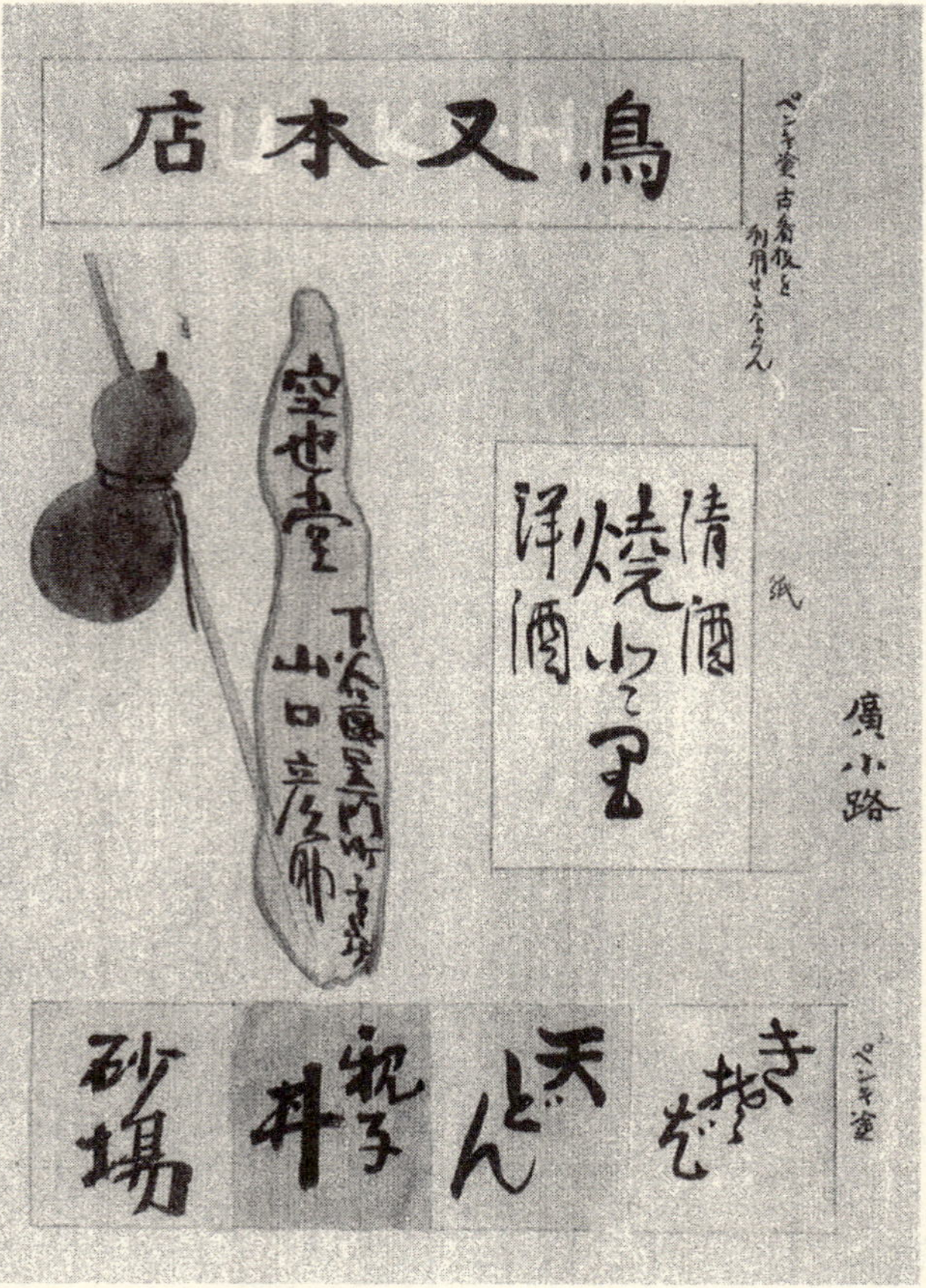

図55　上野広小路付近の蕎麦屋の看板。「親子丼」の名がみえる。『新帝都看板考』（大正12年12月）

（四）デパートの食堂に親子丼

やがてデパートの食堂にも親子丼が登場した。『東京名物食べある記』（昭和四年）には、時事新報家庭部の記者たちによる食べ歩きの記事が載っている。記者たちは取材のためにさまざまな飲食店を訪れているが、「銀座松屋食堂」には四人の記者が取材に赴き、「Sはビーフステーキ御飯付（八十銭）、Hは親子丼御椀付（五十銭）、Mはマカロニチーズパン付（四十銭）、久夫は支那饅頭十五銭」を注文し、それぞれの前に置かれた料理についてMが代表して食レポしているが、Hが注文した親子丼については、

「親子丼は丼の底がガタガタで、Hは片方の手で丼を抱きしめて（大げさかな）漸く食べ終つた。分量は少い、味は中位、附物《つきもの》のお椀は申訳だけ、唯お新香はおいしかつた」

と評している（図56）。デパート食堂の親子丼は、お椀やお新香付きで出されている。

デパートの食堂のほか、大衆食堂にも親子丼がお目見えする。一瀬直行の『彼女

と『ゴミ箱』(昭和六年)には、浅草の食堂の値段が載っている。そのなかからいくつかを抜き出すと、

〈「支那料理」〉「ラアメン十銭、ニクヤキソバ二十銭、エビヤキソバ・ゴモクソバ二十五銭」

〈「西洋料理」〉「カレイライス八銭、ハヤシライス十銭、オムライス十五銭、チキンソテー二十銭」

〈「日本料理」〉「スイモノ十銭、茶碗ムシ十五銭、寿司・チラシ二十銭、アワビの水貝二十五銭」

「天どん廿五銭、親子丼・開化丼三十銭」

となっている。親子丼と開化丼はこの食堂での最高値で、ラーメンやカレーライスの三倍し、五目そば、にぎり寿司、ちらし寿司よりも高い。このころでも親子丼はまだかなり高いが、それでも大衆食堂ならデパートの半値近くで食べられる。ちなみに開化丼とは、牛肉または豚肉と玉ねぎを玉子とじにしたものをいった。

また、この本には別の食堂の「値段書き」が載っているが、そこには「玉子丼廿

図56　銀座松屋食堂の食事風景。『東京名物食べある記』（昭和４年）

銭《せん》」とみえる。このころには玉子丼も食堂のメニューに加わっている。

鶏は二〇〇〇年前には飼われていたが、鶏肉と鶏卵を使った親子丼が誕生するまでには長い道のりがあった。明治時代になって世の中が大きく変化し、親子丼が生まれる条件が整った。親子丼は、鳥料理店、洋食店、蕎麦屋、食堂などで売られるようになって、日本人の人気食になり、今では親子丼を名物にしている店は多い。

第四章　牛丼の誕生

一　牛肉を食べなかった日本人

(一) 屠牛禁止令

今や国民的な人気食になっている牛丼だが、日本人は牛肉をほとんど食べてこなかった。

牛は五、六世紀には日本に渡来したが、おもに農耕用として飼育されていた。なかには牛肉を食べる人もいたようで、前に述べたように天武天皇は、天武四年(六七五)に牛肉を食べることを禁じているが(一三一頁)、さらに養老二年(七一八)に制定した刑法(「養老律」)では、牛馬の殺生を禁止し、

「凡そ故に《ことさら》（故意に）官私《くわんし》の馬牛を殺せらば、徒《づ》一年」（「厩庫律」）と定めている（『律』昭和四十九年）。政府や民間で飼育している牛馬を殺した場合は、「徒《づ》一年」の刑に処すとある。「徒」とは徒刑《ずけい》のことで、今の懲役刑に当たり、刑期は一年から三年までと定められている。牛を故意に殺すと一年間の懲役刑に処せられることになるが、他人の牛馬を盗んで殺した場合は刑が重くなり、「凡そ官私の馬牛を盗みて殺せらば、徒二年半」（「盗賊律」）と規定されている。

さらに追い打ちをかけるように、聖武天皇は天平十三年（七四一）二月七日に

「馬・牛は人に代りて、勤《いそ》しみ労《つと》めて人を養ふ。茲《これ》に因《よ》りて、先に明《あきらけ》き制《せい》有りて屠《ほふ》り殺すことを許さず。今聞《き》かく、「国郡禁《いさ》め止《とど》むること能《あた》はずして、百姓《はくせい》猶《なほ》屠《ほふ》り殺すこと有り」ときく。其《そ》れ犯《をか》す者有《ひと》らば、蔭贖《おむぞく》を問はず、先づ決杖《くゑつぢやう》一百、然《しか》して後に罪科《つみおほ》すべし」

といった詔《みことのり》を発している（『続日本紀』延暦十六年・七九七）。牛馬は人に代って働いて、人を養ってくれるので、牛馬の屠殺を禁じているが、いまだに屠殺するもの

がいると聞いている。もってのほかで、今後屠殺するものがいたら、身分の上下を問わず(例外なく)、まず「杖一百」(杖で一〇〇打つ杖刑《じょうけい》)に処し、さらに罪を負わせよ、と命じている。杖刑のあと、さらにどのような罪を負わせるのか明記されていないが、養老律では牛馬を屠殺した場合に「徒一年」もしくは「徒二年半」の刑罰が定められている。こうした刑罰が科せられたのであろう。牛を殺したら杖で一〇〇回も臀《しり》を打たれた上、一年から二年半、牢屋に入れられることになる。

(二) キリシタンと牛肉食

天皇の命令や法律によって、日本人は牛肉を食べない時代が続いていたが、十六世紀後半に南蛮人が渡来するとその影響を受けて牛肉を食することがはじまった。前述したように、フロイスは「これまで日本人が非常に嫌悪していました卵や牛肉料理」を食べるようになり、「太閤様(秀吉)までがそれらの食物をとても好んでいます」といっていた(一四一頁)。松永貞徳も「吉利支丹の日本へいりたりし時は、京衆牛肉をわかとがうして(号して)もてはやせり」と、京都の人が牛肉をもてはやしている様子を伝えている(『なぐさ見草』慶安五年・一六五二)。「わか」はポルトガル語のVACA(牛肉)に由来する。

しかし、こうした時代は長くは続かなかった。牛肉を好んだ、とフロイスがいっていた秀吉は、天正十五年（一五八七）六月十八日に、キリシタンの布教や信仰を制限するとともに「牛馬ヲ売買、ころし食ふ事、是又曲事《くせごと》たるべき事」と、牛馬を売買し、殺して食べることを禁じる命令を発している。この翌日には、キリシタンの布教を全面的に禁止し、二十日以内に宣教師は日本を退去するよう命じているので、秀吉はキリシタンの影響を受けて普及した牛肉食をキリシタンとともに禁止する方針を打ち出したものと思える。

(三) 江戸幕府の屠牛禁止令

牛肉食禁止の方針は江戸幕府にも受け継がれた。二代将軍秀忠は、慶長十七年（一六一二）八月六日に一年季奉公、キリシタンの信仰、傷害者の隠匿、煙草の喫煙と売買、屠牛を禁じる五か条の禁令を発しているが、そのうちの屠牛については、

「一　牛を殺す事御制禁也。自然殺すものには、一切売るべからざる事」

とある（『御当家令条』巻二十九）。

牛を殺してはいけない、牛を殺すことを目論む者には牛を売ってはいけない、ということは、牛肉食が禁じられたことになる。しかも、この禁令はキリシタン禁止と同時に出されているので、牛肉を食べるとキリシタンとみなされる恐れがあったことになるが、実際にそのことを示す事件が起きている。

寛永十七年（一六四〇）のこと。江戸の四谷宿近くに九人の百姓が住んでいたが、この年そこに公儀の役人達の下屋敷が建てられることになったため、立ち退きさせられた。すると、その住居跡から牛の角など牛肉を食していたことを示すさまざまなものが発見され、百姓たちに隠れキリシタンの嫌疑がかけられた。詮索が行われた結果、事実であったことが発覚し、九人は獄門に懸けられている（『玉滴隠見』成立年不詳）。

牛肉食がきっかけで、隠れキリシタンであることがバレて、極刑に処せられた、とあっては、当時の人はうかうかと牛肉を食べられなかったであろう。

さらに、五代将軍綱吉の有名な生類憐みの令が追い打ちをかけた。貞享四年（一六八七）正月二十八日には、牛馬などの生類が重病を患っても捨ててはならないとする「捨牛馬の禁止令」が、宝永二年（一七〇五）五月二十九日には、「牛馬に重荷あるは〔あるいは〕嵩高《かさだか》のものは負《おは》しむべからず。つかふときもなるべきほどいたはり、疲羸《ひるい》せざるやう愛畜すべし」といった「牛馬の愛護令」が出された。

二　江戸時代の牛肉食

(一)　キリシタンとの結びつきが薄れた牛肉食

こうして、橘川房常の『料理集』(享保十三年・一七二八)に「牛肉を食べたものは百五十日の穢れと申し候《さうらふ》」とあるように、牛肉食を穢れとする思想が広く定着していったが、江戸時代も中ごろになると変化がみられるようになった。

江戸幕府のキリシタン弾圧は寛永年間(一六二四〜四四)にいっそう強化された。寛永十五年にはキリシタン禁令を再度発し、信者の密告には賞銀を与えると布告している(『御当家令条』巻十八)。翌十六年にはポルトガル船の来航を禁止し、十八年にはオランダ商館を平戸から長崎出島に移し、すべての外国船貿易を長崎に集中させ、鎖国政策を完成させた(図57)。

幕府はこうした一連の政策によって外部からのキリスト教の流入を断ち切ったが、さらに、寺請制度《てらうけせいど》によってキリシタン改めを徹底させた。寺請制度とは、キリシタンでないことを証明するためにどこかの寺の檀徒になることを国民に義務付けた制

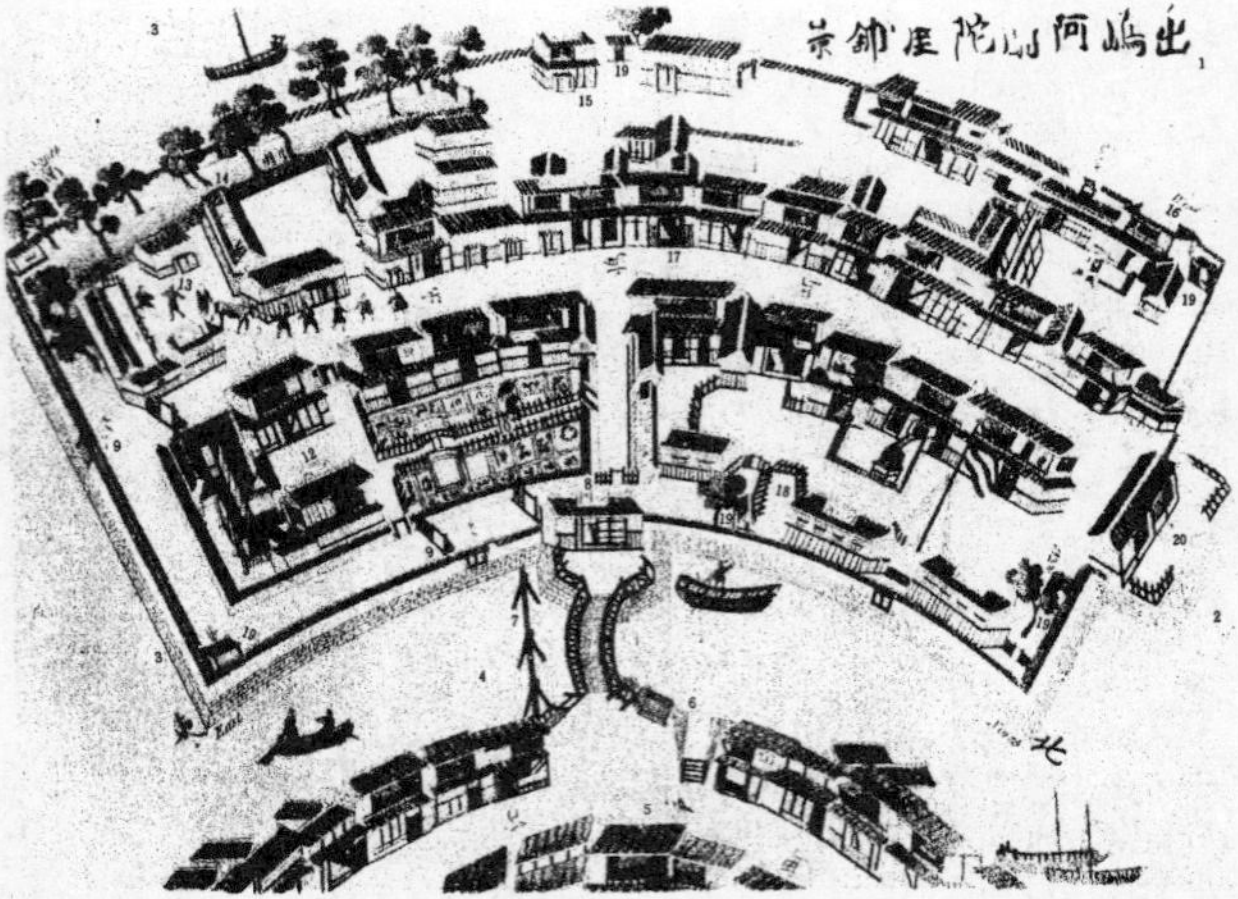

図57　長崎出島のオランダ商館の図。『ティチング日本風俗図誌』（文政5年）

度をいう。寛文十一年（一六七一）からは檀徒であることを所属先の檀那寺から証明してもらう「宗門《しゅうもん》人別《にんべつ》改《あらため》帳《ちょう》」が毎年作成されるようになり、これが戸籍簿の役割を果たすようになった。全国民が制度上仏教徒にされたことになる。

こうした幕府の政策によって、キリシタンは社会の表面からは消えていった。キリシタンと牛肉食を結びつけることは現実味を失い、宝永六年（一七〇九）正月には綱吉が死去し、生類憐みの令が廃止された。

そうなると、牛を愛護する精神

が薄れ、牛を殺すことが村々で始まっている。老中本多忠良は、元文三年（一七三八）四月に、

「備前・備中・近江国の内、落牛と号し、老牛を買ひ、夥《おびただ》しく牛を殺し候《さうらふ》段《だん》相《あい》聞《き》こえ候に付き、自今猥《みだ》りなる儀これなき様にとの儀、去る子年書付を以て申し渡し、御料は御代官、私領は領主より吟味致し、牛殺し候儀相止《あいや》み候村々もこれある由《よし》に候。然《しか》る処、右三か国 幷《ならびに》石見・備後・美濃国の内にて、近頃又候《またぞろ》牛殺し候村々もこれある由相聞こえ、不届きの至りに候。常々油断なく心付け、若し右躰《てい》の儀いたし候者これあり候はば、吟味を遂げ申すべく候。

右の通り、御料・私領相触れらるべく候」

といった触書を御料（幕府の直轄領）の代官や私領の領主に通達している（『徳川禁令考』前集第五）。

備前・備中・近江ではさかんに牛を殺していたので、去る子年（享保十七年〈一七三二〉を指しているのであろう）に書面をもって禁止したところ、牛殺しを止めた村々もあったが、近頃では右の三か国以外にも牛を殺している村々があるようだ。

不届きな行為なので、牛を殺すことがないよう常々監視し、そのような者がいたら念入りに調査せよ、と命じている。

(二) 彦根藩の牛肉食

牛が殺されたのは、武具や馬具などに必要な牛皮の需要が多かったからだが、その牛皮を取ったあとの肉は食べられていた。右の通達で「夥《おびただ》しく牛を殺し」ているとみなされた近江の国に領地を有する彦根藩では、元禄年間には彦根牛肉の味噌漬の味が評判になっていて、赤穂浪士大石内蔵助が元禄年間に同志の長老堀部弥兵衛に「養老品」として「彦根之産、黄牛《あめうし》の味噌漬」を贈ったときの手紙が残されている(『彦根市史』「彦根牛肉」昭和三十七年)。

さらに、同書によると、彦根では元禄年間に牛肉の食用が始まり、「綱吉が生類憐みを令した際は、屠牛も一時途絶えたであろうが、宝永六(一七〇九)年正月同令が解かれてからは復活したことと思われる。『井伊家御用留』(井伊家文書)の安永以後の記事には彦根牛肉を多くの諸侯に贈ったことが載せられている」とあって、贈答先の一覧表が年代順に示されている。

その表を見ると、安永十年(一七八一)から嘉永元年(一八四八)にかけて、彦根藩主井伊家から将軍家をはじめとして老中や諸侯へ薬用や寒中見舞として、あるいは彼らの所望によって、味噌漬牛肉、干牛肉、粕漬牛肉、酒煎牛肉などの牛肉製品がしばしば贈られている。特に将軍家からの所望によって牛肉を献上したときには、井伊家は飛脚二人を派遣し、一人は東海道、他の一人は中山道から急ぎ東上し、いずれか一方に支障があっても他方が早く着府できるよう配慮している。

(三)江戸市民も食べ始めた牛肉

将軍や大名が牛肉を食べていたとあっては、江戸市民が牛肉を食べていてもおかしくないし、実際に食べている人がいた。江戸後期の漢学者松崎慊堂《まつざきこうどう》の『慊堂日暦』(文政六年四月十四日〜天保十五年三月十九日)には、牛肉を食べたことが載っていて、

(一)「鹿肉、牛肉。石川勝助託す」(文政七年八月二十九日)
(二)「井斎氏にて飯す。塩蔵牛肉を進め、頗る滞困《たいこん》を覚ゆ」(文政九年二月七日)
(三)「林長公より手書あり、博多酒・牛肉賜う」(天保二年十二月二十七日)
(四)「渡辺崋山は石窓に託して牛肉を餽《おく》る」(天保八年正月十一日)

とある。

（一）では、門下生の石川勝助から牛肉が贈られており、（二）では、蘭方医の十《と》束井斎《つかせいさい》の家を訪れ、塩蔵牛肉をご馳走になり、胃が大変もたれたと感想を漏らしている。（三）では、儒者で幕府の儒官でもあった門下生の林檉宇《ていう》（林長公）から牛肉が贈られており、（四）では、画家で洋学者でもあった渡辺崋山から海野予介（石窓、慊堂の弟子）に託して牛肉が贈られている。

松崎慊堂は文政七年（一八二四）から天保八年（一八三七）にかけて、牛肉を食べたり贈られたりしているが、このころになると漢学者・蘭方医・洋学者などの間で、牛肉食が行われている。

では、彼らはどのようにして牛肉を入手していたのであろうか。

（四）江戸の牛肉店

方外道人の『江戸名物詩』（天保七年・一八三六）には、牛肉を売っている店が紹介されていて、

「　近江屋太牢饌　　室町一丁目
銅網ノ招牌《カンバン》近半ノ店。反本巴へ艾・太牢饌。黄牛肉製、酒ヲ進ルニ宜シ。又タ
是レ味噌ト甘泉ト与ス」

と詠われている（図58）。近江屋という店が江戸の室町で「太牢饌」を売っている。「太牢饌」は「黄牛肉製」で、「味噌ト甘泉」で作るとあることから、黄牛《あめうし》（飴色をした上質な牛）製の味噌漬牛肉のようで、酒の肴に合うとある。この店は近江の彦根藩の直営店か指定店ではなかろうか。また「反本巴へ艾」とは、『彦根市史』「彦

近江屋太牢饌　室町一丁目
銅網ノ招牌《カンバン》近半ノ店反本巴艾太牢饌黄牛
肉製宜進酒又是味噌與甘泉

図58　江戸の牛肉店。『江戸名物詩』（天保七年）

根牛肉」に「元禄年間、藩主井伊直澄の家臣花木伝右衛門が江戸在勤中に読んだ「本草綱目」の記事から、黄牛《あめうし》の良肉を主剤にした「反本丸《へんぽんがん》」と称する薬用牛肉を製造した」と記されている薬用牛肉であろう。

明治十八年に出版された『日本食志』には、

「近世泰西ノ俗ニ習ヒ、再ビ牛ヲ食スルヲ創メシハ、今ヲ距《へだた》ルコト四十年前、江州高宮ニ屠リタル肉ヲ味噌漬トナシ江戸彦根藩邸ニ於テ公然コレヲ売リ下ゲ、対馬藩邸ニ於テモ亦同ク牛肉ヲ売リタルニ原《もとづ》ク」

とあって、近年、西洋文化の影響を受けて牛肉を食するようになったが、それは四十年前に彦根藩や対馬藩が公然と牛肉を売り下げていたことに基づくとしている。松崎慊堂は、彦根藩や対馬藩が売り下げた店の味噌漬や塩漬の牛肉を食べていたのであろう。

ごく限られた人々の間ではあるが、江戸後期には牛肉食が行われていて、安政元年（一八五四）の開国以降にはじまる牛肉食流行の下地が作られていた。

三　文明開化と牛肉食

（一）開国と文明開化

幕府は、安政元年（一八五四）にアメリカと日米和親条約を締結し、二〇〇年以上に亘って堅持してきた鎖国を解いた。ついで、安政五年六月にはアメリカと日米修好通商条約を結び、この年の九月までにオランダ、ロシア、イギリス、フランスとも修好通商条約を締結した。「安政五か国条約」と称される条約で、この条約にしたがって安政六年には神奈川（横浜）・長崎・箱館（函館）の三港が開港され、五か国との自由貿易が始まった。

開港によって、多くの欧米人が来日し、彼らの食文化の影響を受けて肉食が広まっていくが、肉食の中心をなしていたのが牛肉で、その牛肉の普及にパイオニア的な役割を果たしたのが中川嘉兵衛だった。

中川は、文化十四年（一八一七）に三河国額田郡伊賀村（愛知県岡崎市）に生まれた。外国人相手に商売することを志して、数年間外国語を学んだのち、開港によって多くの外国人が来日していた横浜にやってきた。当初は塵芥取の人夫をしていたが、米人医師シモンズに認められてその傭人となった。機を見るに敏であった中川は、牛乳の需要が今後大いに増加し、将来有望なビジネスになると予測。慶応元年（一八六五）に横浜の洲干弁財天（開港場の中心地横浜町の入口に位置）付近に搾乳場を設け、その牛乳を全てシモンズのもとに送って瓶詰とし、外国人にこれを売る事業を始めた。ところがこの翌年、このビジネスがようやく軌道に乗り始めようとしたとき、火災に遭って搾乳場と飼育の乳牛二頭を焼失してしまった。それでも中川は屈することなく、商売替えして横浜で食糧品店を始め、パン・ビスケット類を売り始めた（『横浜市史稿』「産業編」昭和七年）。「万国新聞紙」（慶応三年三月下旬号）にはその広告が載っていて、

「パン、ビスケット、ボットル、右品物私店に御座候間、多少によらず御求めなしくだされたく、願ひ奉り候

横浜　元町一丁目　中川屋嘉兵衛　」

とみえる（図59）。

開港後、外国人によって近代的な新聞が発刊されるようになった。文久元年（一

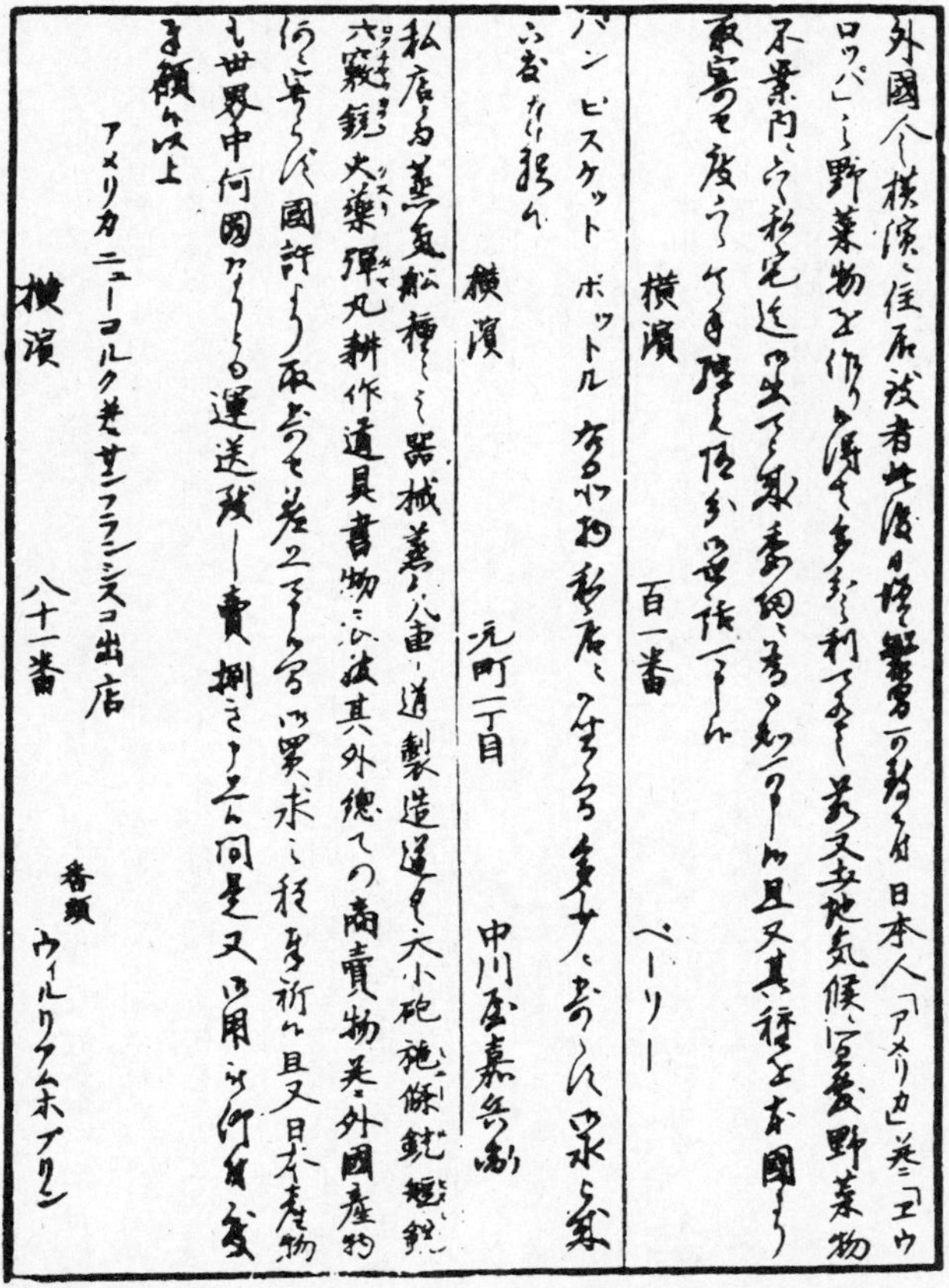
外國人ニ横濱ニ住居致者此度日本人「アメリカ」并ニ「エウロッパ」之野菜物を作り候得者多分之利可有之其又其地気候ニ宜敷野菜物不案内ニ而彩色之事…且又其種子本國より取寄候ニ付…望之方ハ…
横濱 百一番 ペーリー

パン ビスケット ボットル 右品物私店ニ御座候間多少ニ不寄御求可被下候
横濱 元町一丁目 中川屋嘉兵衛

私店ニ而蒸気船種々之器械并ニ八番ノ道具製造道具大小砲施條銃短銃六穴短銃火薬弾丸耕作道具書物ニ至迄其外総ての商売物并外國産物何ニ而も御國許より取寄可差上候間御買求ニ相成度所且又日本産物も世界中何國迄も運送致し売捌き可申候是又御用ニ付御頼ミ以上
アメリカ ニューヨルク并サンフランシスコ出店
横濱 八十一番
番頭 ウィルリアムホプリン

図59　中川屋嘉兵衛の新聞広告（中央）。「万国新聞紙」（慶応三年三月下旬号）

八六二）にイギリス人ハンサードが長崎で「ナガサキ・シッピング・リスト・アンド・アドバタイザー」を発刊したのを魁《さきがけ》として、慶応三年（一八六七）一月にはイギリス人宣教師ベーリーによって「万国新聞紙」が横浜で創刊された。外国人発行の新聞の読者はおもに在留外国人だったので、中川は新聞に広告を出して、パン・ビスケット類を外国人に売り込んだのだ。

日本人の経営するパン店としては、「慶応二年二月、内海兵吉は今の北中通一丁目六番地に、富田屋なる商号のもとに麵麭《ぱん》・ビスケット類を製造して、外国人に売込んでゐた」といわれているが（『横浜市史稿』「風俗篇」昭和七年）、新聞にパンやビスケットの販売広告を載せた最初の日本人は中川であろう。

（二）中川嘉兵衛の牛肉店

まもなく中川は食糧品店を営むかたわら、牛肉ビジネスにも目を向け、高輪に牛肉店をオープンする。「万国新聞紙」慶応三年六月中旬号には、「高輪英吉利舘波戸場側　中川屋出店」の開店広告が載っている。

「　中川屋某

此人今般江戸高輪英吉利舘波戸場側に仮店を開き、肉類を売出せり。就中、牛肉は健康体に宜しきのみならず、別して虚弱及び病身の人又は病後に之を食すれば気力を増し身体を壮健にす。且又肉の素性を撰み、成る丈け下直に売払ふべし。四方の君子多分に買ひ求めんことを望む。又牛肉の全体を図に顕はし、其解を添へて其名所を知らしめ、何れの部をロースト、ボアイル、スティウに用ゆべきやを詳かに説き明かせり」

中川は、虚弱な人や病身の人、また病後の人が牛肉を食すれば気力を増し、身体を壮健にする、と牛肉の効能を述べたうえ、牛肉の部位の名称と等級を図解し、各部位に適した料理法を示している（図60）。牛肉を図入りで宣伝した最初の日本人も中川だ。

このころイギリスの公使館は高輪泉岳寺前（東京都港区）に置かれていた。中川はイギリス公使館の需要を見込んでその側に出店しているが、イギリス以外の外国公館も近くに置かれていた（今でも駐日大使館の半分以上が港区内にある）。中川の出店戦略は功を奏して繁昌し、同年十二月には柳原請負地に出店していて、「万国新聞紙」（慶応三年十二月下旬号）には、

中川屋某

此人今般江戸高輪英吉利館波戸場側に仮店を開き肉類を売出せり就中牛肉ハ健康体に宜しきのミならず別して虚弱及び病身の人又ハ病後に之を食すれバ気力を増し身体を壮健にす且又肉の素性を撰し成る丈け下直に売捌に候し四方の君子多分に買ひ求められん事を望む又牛肉の全体を図に顕わし其解を添へて其名所を知らしめ何れの部をロースト、ボアイル、スティウに用ゆべきやを詳らかに説き明かせり

牛肉部分の善悪に由て五等に分つ

第一等　一　二　九

第二等　四　七　十

第三等　三　五　八　十一　十二　十三

第四等　十四

第五等　六　十五

牛肉部分の図及び解

に適した料理法を示している。「万国新聞紙」（慶応三年六月中旬号）

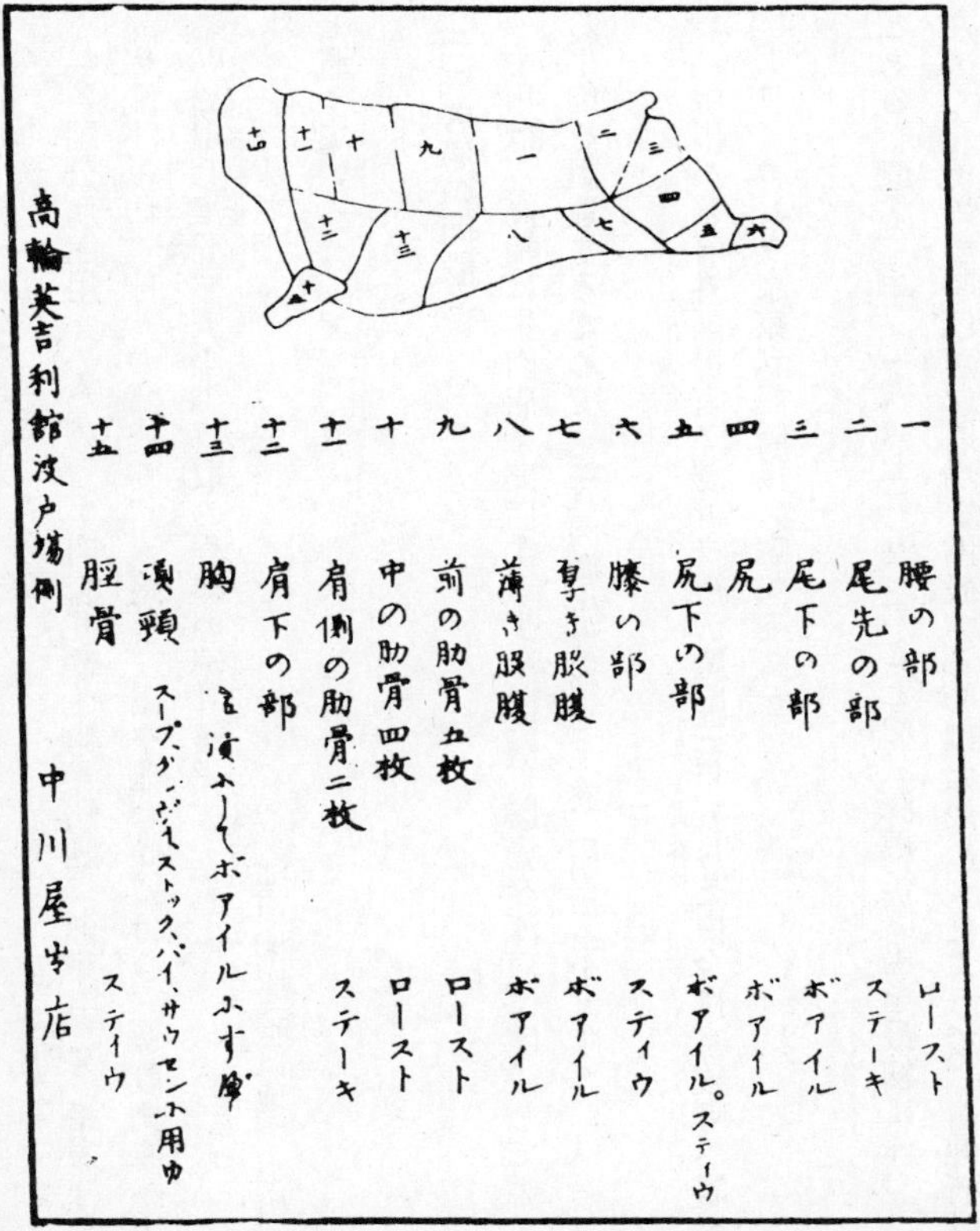

図60　中川屋嘉兵衛の牛肉店開店広告。牛肉の部位を図解し、それぞれ

「各国公使館用弁のため、牛肉店高輪へ開き候処、御薬用旁《かたがた》諸家様より御用仰せ付けられ、日々増繁仕り、遠路運び出来兼ね候に付き、今般柳原へ出張し売り弘め申し候間《あひだ》、沢山御買取の程願い奉り候。

江戸柳原請負地　中川屋某」

と載っている。

(三)　屠場の開設

中川は、高輪に牛肉店を開店する少し前に、屠場を江戸に開設していた。販売する牛肉を調達するためで、『食肉衛生警察』上巻（明治三十九年）には、

「中川ハ幕府外国掛官ノ認可ヲ得テ慶応三年五月芝白金村字猿町へ屠場ヲ設立シタリ。コレヲ東京私設屠場ノ嚆矢トス」

とある。慶応三年（一八六七）五月のことで、江戸に屠場を最初に作ったのも中川だった。その当時江戸に屠場を開設するのは大変だったようで、石井研堂の『明治

事物起原』(明治四十一年)には、

「横浜には、慶応初年、すでに二、三軒の肉屋開店するに至れり。然れども江戸にては猶頑固にして、屠牛の地を貸す者さへ無かりし。時に、荏原郡白金村(港区白金)の郷士に、堀越藤吉といふ者ありし。——今の淡路町中川主人の祖父に当る——屠牛場の地面を貸したれば、これよりは、江戸にて屠ることを得たり。これ東京に於ける屠牛場の始めなり」

と記されている。その後、明治元年(一八六八)には別の場所に屠場が開設されるが、まもなくどちらも廃業に追い込まれた。『明治事物起原』を増補改訂した『増補改訂明治事物起原』(昭和十九年)によると、

「(中川に)尋《つい》で明治元年、万屋万平・大宮孫兵衛等発起して、芝区西応寺町にもこれ(屠場)を開きしが、その翌年民部省通商司に於て搾乳場を起し、同時に牛馬会社なるものを築地門跡付近に設けて屠牛を始め、年税千三百三十円と定めて、所謂《いはゆる》御用商人を売捌人《うりさばきにん》となしたれば、前記二か所の私設屠場は、これがため

に潰れたる」

とある。明治政府は明治二年に牛馬会社を設立して、既存の私設屠場を廃止させ、個人による屠牛を禁止したため、私設の屠場はつぶれてしまった。ところが、この明治政府肝いりの牛馬会社はまもなく運営が行き詰まり、一年足らずで廃業してしまう。その後、東京府下の屠場は、新設、統合、廃業といった紆余曲折を経ながら、明治三十九年四月に至って「屠場法」が公布され、明治末期には大崎、三輪《みのわ》、寺島、八王子、福生の五か所に屠場が設置された（『日本食肉史』昭和三十一年）。

（四）食肉処理数の増加

屠場の整備については紆余曲折がみられたが、この間に屠牛数は年々増えていった。明治六年一月十二日の新聞「公文通誌」は、

「明治の初年東京府下一日屠《コロス》牛一頭半二頭に過ず。旧冬（明治五年）に至りて一日二十頭に及べり。二十頭の肉は一人半斤（三〇〇グラム）と積れば、五千人の食なり。斯《カク》の如く肉食開け行ば、三、四年の後は一日四五百頭に至るべし。即《タヾ》

今《イマ》牛馬繁殖《ファス》の方法を設け給ふ事急務なりと、或人の語りき」

と報じている。ここに示されている予測ほどには増えなかったが、屠牛数は着実に増えていて、明治九年七月十二日の「郵便報知新聞」には、

「府下の今里村と浅草新谷町の両屠殺場にては、冬より春に掛けては日々三十頭程の牛を撲殺せしが、此節とても十頭位は日々売り捌ける由、日増しに牛肉を好む者が殖へると見え昨年に較《くらぶ》れば一倍なりと」

とある。

屠牛数の増加と共に牛肉屋の数も増えていて、明治十年十一月八日の「朝野新聞」は、

「ア、開けた開けた大開化大開化と書生さんが騒ぐから何事かと思つたら府下の牛肉屋が恐ろしく多くなつたとの事。先ず一大区には百六十一戸、二大区には百四戸、三大区は六十二戸、四は五十三、五は七十四、六は三十四、七は二十、八

は十四、九は四、十は三十で十一大区は二戸有ると云ふ」と牛肉屋が五五八軒あることを報じている。この頃、東京府の範囲は大体現在の二十三区の広さになっていて、十一大区に区分されていた。ここに五五八軒もの牛肉店があったことになる。

その後も屠牛数は増加していき、明治末期の四十二年には二万二一三八頭に達している（『東京府統計書』明治四十三年）。

四　牛鍋の流行

（一）牛鍋店の出現

幕末の開国によって屠場が開設され、牛の食肉処理数が増していったようすを眺めてきたが、牛肉食は牛鍋の流行となって現われた。

江戸時代も後期になると、江戸の町には獣鍋を食べさせる店が出現する。獣鍋店ではイノシシやシカの肉を山鯨と称して食べさせていて、寺門静軒の『江戸繁昌記』初篇「山鯨」（天保三年）には、「凡そ肉は葱に宜し。一客一鍋。火盆《ヒバチ》を連ねて

供具す。大戸《ゼウゴ》は酒を以てし、小戸《ゲコ》は飯を以てす」とある。『守貞謾稿』巻之五にも

「今世、京坂ともに端街に専らこれ〔猪・鹿の肉〕を売る。今は葭簀《よしず》張《ばり》店のみにあらず、小店にて烹売《にう》りするよしなり。江戸は特に多くこれを売る。三都ともに葱を加へ鍋烹《なべに》なり」

とあって、幕末頃には獣肉鍋が流行している。絵入の『たねふくべ』三集〔弘化二年・一八四五〕には、獣鍋店で獣鍋を食べているようすが描かれているが、障子に「御ぞんじ」と書かれている〔図61〕。「皆さま御ぞんじの獣鍋」といったところであろう。

また、しゃも鍋も流行し始め、『守貞謾稿』巻之五には「鴨以下鳥を食すは常のことなり。しかれども文化以来、京坂はかしわと云ふ鶏を葱鍋に烹て食すこと専らなり。江戸はしやもと云ふ闘鶏を同製にして、これを売る」とある。かしわ〔鶏〕鍋、しゃも鍋は獣鍋と同様に葱と煮て食べている。

こうした獣肉や鶏肉の代わりに牛肉を使って鍋料理を始めたのが牛鍋店で、牛鍋店が出来たのは大坂が早そうだ。福沢諭吉は『福翁自伝』〔明治三十二年〕のなかで、

図61　獣鍋屋。障子に「御ぞんじ」と書かれ、「はつやまとしやれて先達《せんだつ》大あくら」とある。『たねふくべ』三集（弘化2年）

「少しでも手もとに金があれば直《すぐ》に飲むことを考える。〈略〉まず度々《たびく》行くのは鶏肉屋《トリヤ》、それよりモット便利なのは牛肉屋だ。そのとき大阪中で牛鍋《うしなべ》を食わせる所はただ二軒ある。一軒は難波橋《なにわばし》の南詰《みなみづめ》、一軒は新町の廓《くるわ》の側《そば》にあって、最下等の店だから、凡《およ》そ人間らしい人で出入《でいり》する者は決してない。文身《ホリモノ》だらけの町の破落戸《ごろつき》と緒方の書生ばかりが得意の定客《じょうきゃく》だ。どこから取り寄せた肉だか、殺した牛やら病死した牛やらそんなことには頓着《とんじゃく》なし、一人前百五十文ばかりで牛肉と酒と飯と十分の飲食であったが、牛は随分硬《かた》くて臭かった」

と回顧している。福沢が緒方塾の塾長をしていた時のことで、安政四、五年(一八五七~五八)の話になる。

次いで横浜に牛鍋店が出来た。文久二年(一八六二)に横浜住吉町か入舟町の居酒屋の伊勢熊が、横浜に初めて牛肉店を開いている(『横浜市史稿』「風俗編」昭和七年)。

(二) 東京に牛鍋店

明治になると東京にも牛鍋店が出現し、明治元年板『歳盛記』「浅草名物之部」には「天王橋牛なべ」の名がみえる(図62)。天王橋は鳥越橋の里俗名で、奥州街道(現在の江戸通り)が、鳥越川と交わる地点に架けられていた(台東区浅草橋三丁

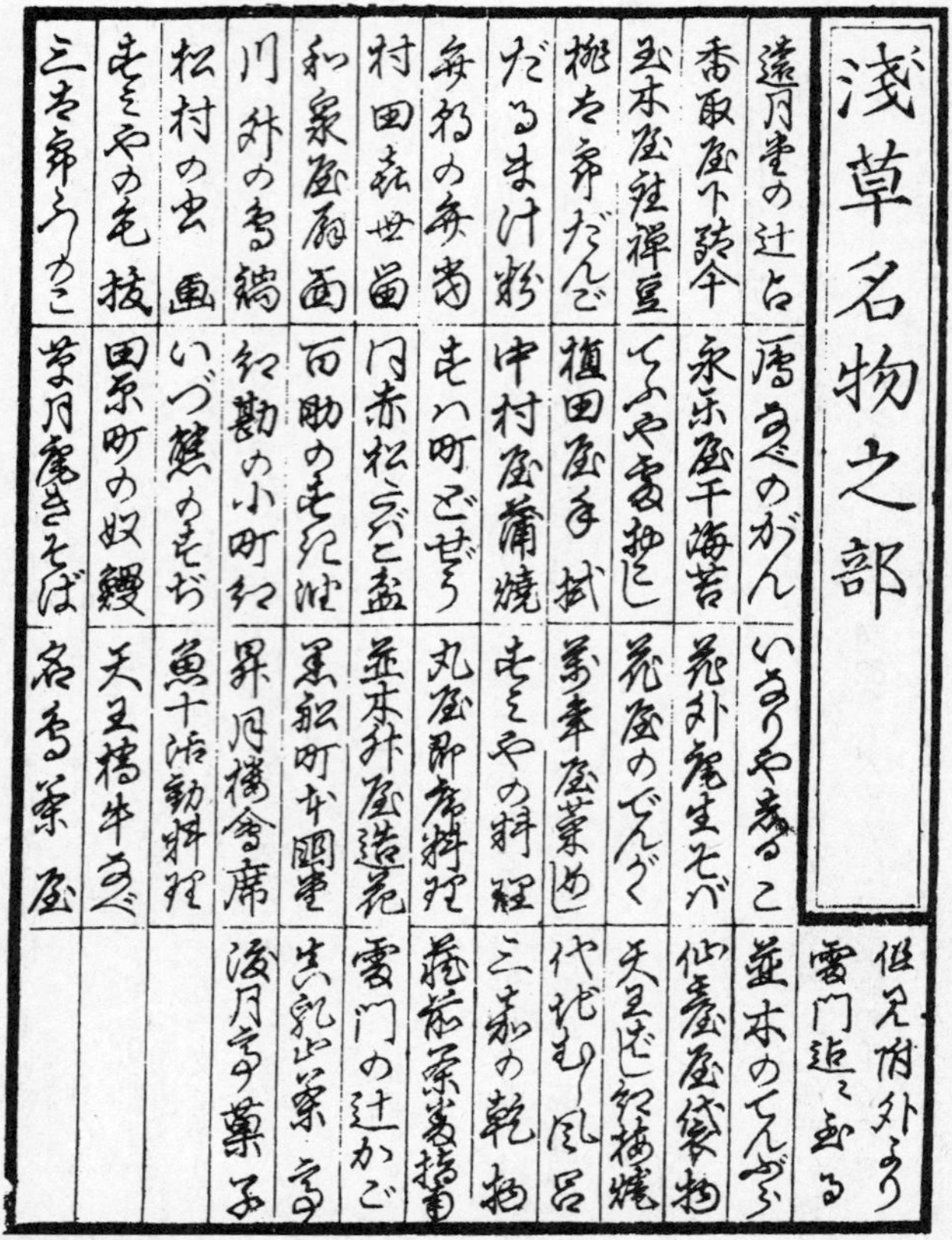

図62　東京で早くに出来た牛鍋店。上から三段目、左から二軒目に「天王橋牛なべ」とみえる。『歳盛記』(明治元年)

目付近)。

この店は東京に早くに出来た牛鍋店と思えるが、石井研堂の『増補改訂明治事物起原』には、「中川屋」(中川嘉兵衛)が「最初の牛鍋店」を開業したとして、当時の苦労話を次のように載せている。

「屠牛場は出来たれども、牛肉を売る路とては無く、僅に慶應義塾の学生に売る位が関の山なりし。〈略〉中川屋は、堀越〔前述の白金村郷士堀越藤吉〕と相談し、肉を販《ひさ》ぐのみにては、行末《ゆくすえ》面白からず、一つ牛肉鍋を売ツて見たしと、〈略〉芝・京橋の辺に貸家をさがせしに、牛肉鍋を売ると聞きて、皆これを断《ことわ》り、或は其家賃の高きを喜びて、之《これ》に応ずる者ありても、五人組承知せず、広き下町に、貸家一軒も無し。とかくする内に、芝露月町の東側——当時は其裏はすぐ海岸なりし——に一軒の貸家あり。其持主は欲張婆にて、高き家賃を屹々と納むるに於ては、五人組何を言ふとても直《すぐ》に御貸し申さん、と答ふるにぞ。早速借り受けて、牛肉店を開くことにせり。然るに、中川屋は、五稜郭の氷の切り出し事業に失敗して、姿を隠さざるを得ず、堀越は、その異人館の肉納人の株をも引受け一人にて経営することになれり」

牛鍋店の開店がいつか明示されていないが、明治元年ころのようだ。中川嘉兵衛は牛鍋店の経営から手を引いているが、東京に牛鍋店が誕生するきっかけを作った人物でもあった。

(三) 三種類あった牛鍋店

明治の初めころには露月町中川に続いて神楽坂鳥金、蠣殻町中初、小伝馬町伊勢重といった牛鍋店が相次いで開業した。こうしたなかで仮名垣魯文の『安愚楽鍋《あぐらなべ》』(明治四〜五年)が刊行され、「士農工商・老若男女・賢愚貧福おしなべて、牛鍋《うしなべ》食はねば開化不進《ひらけぬ》奴《やつ》」(初編「開場」)とあるように、武士、幇間《ほうかん》(太鼓持ち)、娼妓《おいらん》、芸者、茶屋の女中、職人、商人、芝居者、藪医者、落語家《はなしか》といった人々が牛鍋店にやってきている(図63)。ここでは牛鍋店は、「牛店」(ぎうてん、うしや)、「牛肉舗」(うしや)、「牛や」(うしや)などと呼ばれている。

その後も牛鍋店は急ピッチで増えていき、明治八年に出版された「東京牛肉しやも流行見世」には五八軒の牛肉店がランキングされている(図49、一七六頁)。牛鍋店には上・中・下の三等があって、服部誠一の『東京新繁昌記』「牛肉店」(明治七

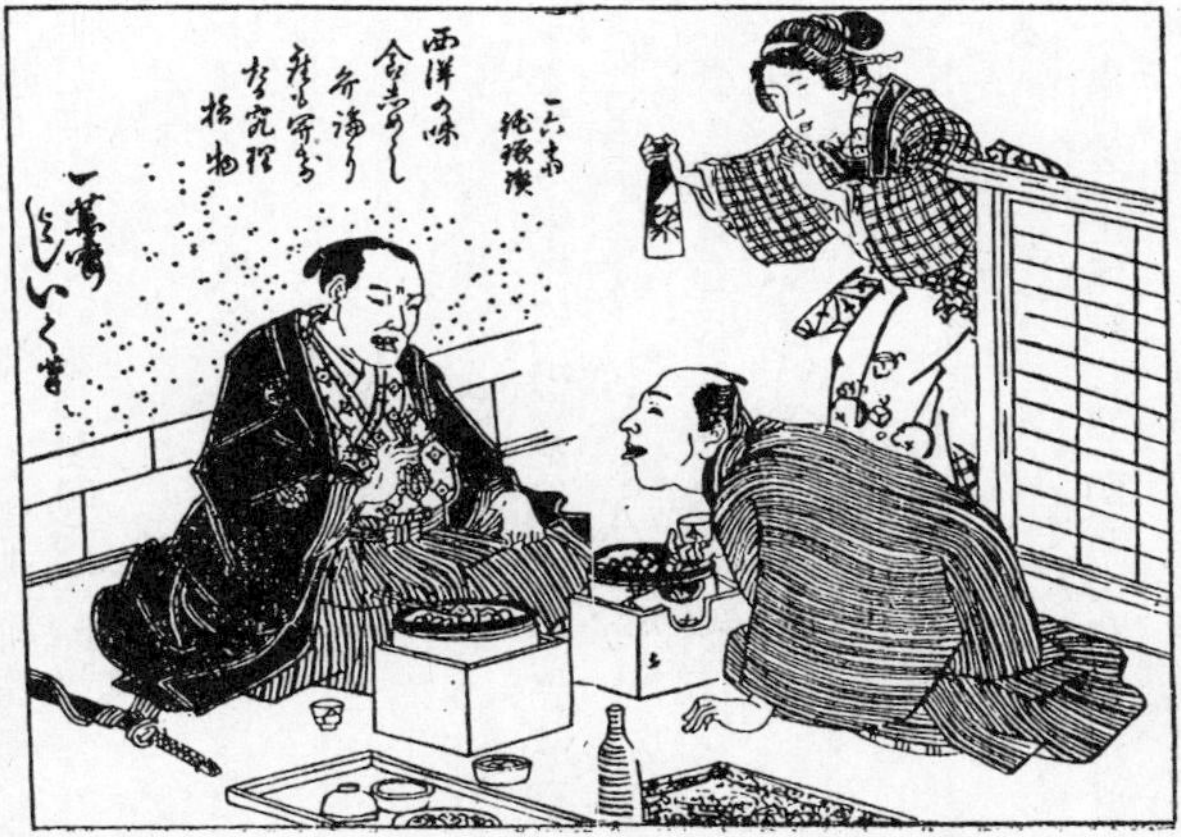

図63　牛鍋を前にした武士と町人。文中に「いづれの旧藩かの公用方とおぼしく、つれの男は、町人ていにて」とある。『安愚楽鍋』二編（明治４年）

年）には、

「肉店三等有り。旗章《はた》を楼頭に飄《ひるがへ》す者は上等也。招灯《あんどん》を檐角《のきさき》に掲ぐ者は中等也。障戸《しやうじ》を以て招牌《かんばん》に当つる者は下等也。皆朱を以て、牛肉の二字を題す。而《しか》して鮮肉を表す」

とある。牛鍋店は上・中・下によって、牛肉と書いた旗を立てるか、牛肉と書いた行灯を軒先に下げるか、牛肉と障子に書くか、の違いがあったが、新鮮な牛肉であることを表すために牛肉の字を朱色で書くことは共通していた。「東京名勝筋違橋之真景」広重画（明治期）には「牛肉」と朱色で書いた旗を掲げた牛鍋店が描かれている（図64）。

牛鍋店のスタイルは、多少変化しながらも踏襲されていて、明治二十八年十一月十日号の『風俗画報』（百二号）には、大田多稼なる人物が「牛肉屋」と題し、次のような一文を載せている。

「当今は旗章《きしやう》を竿頭《かんとう》に飄《ひるがへ》すもの少くして上等・中等倶《とも》に檐頭《えんとう》（軒先）に牛肉と記したる朱字の招灯《あんどん》を掲《か》げ、下等は入口の障子《しやうじ》に朱字の書きたるを招牌《かんばん》に当《あつ》るを例とせり。〈略〉上中等の家には、官吏も往き、書生も往き、商賈も往き、三四十銭の銭貨を投じて一酔《いつすゐ》の飽《はう》を取るを得、是を以て肉店は何れの所を問はず饞《むさぼる》客雑遝《きやくざつとう》せざるはなし」

市民は自分の身分や予算に応じて牛鍋店を使い分けていて、どの店も繁盛している。

『東京商工博覧絵』（明治十八年）には「牛肉」としたためた行灯を掛けた「牛肉商」が描かれているが、この店などは「上等」か「中等」に属する店であろう（図

図64 「牛肉」と朱色で書いた旗を掲げた牛鍋店。橋のすぐ向こうに旗が見える。「東京名勝筋違橋之真景」広重画（明治期）

図65　牛肉と書いた行灯を掲げた牛鍋店。この店は牛肉の販売もしていて「牛肉卸売」の看板が見える。『東京商工博覧絵』（明治18年）

65）。この店の「牛肉」の文字が朱色であるかは解らないが、画家の伊藤晴雨は障子に「牛肉」と大書した「下等」の牛鍋店をスケッチしていて、「牛肉（文字は朱色）」と書き込んでいる（図66）（『いろは引江戸と東京風俗野史』巻の一、昭和四年）。牛肉店では、店の行灯や障子に、朱色で「牛肉」と書くのをトレードマークにするのは続いていたようだ。

(四) 牛鍋の種類

仮名垣魯文の『安愚楽鍋』には、「御蔵前に定舗《ぢやうみせ》の、名も高旗《たかはた》の牛肉鍋《ぎうにくなべ》」「牛鍋《うしなべ》食はねば開化不進奴《ひらけぬやつ》」（初編「開場」）とか「さいぜんからうしなべにて、さしつおさえつのみかけて」（三編上）とあるように、

「牛肉鍋《ぎうにくなべ》」や「うしなべ」の名が使われている一方で、「此牛肉《このうし》は屠立《しめたて》だと見へて、だいぶこはいぜ。コウコウ、あンねへ、すきやきにして、モウ一鍋《いちめへ》、はやくはやく」（二編下）とか、「ヲイヲイ、あねへ、親方にラウスを、大切《おほぎり》にして、焼鍋《やきなべ》を一《いち》枚《まい》、あつらへてくんな」（三編下）とあって、「すきやき」や「焼鍋」の名が使われている。

図66　障子に「牛肉」と朱色で大書した牛鍋店。『いろは引江戸と東京風俗野史』（昭和４年）

萩原乙彦の『東京開化繁昌誌』「牛店繁昌」（明治七年）には、

「席上に食卓《しつぽくだい》・倚子《いす》は設けず。却《かへつ》て市松の席薦《たゝみ》を敷き、方一ツ尺二三ン寸の箱に今戸焼の土火鉢《つちひばち》を安《いれ》て、銕鍋の軟柔煮《じはじはに》。正面の壁に貼楮《はりがみ》して、数色《しよしき》の割烹《かつぱう》を書《しる》したり。曰《いはく》。すき焼、なべ焼、玉子焼、しほ焼、さしみ、煮つけ等なり」

とあって、牛鍋屋のメニューが記されているが、そこには「すき焼」と「なべ焼」の名がみえる（図67）。

このように牛鍋には異なる呼び名があったが、服部誠一の『東京新繁昌記』「牛肉店」には、

「鍋又約《おほむ》ね二等有り。葱を和《に》して烹る者を並鍋と曰ふ。価三銭半。脂膏《あぶら》を以て鍋を摩して烹る者を焼鍋と曰ふ。価五銭。一客一鍋、火盆供具す焉。酒を命ずる者有り。飯を命ずる者有り」

とあって、牛鍋には並鍋と焼鍋のあることとその違いが示されている。

図67　明治初期の牛鍋店。二階建てで、入口の片側に牛肉販売部を設け、入口からすぐに二階へ上る。『東京開化繁昌誌』（明治７年）

したがって、牛鍋には二種類あって、スープで肉を煮て食べるのを「牛肉鍋」「うしなべ」「並鍋」「なべ焼」などと呼び、あぶらをひいて肉を焼き煮にして食べるのを「焼鍋」「すき焼」などと呼んでいたようだ。

『東京流行細見記』「牛肉屋養助」（明治十八年）には、牛鍋店がランキングされているが、店名の下には「かむろ　らうす　すきやき　おぼろ　うし　げいしゃ　こせう　ねぎ　からし　やりて　なべ」とある（図68）。「らうす　すきやき」とあるのはロースの「すき焼」で、「なべ」とあるのはス

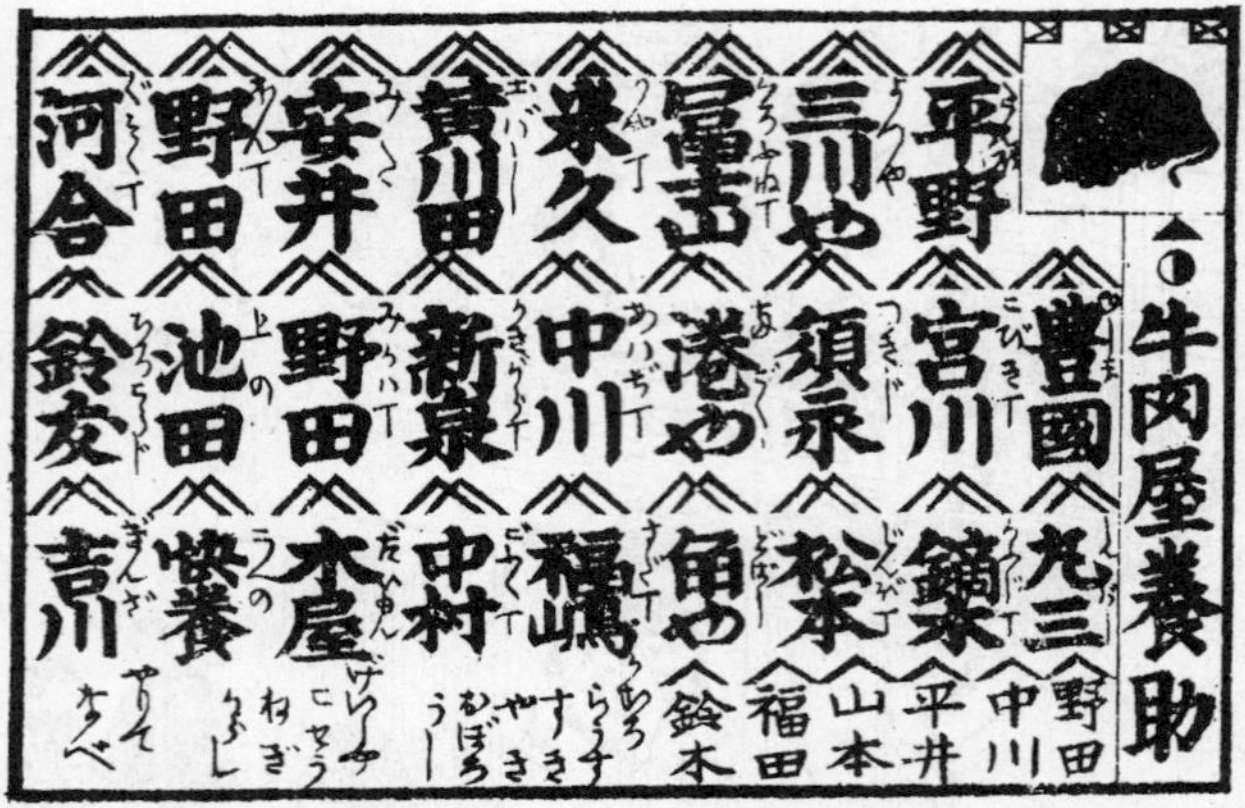

図68　牛鍋店のランキング。「すきやき」「なべ」のメニューがみえる。
『東京流行細見記』（明治18年）

ープで肉を煮て食べる牛鍋をさしているのであろう。

すき焼の名は江戸時代に農耕用の鋤を鍋の代わりにして獣鳥類や魚の肉を焼いた焼き物に由来するが、このように牛肉を焼き煮にして食べる食べ方として使われるようになっている。やがて牛鍋の食べ方もすき焼と呼ばれるようになり、牛鍋の名はあまり使われなくなった。

（五）牛鍋の調理法

明治二十六年に出版された花の屋胡蝶の『年中総菜の仕方』には「牛《ぎう》肉《にく》なべ」の作り方が詳しく載っているが、調理法については

「煮方《にかた》は人毎《ひとごと》に種々《いろいろ》の仕方《しかた》あれども、今此《いまこゝ》にはホルト製《せい》と味噌製《みそせい》とを記す。其《その》ホルト製はホルト油《ゆ》〔オリーブ油〕を初《はじめ》より鍋《なべ》に少《すこ》し入《い》れ、又牛《ぎう》の油身《あぶらみ》を入《い》れて、先《ま》ず葱《ねぎ》を煎《い》り、油《あぶら》の飛《と》ばぬ為《ため》にちよつと鍋《なべ》を下《おろ》してさまし、而《そう》して後《の》ち、美醂《みりん》をさし、又醤油《しやうゆ》をさして肉《にく》を煮《に》る也。又味噌製《みそせい》は、したぢは酒《さけ》と醤油《しやうゆ》と砂糖《さたう》と水とを調合《てうがふ》して用《もち》う。〈略〉又味噌《みそ》は牛肉《ぎうにく》には白味噌《しろみそ》を用《もち》う。其味噌《そのみそ》の仕方《しかた》は白味噌《しろみそ》に砂糖《さたう》と酒《さけ》とを入《い》れてよき程《ほど》にとき、あつさりと摺《す》る也」

とあって、ホルト製と味噌製の「煮方」が示されている。ホルト製はアブラをひいてみりんと醤油で肉を焼き煮にして食べる食べ方、味噌製は「したぢ」（下地。酒・醤油・砂糖・水を調合したもの）に摺り味噌（白味噌・砂糖・酒を摺り合わせたもの）を加えて肉を煮て食べる食べ方で、『安愚楽鍋』などにみられた二種類の牛鍋はこうした方法で食べていたものと思える。

「したじ」（下地）は、明治初期にはスウプと呼ばれていたが、「割下」と呼ばれるようになる。『風俗画報』一〇二号（明治二十八年十一月十日）に「肉店に上れば、葱を五分《ごぶ》といひ、肉を生《なま》といひ、汁を割下《わりした》といふ。乃ち隠語《ゐんご》の如し」とでてくる。

味噌製の下地（割下）に加える摺り味噌はタレ味噌、略してタレとも呼ばれていて、『東京開化繁昌誌』「牛店繁昌」では、客の注文を聞いた牛鍋店の店員が「生肉一枚に烹未醤《たれ》沢山と声高《こゑたか》やかに」叫んでいる。「たれをきかせてのろけて煮《に》ても五《ご》分《ぶ》でもすかない人《ひと》じやもの」といった都々逸《どどいつ》も作られている（『開歌新聞都々一』「牛店《うしや》」明治七年頃、図69）。

牛鍋には醬油味の焼鍋（すき焼）と味噌味の並鍋（牛肉鍋）があったが、味噌味で食べるのが一般的だった。仮名垣魯文の『西洋道中膝栗毛』六編「書生の酔話」（明治四年）では、二人の書生が「五分切《ごぶきり》の葱《ねぎ》がたれ味噌と合併《がつぺい》して」煮詰まってしまった鍋に白湯《さゆ》をさしながら酒を酌み交わしている（図70）。

味噌製に使われる味噌の種類については、『年中総菜の仕方』では白味噌としているが、白味噌に限らなかったようで、明治四十年刊『料理辞典』の「ギューナベ」には「味噌製は味噌を味醂にてとき、ちよつとすりて、これを裏漉して用ゐる」とあって、味噌の種類にはこだわっていない。

（六）牛鍋の具には葱

江戸時代、獣鍋やしゃも鍋には葱を入れて食べていた。その食べ方が踏襲されて

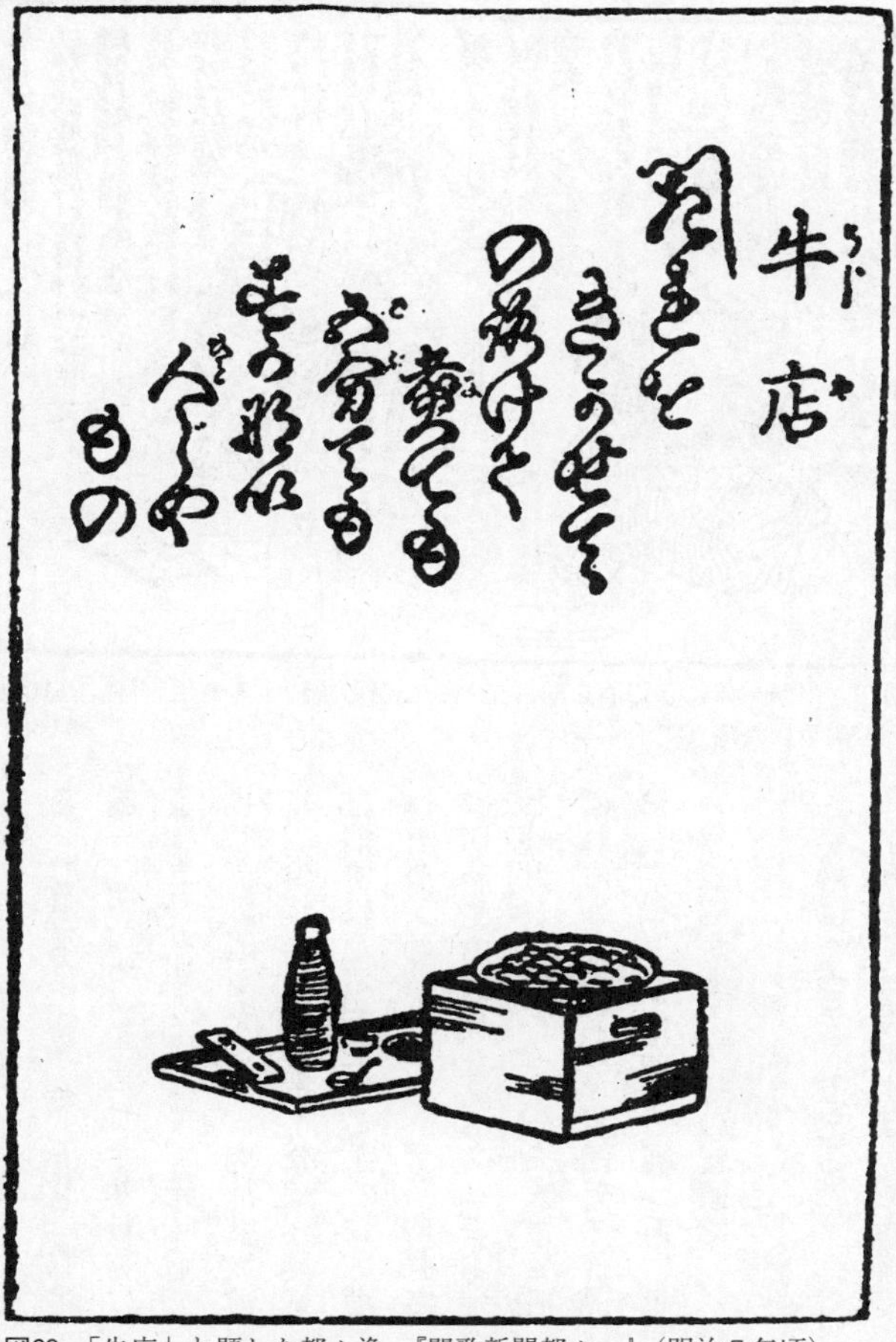

図69 「牛店」と題した都々逸。『開歌新聞都々一』(明治７年頃)

図70　牛鍋を前にして酒を酌み交わしながら議論する書生。『西洋道中膝栗毛』六編（明治４年）

牛鍋の具には葱を入れて食べている。『魯文珍報』第七号「牧牛論」（明治十一年二月十八日）に「葱を五分切りにして、先《まず》味噌を投じ、鉄鍋ジヤジヤ、肉片甚太《はなはだ》薄く、少《すこ》しく山椒を投ずれば、臭気を消すに足る」とあるように、葱は五分（約一・五センチ）の長さに切って出されたので、「ごぶ」と呼ばれていたが、「ざく」と呼ばれるようになる。森鷗外の作品に『牛鍋』（明治四十三年一月）という短編がある。その冒頭で、

「鍋はぐつ〳〵煮える。

牛肉の紅《くれなゐ》は男のすばしこい箸で

反《かへ》される。白くなつた方《はう》が上《うへ》になる。斜めに薄く切られた、ざくと云ふ名の葱は、白い処が段々に黄いろくなつて、褐色の汁の中へ沈む」

と、男が牛鍋を食べているシーンが描写されているが、葱は斜めに薄く切って出され、「ざく」と呼ばれている。葱の切り方が変わって五分とはいわなくなったのであろう。

牛鍋の臭気を消すために粉山椒などが使われていて、『魯文珍報』には「少《すこ》しく山椒を投ずれば、臭気を消すに足る」とあるが、前述の『年中総菜の仕方』は「香《や》料《く》《み》は粉山椒《こさんせう》を用《もち》う。西洋胡椒《せいようこせう》なれば猶更《なおさら》よし」としている。

永井荷風は『紅茶の後』「銀座」（明治四十四年七月）のなかで、「自分はいつも人力車と牛鍋《ぎうなべ》とを、明治時代が西洋から輸入して作つたもの丶の中《うち》で一番成功したものと信じてゐる」といっている。

（七）屋台店の煮込み売り

服部誠一の『東京新繁昌記』「牛肉店」（明治七年）には、牛肉の煮込み売りにつ

いても載っていて、

「露肆《だいどうみせ》を開いて肉を売る者有り、烹籠《にこみ》と曰ふ。専ら肉店に上る能はざる貧生を招く也。懶《ぶしよう》叟《おやじ》清泗《みづばな》を啜つて、これを製す。竹串以て肉を貫き、これを大鍋に投ず。火常に活し、肉常に沸く。一串値文久二孔也。〈略〉輓夫《くるまひき》鍋を囲んでこれを喰ふ。蟻《ぎ》集蝿屯《しようようとん》、縦喰《たちく》ひする者有り、横喰《よこく》ひする者有り、或は串を争つて闘ふ者有り、或は串を奪ひ去る者有り。噪々嘈々《がやがやむしやむしや》、三串以て一時の飢を医す。この肉や、日屠場を廻つて、その廃肉を乞ふ者多し矣。剛《こは》きこと渋紙の如き者は既に十日を出る肉也。柔らかきこと豆腐の如き者は全く腐敗に属する肉也。醤汁《したぢ》は則ち鎌倉時代の余瀝を貯へ、苟《いやし》くも日に旧《ふる》くして、又日に旧く、臭気鼻を衝くが如し」

とある。大道店（屋台店）の煮込み肉は一串「文久二孔」（文久銭二枚）で売られ、車引きなど貧しい人々が群がり、奪い合って食べている。文久銭は一枚一厘五毛で通用したので、一串三厘で食べられたことになる。牛鍋屋の牛鍋は並鍋でも三銭半していた。一串が牛鍋の十分の一以下で食べられた煮込み肉には廃肉が利用され、

「臭気鼻を衝くが如し」といった代物であったが、肉体労働者にとっては貴重なスタミナ源になっていた。

こうした屋台の煮込みの味付けについては、松原岩五郎の『最暗黒の東京』「車夫の食物」（明治二十六年）に、

「煮込――これは労働者の滋養食にして種《たね》は屠牛《とぎゅう》場の臓腑《ぞうふ》、肝《きも》、膀胱《ぼうこう》、あるいは舌筋《したすじ》等を買い出してこれを細かに切り、片臠《へんれん》となして田楽《でんがく》のごとく貫串《かんかん》し、醬油に味噌を混じたる汁にて煮込みし者なり」

とあって、醬油と味噌で味付けされている（図71）。

やはりここでも内臓などが利用されているが、上等な煮込み肉を提供する屋台もあった。田山花袋は『東京の三十年』（大正六年）のなかで、

「京橋の西の袂《たもと》には、今では場末でも見ることの出来ない牛のコマ切《ぎれ》の大鍋《おおなべ》から、白い湯気が立って、旨そうな匂いが行きかう人々の鼻を撲《う》った。立派な扮装をした人たちも平気で其処《そこ》で立って食った」

図71　「車夫の食物」のところに描かれた「下等社会の食物店」。『最暗黒の東京』（明治26年）

と述懐している。明治十四年頃の話で、こま切れ肉を使った屋台も現れている。

五　牛丼の誕生

(一)　牛飯屋の出現

前掲の『東京新繁昌記』に「一客一鍋、火盆供具す焉。酒を命ずる者有り。飯を命ずる者有り」とあるように、牛鍋屋ではご飯も出していたので、牛鍋をどんぶり飯にのせれば牛丼になる。煮込み売りの屋台でもご飯を提供することはできるので牛肉の煮込みをどんぶり飯にかければ牛丼が出来上がる。牛丼は牛鍋や牛肉の煮込みが普及していくなかで生まれてきた。

骨皮道人の『百人百色』「裏店の山の神」（明治二十年）には、

「彼《あ》の冶郎《やろう》またポカーンとして大道講釈《だいだうがうしやく》でも聞て居やァがるに違いない。人を馬鹿にして居やァがら。外を出行《であるく》ものァ腹が減《へり》やァ天麩羅飯でも牛飯《うしめし》でも好《すき》なものが喰へるが自家《うち》に居る者ァ喰度《くひたく》も銭がねへから天麩羅飯どころか大福餅一ツ喰ふ事も出来ない」

と、腹を空かした長屋の女房がボヤいている。牛丼は牛飯と呼ばれて、明治二十年頃には売られていた。甘辛い醤油味や味噌味で煮た牛肉を温かいご飯の上に打ちかけた牛飯は美味い。牛飯は牛飯屋で売られていたが、その数は増え、明治二十四年十一月六日の「朝野新聞」は、

「牛飯屋の増加 ○一椀一銭と筆太に記したる行灯を見世先に掲げて商ひする者、各区内とも日増しに殖るよし」

と報じている。

この一か月ほど前の十月三日の「郵便報知新聞」には「去卅日の暴風雨の為め、蕎麦の損害甚しき地方ありて、蕎麦粉忽ち騰貴し、為めに市中の「もり、かけ」は八厘の看板は一銭と改めたる処あり」とあって蕎麦の値上げが報じられている。牛飯は蕎麦一杯の値段で食べられた。現在も街を歩くと牛丼店をよく見かけるが、一三〇年以上に亘って、手ごろな値段で食べられる状況が続いている。

明治二十五年ころには牛飯が流行していて、篠田鉱造の『幕末明治女百話』(昭和七年)には、女性たちから聞き書きした幕末から明治にかけての逸話が収められているが、そのなかで、話し手の女性の一人が「(明治)二十五、六年の頃から、牛めしの流行《はやり》出したことといったら、赤犬の肉だなんかといったくらい、これもいい匂いをさして、おいしそうでした。一杯一銭三厘で、冬分はあったかく、女でも何でも、みんな喰べていました」と語っている(「甘酒屋儀介と蕎麦稲荷」)。女性も好んで牛飯を食べていて、この点は現在とは少し事情がちがうようだ。

(二) 屋台でも売られた牛飯

牛飯は屋台でも売られるようになった。『風俗画報』第二百六十一号(明治三十五年十二月十日）には「数寄屋橋付近の景況」と題して、数寄屋橋近くの広場に出ていた明治三十二年頃の屋台風景が描かれているが、「牛めし」の屋台が二軒出ている（図72）。牛飯の立ち食いも行われている。

明治三十九年二月十五日の『実業之日本』に、「こてふ」という人が、牛めしについて書いている。

「〔商家の〕小僧連《こぞうれん》が鼻をひこつかせる赤い文字の行灯《あんどん》――牛《ぎゅう》めし若《も》しくば焼鳥の如《ごと》き、実に旨《おい》しい匂ひがする。けれどもこれが原料といったら、少しも滋養分のないのみか頗る悪食といはねばならぬ。〈略〉牛肉の原料は屠牛場《とぎゅうぜう》で一ト口にホク、腹皮、鼻づら、百ひろ等といふものである。廃物利用であるから安い。実際二十銭買つて二円に売れる故この方は他の肉を使つてはあはぬ。何れも咬《か》み切れない位のものだが、独《ひと》りホクはキモ見たいなもので柔らかい。実は屠牛場で直様《すぐさま》ゆでて置て売る（米揚笊《こめあげざる》に一杯十銭）。其他《そのた》はトテも長井兵助自慢の歯を以て来ても咬み切れないで、何等《なんら》の滋養分があるものではない」

おそらくこれは屋台の牛飯で、屋台ではこうしたひどい牛飯も売られていたが、

んだ屋台の中に２軒の「牛めし」の屋台がみえる。(『風俗画報』261号・

図72　明治32年頃の牛めしの屋台　「数寄屋橋付近の景況」。ずらりと並
明治35年12月10日）

庶民は好んで牛飯を食べていた。東京の探訪記を著した川村古洗は、

「一年三百六十五日、太陽が西の山の端に沈んで、宵の明星が空に煌《きら》めく頃から、夜の東京市街の其処此処《そこここ》に露店を張つてゐる商売は、おでん燗酒屋を筆頭に寿司屋、天麩羅屋、牛めし屋、焼き鳥屋等であるが、此《この》おでん屋、天麩羅屋は木枯《こがらし》の吹く冬の夜《よ》の気分に適し、寿司屋、牛めし屋は、何となく夏から秋へかけて食物《くひもの》らしい感じがする」

といった感想を述べている（『世の中探訪』「東京名物夜の露店」大正六年）。夕方になると牛飯の屋台が街の至るところに出ていて、庶民の空腹を満たしていた。牛飯は下層階級の食べ物とされていたが、まもなくそのイメージを変える出来事が起こった。

（三）　関東大震災と牛飯

大正十二年（一九二三）九月一日、マグニチュード七・九の大地震が関東地方を襲った。関東大震災である。東京は焦土と化し、翌日の新聞は「強震後の大火災

強震後の大火災
東京全市火の海に化す
日本橋、京橋、下谷、淺草、本所、深川、神田
殆んど全滅死傷十數万
電信、電話、電車、瓦斯、山手線全部杜絶
安政以來の大地震

正午の大強震後帝室林野管理局、警視廳、帝劇、神田、三番町、赤坂見附、砲兵工廠等から揚がつた火の手は八方にひろがり夕刻から日本橋、京橋、下谷、神田、淺草、本所、深川、の大半を包み水道の多くが斷水したので火の手は猛り狂ふのみで數十万の人々が上野、宮城前、日比谷、芝公園などの廣場に夜を撤して避難する有樣は全くこの世ながらの焦熱地獄である、近衛、第一の兩師團は全員出動して救護につとめ、その營庭は負傷者に依つて滿され全市の死傷十數万の見込みである燒失家屋の主なるものはのは帝劇、警視廳、內務省、有樂座、帝國ホテル、博文館、朝日、時事、中央各新聞社、鍋島候、中

図73　関東大震災の惨状を伝える新聞記事「東京日日新聞」（大正12年９月２日）

東京全市火の海に化す　日本橋、京橋、下谷、浅草、本所、深川、神田殆んど全滅　死傷十数万」といった見出しで、その惨状を伝えている（「東京日日新聞」大正十二年九月二日、図73）。

死傷者のほかにも多くの人が震災の被害を被ったが、市民はたくましく立ち上がり、日をおかずして人々の空腹を満たすための露店が出現した。九月十七日の「東京朝日新聞」は「日比谷界隈に三百軒の俄飲食店」の見出しで、そのようすを報じている。

「丸潰《まるつ》ぶれになつた人も、焼け

出された人も、二週間余を経た今日となれば、それぞれ自活の途《みち》を開かねばならぬので、商売を始めた者がもうボツボツ見え出した。それには店と品物とお客の関係で、手つ取りはやくやれる飲食店が第一だ。日比谷へ避難した食糧も家もない人や行人《かうじん》を相手に、スヰトンやゆであづき、牛乳に菓物《くわもの》など「小屋とは名ばかりの露台を出して客を呼んでる俄商人《にはかしやうにん》の数がざつと三百余りもあらう」と警戒のお巡《まはり》さんが微笑する。何区の何屋と名を売つた店が、無一物のまる裸から、更に昔の繁栄を取り返さうと力んでゐるのが惨《いた》ましくも頼母《たのも》しい。日比谷公園を日比谷門から這入つた突き当りに葭簀《よしず》を張り廻したばかり、屋根もない縁台一脚の店に「牛めし十銭」と唐紙に貼出してその下に「松月」と艶めかしく書いてある。これは京橋山城町で知られた元の待合松月主人が窮余の策で始めた露店である。「食器もなければ着物もない、一家族を纏めて逃げ出したまゝだが何かをやらぬと一同飢る他《ほか》ないからと思ひついて、始めてからけふで四、五日目だが、妙なものでたつた十銭宛《づゝ》の上《あが》りが毎日四、五十円です」とホクホクもの」

牛飯を売ることは「無一物のまる裸から」でも出来た商売で、待合茶屋（客が芸妓を呼んで遊興する茶屋）の松月が牛飯を売って、一日に四、五十円売り上げている。一杯十銭の牛飯を四、五百杯売り捌いたことになる。松月のような上流階級が利用する茶屋が牛飯を販売したことは、大阪でも話題を呼んでいて、「大阪毎日新聞」は「待合「松月」が牛めし屋に。椅子一脚の露店だが、それでも一日五十円を売り上げる」と報じている（九月十七日）。

はやりつ兒
天下をあげて喰つた『牛どん』
一日三千杯賣つた幸樂 米五俵を焚いて不足

震災直後唯一の美食として天下を擧げて「牛どん」を喰つた、當時警視廳で大體を調査したら日比谷から丸の内芝方面へかけてトタン板張や『屋臺や大道』へむき出しで五錢以上十五錢位の『牛どん』屋が約千五六百軒も出てゐたそうだ『するとん』『ゆであづき』抔も相當出たが『牛どん』には遠く及ばない。主として勞働をする人などの常食とされたものも遂に所謂上流階級の口へ行つて、以來未だに到る處にはやつてゐる『當時日比谷』の牛島屋幸樂の『牛どん』は天下の珍味として好評嘖々一日白米五俵を焚き込み廿五錢の牛どん三千個づゝを賣つた。二人の男が朝六時から掛り切りで飯を酒樽の鏡を抜いたのへ間斷なくたいてゐても追はれた肉は三輪の屠牛場から運んで、とも（片もゝ）『四本乃至五』本をぶつ／＼に切つて味淋醬油と煮込んでは打かけて出した。當時の事で一番困つたのは白米だそうだが房州所澤邊へ買出しに出て何れも俵二十七八圓にはついたといふ。はじめは玉葱を使つたが到底間に合はなくなつて『日本葱にし』たがそれも終には困つたそうである、幸樂の自慢話によく「何しろ自動車を待たせて置いて喰べて行くといふやうなお客が來たものですからうつかりしたものも出せないので醬油でも味淋でも米でも氣をつけたものです、肉はロースも何にもかにも片端から『ぶつ／＼切』つて煮たので味の良い代りには賣れた割合に儲かりませんでした、只社會奉仕にと店の廣告になつたし『牛うどん』そのものを天下に知つて貰つたのは幸福です」

図74　牛丼屋の繁昌ぶりを伝える新聞記事
「読売新聞」（大正12年12月10日）

六　牛丼の普及

（一）第一次牛丼ブーム

震災後、日比谷界隈以外にも多くのトタン板葺の店や屋台店や露店が出ていた。中でも多かったのが牛丼屋で、震災から三か月ほど経った十二月十日の「読売新聞」は「天下をあげて喰つた「牛どん」」の見出しで、牛丼屋の繁昌ぶりを伝えている（図74）。

「震災直後唯一の美食として天下を挙げて「牛どん」を喰つた。当時警視庁で大体を調査したら日比谷から丸の内・芝方面へかけてトタン板葺《いたぶき》や屋台や大道へむき出しで五銭以上十五銭位の「牛どん」屋が約千五六百軒も出てゐたそうだ。「すゐとん」「ゆであづき」抔《など》も相当出たが「牛どん」には遠く及ばない。主として労働をする人などの常食とされたものも遽《にはか》に所謂上流階級の口へ行つて、以来未だに到る処にはやっている。当時（震災直後）日比谷の牛鳥屋幸楽の「牛どん」は天下の珍味として好評嘖々《さくさく》、一日白米五俵を焚き込み、廿五銭の牛どん三千個づゝを売った。二人の男が朝六時から掛り切りで飯を酒樽の鏡を抜いたのへ間断なくたいてゐても追はれた。肉は三輪《みのわ》の屠牛場から運んで、とも（片もゝ）四本乃至五本をぶつ〳〵に切つて味淋・醬油と煮込んでは打《うち》かけて出した。当時の事で一番困つたのは白米だそうだが、房州所沢辺へ買出しに出て、何れも俵二十七八円にはついたといふ。はじめは玉葱を使つたが到底間に合はなくなつて日本葱にしたが、それも終《つひ》には困つたそうである。幸楽の自慢話に曰く「何しろ自動車を待たせて置いて喰べて行《ゆ》くといふやうなお客が来たものですから、うつかりしたものも出せないので醬油でも味淋でも米でも気をつけたものです。肉は口ースも何にもかにも片端《かたはし》からぶつ〳〵切つて煮たので味の良い代りに売れた割合に儲かりませんでした。只社会奉仕にと店の広告になつたし、「牛どん」そのものを天下に知つて貰つたのは幸福です」

丸の内から芝までは直線距離にするとせいぜい五キロメートル位しかない。その狭い範囲に千五六百軒もの牛丼屋が出ていて、労働者階級はもとより上流階級の人まで食べている。「幸楽」では一杯二十五銭の牛丼を三千杯も売りまくっている。「東京朝日新聞」が報じた「松月」の六倍もの数を売り上げ、てんてこ舞いしている。

関東大震災を契機として牛丼ブームが起こっていた。

(二) 牛丼の名が出現

『家庭日本料理法』(大正六年)には「牛丼《ぎうどんぶり》 温《あた》かく美味《おい》しく食《いた》ゞかれる牛丼《ぎうどん》の手製《てせい》でありますし」とあって、牛丼の作り方が載っている。この頃には牛丼の名が使われていることが分かるが、震災のころには、牛丼の名が普及していて、すでに触れたように「読売新聞」は「天下をあげて喰つた「牛どん」」と報じている。

だが、まだこの頃は牛飯の名の方が優勢で、震災後間もないころに「バラック看板大凡六百有余」をスケッチした『新帝都看板考』（大正十二年十二月）には、牛飯の看板が三十二枚描かれているのに対し、牛丼の看板は七枚にすぎない。飯田町あたりで営業している三軒の店の看板を見ると、一軒は「牛丼」で売っているが、もう二軒は「牛めし」で売っている（大正十二年十月十日のスケッチ、**図75**）。それぞれの店が、好みで牛丼か牛飯の名を使い分けている時代だったが、牛飯の看板を掲げて営業している店の方がまだ多かったようだ。

その後次第に牛丼の名がポピュラーになっていったが、今でも牛飯の名で売っている大手の牛丼チェーン店がある。

（三）食材を調達できた牛丼

牛丼の店がいち早く営業出来たのは、原料の調達がうまくいったことが大きい。

主材料の牛肉については、前述の「読売新聞」の記事を読むと、「幸楽」では「肉は三輪の屠牛場から運んで、とも（片もゝ）四本乃至五本をぶつ〳〵に切つて味淋・醤油と煮込んでは打かけて出した」とある。幸楽では牛肉を三ノ輪屠場から仕入れているが、東京の屠場は震災直後から開業していた。九月十日の「東京日日

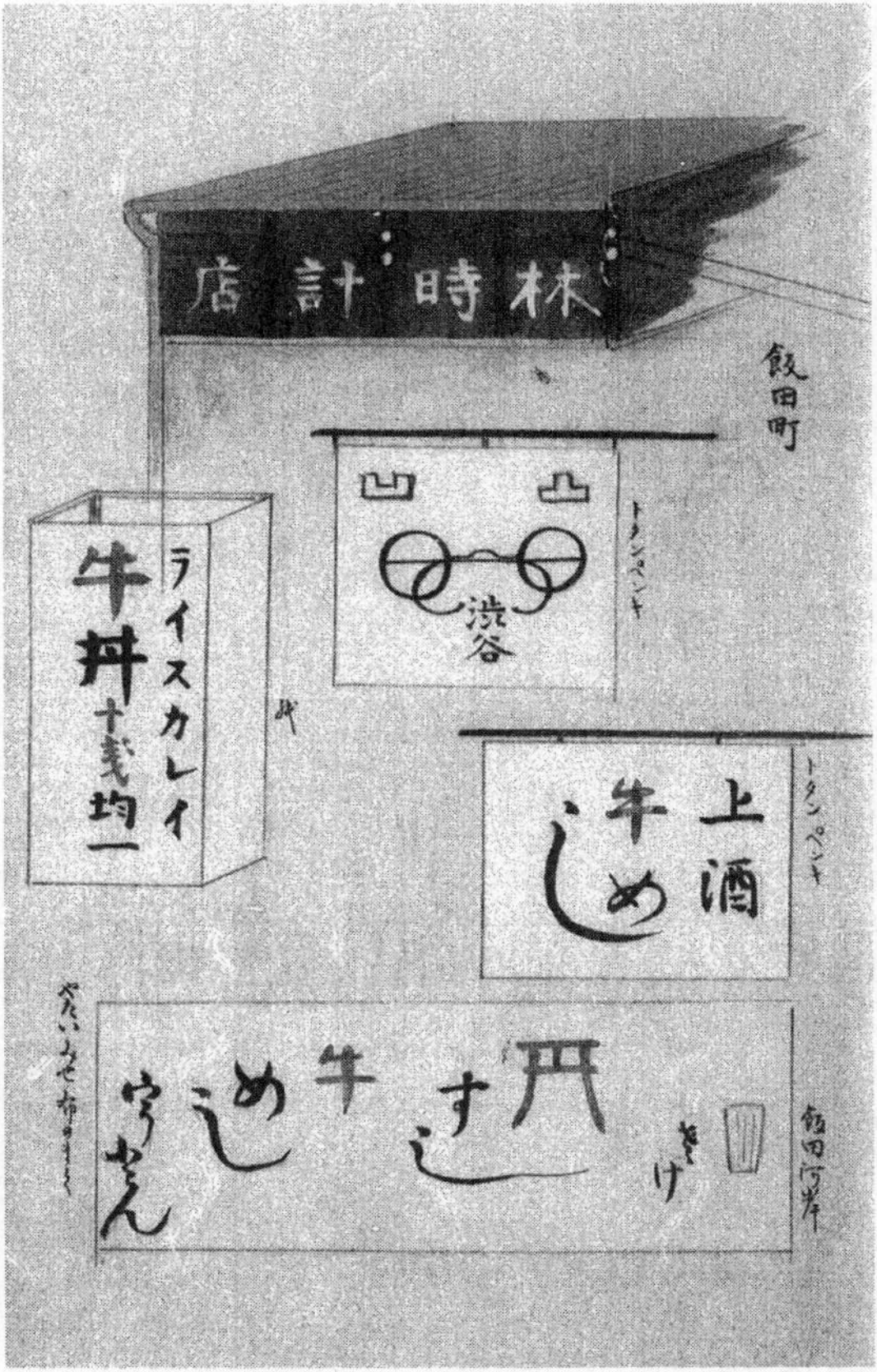

図75　牛丼と牛飯の看板。大正12年10月10日のスケッチ。『新帝都看板考』（大正12年12月）

新聞」は、「肉もたべられる　屠殺場が漸く復旧」の見出しで、

「震災のため各屠場共一時作業を休止したが左の通り作業開始せるに付き獣肉の供給漸次潤沢になつてゐる。四日寺島屠場、五日大崎屠場、六日玉川・野方・保谷の各屠場、七日三ノ輪屠場」

と報じている。震災三日後の九月四日から次々に屠場が作業を開始しているが、さらに政府は九月九日に生牛肉と鳥卵の輸入税免除の閣議決定を行っている。牛肉の供給源は確保出来る状況にあった。

幸楽では牛肉と玉葱をみりんと醤油で煮て牛丼をつくっていて、このころには牛飯に玉葱が使われていたことが分かる。

その玉葱については、青物市場の復旧が遅れていた。九月十四日の「読売新聞」は「稀有の大しんさいに全滅の悲運に逢着。神田・京橋・浜町の三大青物市場はさい危後《きご》、きそうて〔競って〕各やけ跡に急速の仮の場所を設置して何れも今後の方針、開市時期其他について役員等鳩首凝議《きうしゆぎやうぎ》に沈《ふけ》つて居るが目下の処では未だその方針決定するに至らず」としたうえで、京橋市場だけは十五日から開市すると報じて

いる。復旧は遅れたが、その後まもなく神田の市場も開市し、九月十八日の「東京日日新聞」は「神田区でも十八日からまづは多町の青物市場をテント張りで開始し、須田町・小川町の中心地では復旧について目下より〳〵協議中である」と伝えている。幸楽では玉葱の確保がうまくいかずに、葱で代用したりして苦労しているが、青物市場も徐々に回復しているので、間もなく玉葱が使えるようになったものと思える。

玉葱は、親子丼のところで述べたように（一八三頁）、日本には西洋野菜の一つとして明治初年になって渡来し、その後急速に生産が伸び、明治三十年代には日本でなじみのある食材になっていた。『料理辞典』（明治四十年）には「たまねぎ　球葱　たまねぎは、肥大なる鱗茎を有するものにして、ほとんど葱と同一なる目的にて食用に供せられ、〈略〉美味なるがゆゑに近来大に需要を増加せり」とある。玉葱は葱と同じ用途で使われていたようだが、牛鍋には葱が合うが牛丼には玉葱が合う。江戸時代の獣鍋や鳥鍋の食べ方を継承して牛鍋には葱が使われていたが、牛丼には西洋伝来の玉葱が合うことを発見したのだ。

米については、幸楽ではその調達に一番困って、房州（千葉県）にまで買出しに出ているが、その期間はそれほど長くはなかったのではなかろうか。政府は九月九日に大阪に貯蔵している政府米三万六千俵を被災地に輸送しているが、十日には八万三千五百俵、十二日には三万三千俵の輸送計画を立てている。その一方で九月九日には牛肉同様に米穀輸入税免除の閣議決定をしている。さらにその後、全国各地から米が送られてきていて、九月二十四日の「東京日日新聞」は、「東京は米の大洪水」の見出しで、

「大震災と共に全国各地から罹災地に送られた米その他の食糧品はおびただしい数量に上つたが、中でも米は政府が農商務省の阪神倉庫に貯蔵してあつた五十万石を海路芝浦に輸送したのを筆頭に、各地から買付け米や寄贈米は山の如く、一時糧道を断たれたかたちの罹災市民は、全く危地から救われたが、さてその後も廻送米益々多く、現在まで既に約百万石が集中されたといはれたのみならず、神田川正米《せうまい》市場にも数日前から千俵、二千俵の送米があり、なほ続々と地方から廻送されてくるので、今や帝都は米の洪水にあつた状態となつた」

と報じている。牛丼に使う米も確保しやすい状況にあった。

牛丼づくりに必要な食材が早くから確保出来、牛丼ブームが起こったのだ。

(四) 牛丼の魅力と第二次牛丼ブーム

大震災にあっても、必要な食材を確保出来た牛丼は、牛肉と玉葱(無理な時は葱)をみりんと醤油で煮て丼のご飯の上に打ちかけて提供され、東京市民の空腹を満たした。牛丼は比較的安い値段で売られていて、前出の「読売新聞」(大正十二年十二月十日)に「五銭以上十五銭位の「牛どん」屋が約千五六百軒も出てゐた」とあるように、『新帝都看板考』にスケッチされた牛飯・牛丼の多くは十銭で売られている。ここには牛飯・牛丼以外にもさまざまな食べ物屋の看板が描かれているが、もり・かけは五銭から十銭、すしは一つ五銭、天丼の多くは二十銭から三十銭、鰻丼は三十銭で売られている(図76)。

牛丼は、安くて、ボリューム感があって、手軽に食べられるどんぶり物として、「震災直後唯一の美食として天下を挙げて」食べられていた(「読売新聞」)。牛丼は被災者にとって救世主の役割を果たしていたのだ。

「読売新聞」が「主として労働をする人などの常食とされたものも遽《にはか》に所謂上流階級の口へ行つて、以来未だに到る処にはやつてゐる」と報じているように、関東大震災を契機にして、牛丼は上流階級の人の口にも入るようになって、牛丼愛好層が

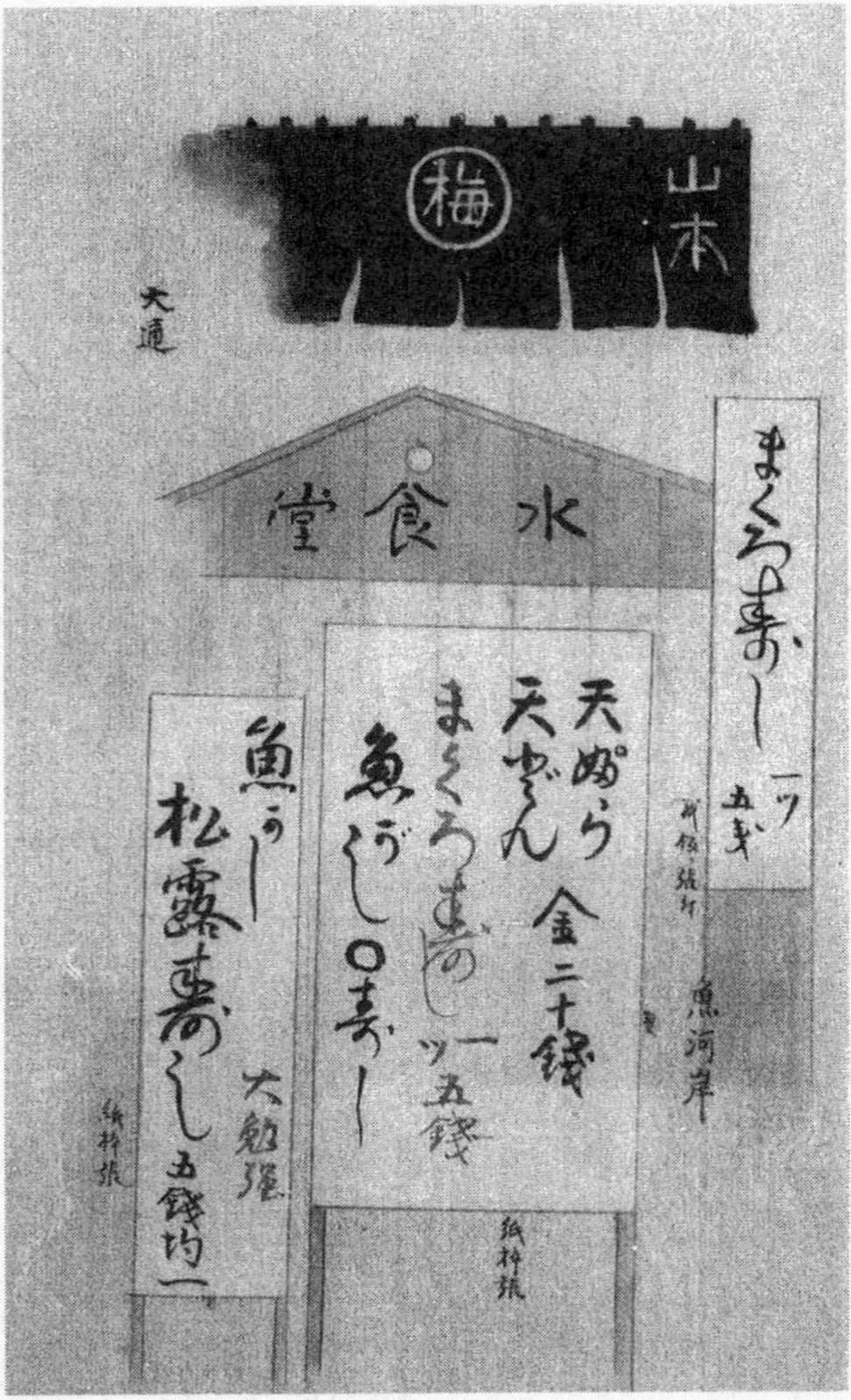

図76 「天ぷら　天どん　金二十銭　まぐろ寿し　一ツ五銭」で売っている店の看板。『新帝都看板考』（大正12年12月）

拡大した。

牛肉をほとんど食べてこなかった日本では、幕末の開国により牛肉食が普及していくが、おもに江戸時代の獣肉鍋やしゃも鍋の延長線上にある牛鍋という食べ方で食べ始めた。それが牛丼に発展し、牛丼は関東大震災を契機にして、東京市民の中に広く普及した。そして時代は流れ、吉野家が昭和三十四年（一九五九）に「築地一号店」を開店したのを皮切りに、松屋、すき家などが参入して牛丼のフランチャイズチェーン店化が展開され、第二次牛丼ブームが起こり、今や牛丼は日本人の国民食になっている。

第五章　かつ丼の誕生

一　豚肉を食べなかった日本人

（一）猪の飼育禁止令

かつ丼に使われる豚肉は、牛肉以上に長い間食べられてこなかった。弥生時代には豚が飼われていたといわれている（『食の考古学』平成二十二年）。弥生時代の遺跡から豚の骨が出土しているからだが、文献上でも古くから猪が飼われていたことが確認できる。『播磨国風土記』「賀毛郡」（和銅八年〈七一五〉頃）には、

「猪養野《ゐかひの》　右、猪飼《ゐかひ》と号《なづ》くるは、難波の高津の宮に御宇《あめのしたしろ》しめしし天皇《すめらみこと》のみ世、日向《ひむか》の肥人《くまひと》、朝戸君《あさべのきみ》、天照大神《あまてらすおほみかみ》の坐《いま》せる舟の於《うへ》に、猪を持ち参来《まゐき》て、進《たてまつ》りき。飼

ふべき所を、求《ま》ぎ申し仰《あふ》ぎき。仍《よ》りて、此処《ここ》を賜はりて、猪を放ち飼ひき。故《かれ》、猪飼野《ゐかひの》といふ」

とあって、「猪養野《ゐかひの》」（兵庫県小野市）の名の由来が示されている。「朝戸君《あさへのきみ》」なる人物が天照大神から土地を賜って猪を飼育した場所なので「猪養野《ゐかひの》」と名付けられたとある。『万葉集』巻第二（八世紀後半）にも、「降る雪はあはにな降りそ吉隠《よなばり》の猪《ゐ》養《かひ》の岡の寒からまくに」と詠われている。「吉隠《よなばり》」（奈良県桜井市東部）に「猪養《ゐかひ》の岡」があったことが知れる。

また、朝廷に献上する猪を飼養する部民もいて、『日本書紀』「雄略紀」（養老四年・七二〇）には「猪使部《ゐつかひべ》」の名がみえ、『古事記』「安康記」（和銅五年・七一二）では「我は山代の猪甘《ゐかひ》ぞ」と名乗っている。

古代の文献では、「山野に棲息するものを猪と記してゐると同時に、飼養して居るものをも亦猪と記してゐる」（『日本古代家畜史』昭和五十七年）ので、こういった文献にみられる「猪」は、豚であるとみなして間違いないだろう。

日本で豚の飼育が定着するかにみえたが、そうはいかずに猪を飼うことがしだいに難しくなっていく。元正天皇は養老五年（七二一）七月二十五日に、「諸国《くにぐに》の雉猪《にはとりゐのしし》を悉《ことごと》く本処《ほんしよ》に放《はな》ちて、その性《しやう》を遂《と》げしむべし」(『続日本紀』延暦十六年・七九七)と詔して、猪を飼育することを禁止する。さらにこれが徹底されなかったとみえ、聖武天皇は天平四年(七三二)七月六日に、

「詔《みことのり》して、畿内に百姓の私《ひそ》かに畜《やしな》ふ猪卌(四〇)頭を和《あまな》ひ買ひて山野に放ち、性命《しやうみやう》を遂げしめたまふ」(『続日本紀』)

と猪を買いとって山野に放生している。仏教の慈悲の教えを実行したもので、日本では食べるために豚を飼うことが定着しないうちに、奈良時代をもって豚の飼育が姿を消してしまった。

(二) 復活した豚の飼育

その後室町時代になると豚の名が現われる。『文明本節用集』(室町中期)に「家猪(ブタ・イエイノコ)」と出ているのが、豚の名がみられる早い例で、家で飼っている猪を表しているが、実際に飼われていたかはわからない(図77)。次いでイエズス会宣教師らが編纂し、長崎で刊行した『日葡辞書』(慶長八年・一六〇三)に

「Buta（ブタ）。家ノ猪《イノシシ》。家で飼い育てる豚」と出てくる。長崎には多くの南蛮人が来航していたので、彼らの食用として豚を飼育していたのであろう。

江戸時代になると豚が飼われていたことがはっきりしてくる。『本朝食鑑』（元禄十年・一六九七）には、

「猪　布多《ぶた》と訓ず。〈略〉豬は処々でこれを畜《か》ふ。多くは溝渠《みぞ》の穢を厭《いと》ふてなり。豬は能く溝渠《みぞ》・庖厨《だいどころ》の穢汁《おすい》を喜んで食べ、日々に肥肫《こえふと》る。食物もまた至《いたり》て寡《すく》なくして、畜《か》ひ易《やす》し。或は豬を殺して獒犬《ごうけん》〔猛犬〕を養《やしな》ふ。獒犬《ごうけん》は猟を善《よく》して公家は

図77　「家猪」の文字（左下）。右側に「ブタ」、左側に「イエ　イノコ」とルビが付されている。『文明本節用集』（室町中期）

毎《つね》にこれを厩養《きうよう》す」

とあって、豚が処々で飼われていることが分かる。しかし、豚は食べる目的で飼っているのではなく、多くはどぶの汚れや台所から出る汚水の浄化のために飼われている。豚を殺して猟犬の餌にもしている。外科医が解剖用としても飼っていて、

○「外科殿のぶたは死に身で飼われて居」（柳一　明和二年）

○「兼て覚悟を極めてる外科の豕《ぶた》」（柳九六　文政十年）

と詠まれている。長崎以外でも、豚はこうした役割を果すために飼われていたのだ。

『和漢三才図会』（正徳二年・一七一二）は、豚の絵を載せたうえで、

「豕《ぶた》〈略〉按ずるに、豕は畜《か》ひ易きを以て、長崎及び江戸の処々に多くこれあり。然れども本朝肉食を好まず。又愛翫すべき者にあらざる故、近年これを畜ふ者希《まれ》なり。且つ豕《ぶた》・猪《ゐのこ》共に小毒有りて人に益あらず」

と述べている（図78）。日本人は肉食を好まないので、近年は飼うものが少ない、豚は小毒があり、人には益がない、とあるが、江戸では多く飼われるようになって

いて、『本草綱目啓蒙』（享和三年〈一八〇三〉～文化三年〈一八〇六〉）には「東都ニハ畜フモノ多シ。京ニハ稀ナリ」とある。

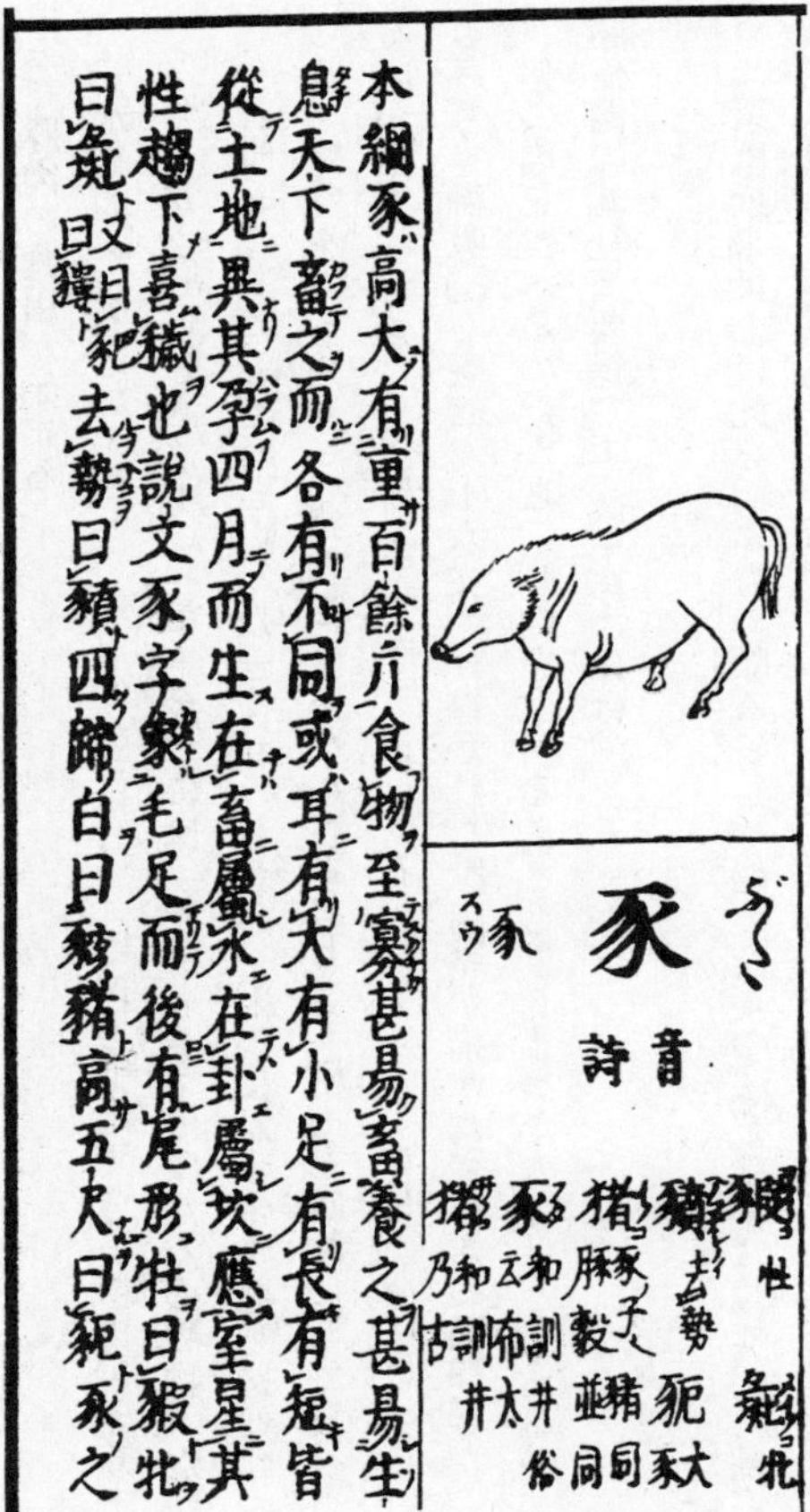
ぶた
豕
音
詩
本綱豕高大有重百餘斤食物至寡甚易畜養之甚易生息天下畜之而各有不同或耳有大有小足有長有短皆從土地異其孕四月而生在畜屬水在卦屬坎應室星其性趨下喜穢也説文豕字象毛足而後有尾形

図78　豚の絵。「豕《ぶた》　和訓に井《い》、俗に布太《ぶた》と云ふ」とある。『和漢三才図会』（正徳二年）

（三）豚肉の食用が始まる

安永年間（一七七二～八一）ころの江戸には、獣肉を薬喰できる獣肉屋が現われてきた。安永七年の洒落本『一事《いちじ》千金《せんきん》』には「秋はもみぢにぼたんの吸物。かかるしやれ世となりたるも」といった一文がみられる。獣肉に対する嫌悪感に変化がみられ、鹿肉を「もみぢ」、猪肉を「ぼたん」と称して、獣肉を吸物にして食べさせる店が出来ている。『書雑春錦手《かきまぜてはるのにしきで》』（天明八年・一七八八）には、障子に「ぼたん　もみぢ　御吸□　壱ぜん十六文」と書かれた獣肉屋が描かれている（図79）。

猪の肉を食べるのだから、豚肉を食べることもはじまったのではと思えるが、佐藤信淵の『経済要録』（文政十年）には、

「豕は近来世上に此を飼ふもの頗《すこぶ》る多し。能《よ》く畜養の法を精密にして、尚多く蕃《はん》息《そく》〔繁殖〕せしむ可し。食物を清浄にして畜《かひ》たる者は其味極て上品なること、他の獣肉の能く及ぶ所に非ず。且此を食するときは最《もっとも》能く身体を温暖強壮にす。老人を養ふには闕《かく》べからざるの要物なり」

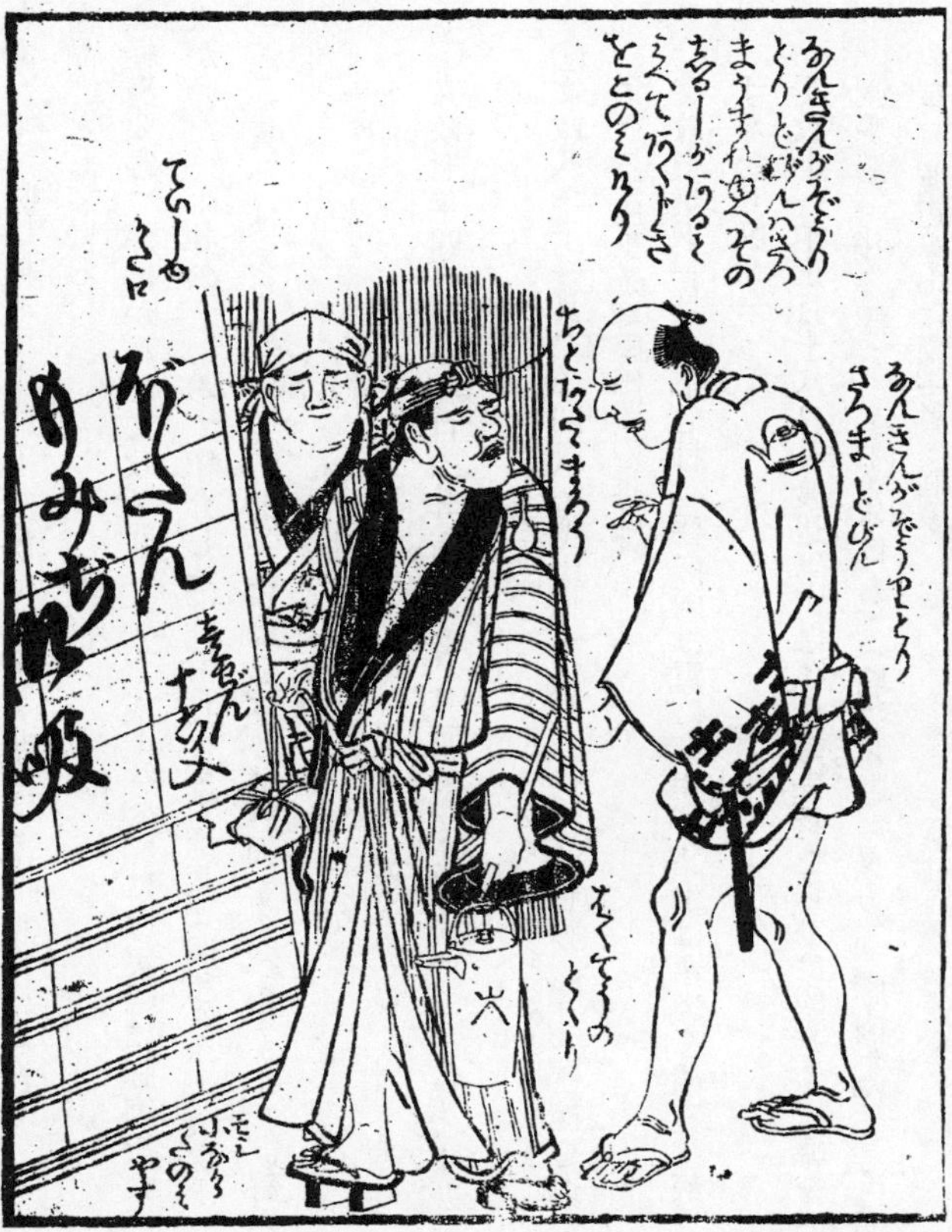

図79　獣肉屋。店から出てきた男は、右手に獣肉の包みを下げている。右側の中間《ちゆうげん》風の男は「ちとあたたまろう」といって店に入ろうとしている。『書雑春錦手』（天明８年）

とあって、味は極めて上品で、どんな獣肉も及ばない、身体にも良く、老人には必需品、としている。

『経済要録』が書かれた文政年間（一八一八〜三〇）には実際に豚肉を食べている人がいた。牛丼のところで紹介した漢学者の松崎慊堂（明和八年〜天保十五年）で（二〇一頁）、彼の日記『慊堂日暦』にはしばしば豚肉を食べたことが記録されている。

○文政七年四月二十九日「井斎をよぎり豚羹《あつもの》を食す」（井齊は十束井斎《とつかせいさい》で蘭方医）

○文政八年十一月二十四日「堅田世子に赴く。夜飲し豚羹《あつもの》、三椀を進む。大吐す」（堅田世子は堅田藩の世継ぎ）

○文政十年十一月二十七日「昏《くれ》に雨は雪に変ず。諸生は豕肉《いのこ》を饋《おく》る。飯を進めてすなわち臥す」

○文政十一年正月十八日「渡辺崋山は孫杕《そんてい》の朱竹ならびに臨せる三幅をおくられ、剣菱酒一斗を饋《おく》る。ともに飲む。〈略〉日晡《にっぽ》〔夕方〕、豚肉を作って酒をすすむ」（渡辺崋山は蘭学者・画家）

○同年二月八日「掖斎来り、その度量衡考を示す。極めて精し。対読しおわり、豚肉を煮て酒を進む」（掖斎は狩谷掖斎で、国学者・考証学者）
○文政十三年正月二十一日「林長公は豚饌一盤・魚醢（一名を酒賊と曰う。未だ何物なるかを審《つまびらか》にせず）を饋《おく》る」（林長公は林檉宇《ていう》で、儒学者）。酒賊は酒盗（カツオの内臓の塩辛）であろう。
○同年十二月二十四日「昏刻、梧南林少公は豚肉・酒・葱《ねぎ》を饋《おく》り、秋懐韓韻十一首を示す」（梧南林少公は林復斎で、林檉宇の弟。儒学者）

松崎慊堂は蘭方医と一緒に豚汁を食べ、蘭学者や国学者と酒を酌み交わしながら豚肉料理を食べ、弟子や儒学者からは豚肉が贈られ、大名屋敷では豚汁をご馳走になっている。漢学者、蘭学者、儒学者などの間で豚肉が食べられている。豚肉を食べている季節は十一月から二月の寒い時期に多い。佐藤信淵が「最《もつとも》能く身体を温暖強壮にす」といっているのがうなずける。

（四）外食の場に豚鍋

豚肉は外食の場でも食べられるようになった。『守貞謾稿』巻之五には「嘉永前、豕《い》を売ること公になし。嘉永以来、公にこれを売り、その招牌《かんばん》たる行灯に墨書して曰く、琉球鍋」と出ている。幕末近くの嘉永年間（一八四八～五四）には、行灯に「琉球鍋」と墨書して豚鍋が売られるようになっている。

実際に外食の場で豚肉を食べている人がいた。紀州藩の勤番武士・酒井伴四郎が江戸滞在中に記した日記「江戸江発足日記帳」の万延元年（一八六〇）八月十八日のところには、「予ぶた鍋にて酒壱合呑帰り候」とあり、同年十月二十五日にも「天神え参詣、其前にてどぜう・ぶた鍋にて酒弐合呑」と記されている。

幕末には豚鍋を食べさせる店があったが、「食肉の流行は鳥鍋から豚鍋、それから牛鍋と変化した」（『月刊食道楽』明治三十九年八月号）とあるように、豚鍋は牛鍋に押されてあまりみられなくなった。豚鍋に代って人気を得ていくのがカツレツで、カツレツの普及はやがてかつ丼へと発展していく。

二　カツレツの普及

(一) カツレツの名が出現

カツレツの名は英語のカトレットに由来する。カトレットは、英語で肉の薄切りをいうが、イギリスでは子牛や羊の肉の切り身に塩・胡椒をして、小麦粉、卵黄、パン粉の順に衣をつけ、バターで両面をきつね色に焼きあげる料理の名としても使われていた。

福沢諭吉は万延元年(一八六〇)にサンフランシスコ港で清国人が著した『華英通語』(中英辞典)を入手した。その年のうちにそれを和訳して出版したのが『増訂華英通語』で、この辞典の「炮製類」(料理法)の中には「Cutlet 吉列《コットレト》」と出ている(**図80**)。「Cutlet」には「コットレト」の読みが付されているが、これはカトレットのことで、カトレットを日本に紹介した最初の記録になる。しかし、「吉列」の語釈はされていなく原文のままである。それは、福沢諭吉がこの本の凡例で「語中の単語で、全く名前の不明のものや、類似のものでも該当するものがよく分からないのは和訳しなかった」と断っているように、「吉列」(コットレト)がどんな料理法か分からなかったことによる。

日本には、カトレットに相当する料理法がなかったことを意味しているが、明治時代になると、「油煮《アブラ》」としてその料理法が現われてくる。敬学堂主人の『西洋料

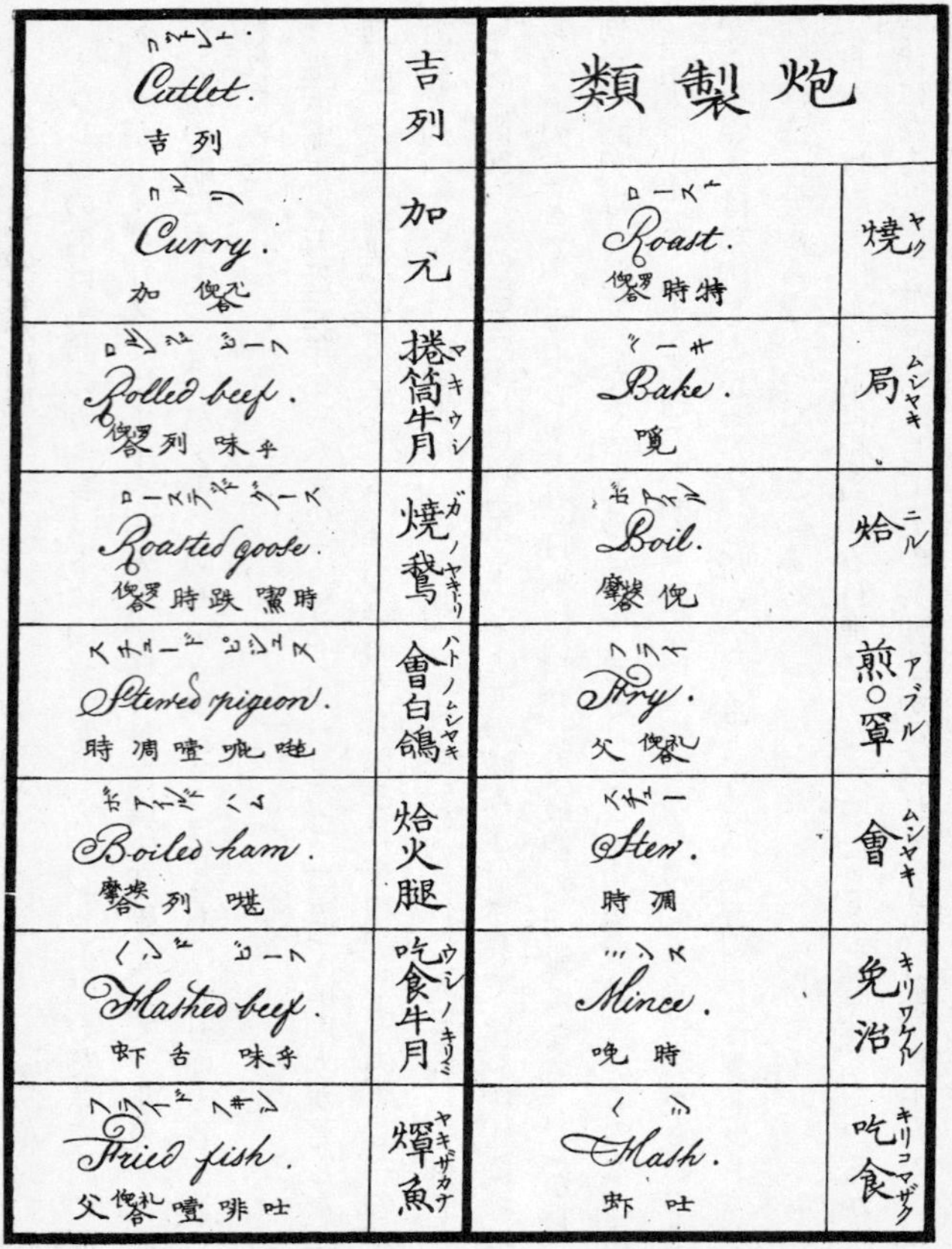

		炮製類	
Cutlet.《カトレト》 吉列	吉列		
Curry.《カリー》 加哩	加兀	Roast.《ロースト》 嚕時特	焼《ヤク》
Rolled beef.《ロウルド ビーフ》 嚕列 味乎	捲筒牛月《マキヅツウシ》	Bake.《ベーキ》 㗎	局《ムシヤキ》
Roasted goose.《ローステッド グース》 嚕時趺 嚧時	焼鵞《ガノヤキトリ》	Boil.《ボイル》 嚒嗒 侻	焓《ニル》
Stewed pigeon.《スチュード ピジョン》 時凋 嚧 哰 嗤	會白鴿《ハトノムシヤキ》	Fry.《フライ》 父 嚕礼	煎○罩《アブル》
Boiled ham.《ボイルド ハム》 嚒嗒 列 嗤	焓火腿	Stew.《スチュー》 時凋	會《ムシヤキ》
Mashed beef.《マシュド ビーフ》 虾 舌 味乎	吃食牛月《ウシノキリミ》	Mince.《ミンス》 唍 時	免治《キリワケル》
Fried fish.《フライド フィシ》 父 嚕礼 嚧 啡 吐	燀魚《ヤキザカナ》	Mash.《マッシ》 虾 吐	吃食《キリコマザク》

図80　コツトレトの載る辞典。「炮製類」（料理法）の中にみえる。『増訂華英通語』（万延元年）

理指南』（明治五年）には、

「○小犢《コウシ》ノ油煮《アブラ》ハ牛肉ヲ図ノ如ク切リ、骨ノ部分ヲ除《ノゾ》ヒテ肉ノ部分ヲ撃《タヽ》キ、小麦粉ヲ第一衣《コロモ》トシ鶏卵黄《ケイランワウ》ヲ第二衣トシ、焙麦餅《パン》ノ粉ヲ第三衣トシ、溶解《ヨウカイ》セル牛脂中へ浸《ヒタ》シテ煮ルベシ

○又羊《ヒツジ》幷《ナラビ》ニ豕《ブタ》モ前一条ノ法ト同法ナリ」

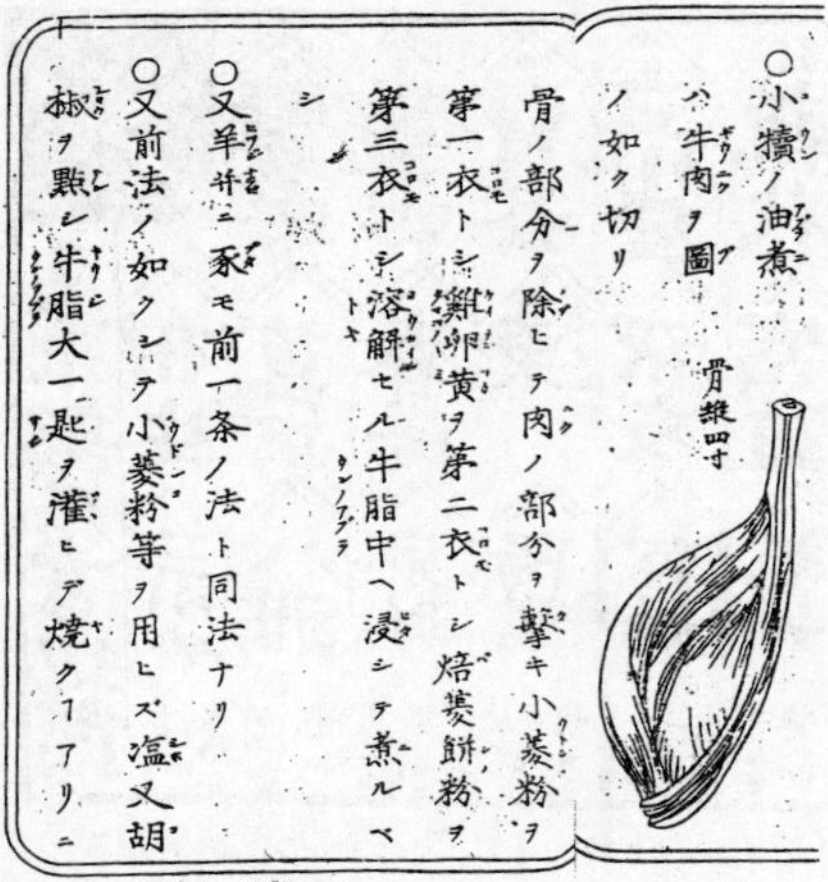
○小犢ノ油煮

ハ牛肉ヲ圖

ノ如ク切リ

骨ノ部分ヲ除ヒテ肉ノ部分ヲ撃キ小麦粉ヲ第一衣トシ鶏卵黄ヲ第二衣トシ焙麦餅粉ヲ第三衣トシ溶解セル牛脂中ヘ浸シテ煮ルベシ

○又羊幷ニ豕モ前一条ノ法ト同法ナリ

○又前法ノ如クシテ小麦粉等ヲ用ヒズ塩又胡椒ヲ點シ牛脂大一匙ヲ灌ヒデ焼クコアリ

図81 「小犢《コウシ》ノ油煮《アブラ》」の載る料理書。『西洋料理指南』（明治5年）

とあって、子牛肉・羊肉・豚肉に小麦粉・卵黄・パン粉の順に衣を付けて牛脂（ラード）で揚げる方法が紹介されている（図81）。

ここではカトレットを「油煮」と表現しているが、やがてカツレツと呼ばれるようになる。カツレツの語は西洋料理店が使い出した

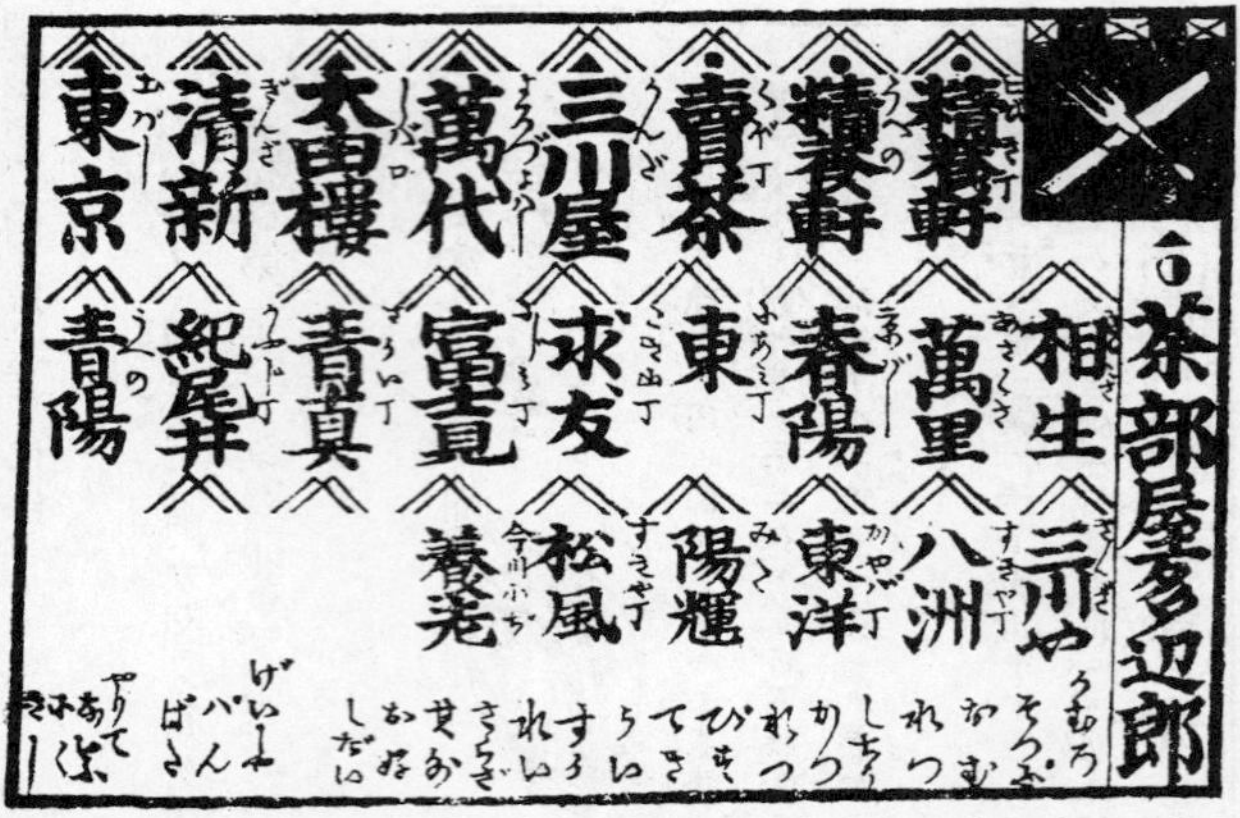

図82　西洋料理店のランキング。店名の下に「かつれつ」の名がみえる。『東京流行細見記』（明治18年）

ようで、『東京流行細見記』「茶部屋多辺郎」（明治十八年）には、精養軒をはじめとする西洋料理店がランキングされているが、店名の下に示されているメニューには、「そつぷ　おむれつ　しちう　かつれつ　びすてき　らいすかれい　さらだ　其外お好しだい」とあって、「かつれつ」の名がみえる（図82）。

坪内逍遥の『未来之夢』（明治十九年）には、洋食店に入って料理を注文した青年が、人の話に聞き耳を立てていたため、「カツレツ」の皿に少しも手を付けないうちに下げられてしまい、悔しがっている場面が描かれている。「ナイフと肉叉《にくさし》をば遊ばせたるゆゑ、惜《を》しや、カツレツ一皿だけは、すこしも味《あぢは》はずて、奪ひさられつ」とある。カツレツはナイフとフォークで食べられている。
その後カツレツの名は定着していき、『日用舶来語便覧』(明治四十五年)には、

「カツレツ　西洋料理の一種
Cut-let(英)肉片と云ふ意にして西洋料理にビーフカツレツ、ポークカツレツと称するものあり。文字の意は牛肉片及豚肉片といふ意なり。(カットレット)」

と出ている。

(二) 薄切り肉のカツレツ

日本でもイギリスに倣って、薄切り肉を揚げていて、『洋食料理法独案内』(明治十九年)には、「牛肉《うし》のカツレツを煎《あげ》る法。上肉を薄く切り、右の通りになすべし」とある。「右の通りになすべし」とは薄切り肉に小麦粉、溶き鶏卵、パン粉を付けて油で揚げる方法を指している。豚肉についても同じで、『軽便西洋料理法指

南』（明治二十一年）には、牛肉と豚肉のカツレツの作り方が載っているが、

○「牛肉カツレツ　牛肉のロース、ラン両肉の内どの肉にても一斤〔六〇〇グラム〕を四ツ取に切り、筋を去り（脂肉《あぶらみ》は付置き）鉈或はフラソコの明瓶《あきびん》にて小口より肉の薄くなる程迄に打《た》き延し、塩・胡椒を肉の両面へ交《まぶ》り、味を付けフライの如くメリケン粉、玉子の黄身、パン粉を付け、製油を鍋に入れ、其量《そのりやう》は肉の隠れる位を度とし沸騰《にえたつ》を待ち、其肉を入れ、焦げぬ様両面を焼き取出し、油気《あぶらけ》を滴下《たら》し食すべし」

○「豕肉《ぶた》カツレツ　豕肉《とんにく》のロース肉一斤を四ツ取或は五ツ取に切り、脂肉《あぶらみ》を切り去り、牛肉カツレツの如く打《た》き延し、製油《せいしあぶら》にて揚《あぐ》べし。羊肉カツレツも同様なり」

とあって、豚肉は一二〇～一五〇グラムぐらいの大きさに切り、叩き延して使っている。すでに『西洋料理指南』（明治五年）には「豕《ブタ》」の「油煮」が紹介されていたが、ここでは「豕肉《ぶた》カツレツ」としてその作り方が示されている。揚げ油の量は「肉の隠れる位」とあって少ない。

カツレツに豚肉が利用されているが、まだカツレツに使う豚肉は薄切りにされていて、『珍味随意素人料理』(明治三十六年)には「豚の肉揚げ方 此の肉は煎り付にも油煎薄片肉《カツレツ》にもしてよし。何《いづ》れも薄く切りて能《よ》く火を通すべし」と注意を促している。

やがて、明治の終わりころになると厚く切った豚肉カツレツが揚げられるようになって、日本独自のカツレツ(とんかつ)が生まれてくる。

(三) 厚みを増したカツレツ

明治四十二年(一九〇九)に出版された『四季毎日三食料理法』には、豚のロース肉百匁(三七五グラム)を厚さ二分(約六ミリ)程の平たい四片に切つて衣を付け、フライ鍋にヘットかラードを入れて熱したところへ衣を付けた豚肉をすべらし入れて揚げる方法が示されているが、揚げ油の量については、「肉をあげる油の分量は肉が三百目でも百目でも二百目程(七五〇グラム)のヘット又はラードが入用です」とある。

ここには豚肉を叩き延ばすのではなく、六ミリくらいの厚さに切り、多めのアブラで揚げる方法が示されていて、イギリス式とは異なる日本独自の揚げ方に発展している。

さらに大正元年に出版された『和洋総菜料理』の「豚のカツレツ」には、

「先《まず》豚肉を魚《さかな》の切り身位に切つて塩と胡椒を振掛けて饂飩粉《うどんこ》の中へ転がし、其れを鶏卵の黄身を能《よ》く解いてある中へ浸し、又其の上へパン粉を衣《き》せるのです。尚手でパン粉を圧し付けてからラードか胡麻油で普通の天麩羅の様に揚げるのです。そして揚つてから西洋紙の上へ取出せば宜しいです」

とあって、江戸時代から天麩羅に使われてきた胡麻油を使い、「天麩羅の様に揚げるのです」とある。

カツレツは、江戸時代から伝承されてきた天麩羅を揚げる技術を取り入れ、厚みがあって食べ応えのあるカツレツへと進化していった。小説家・劇作家として名声を博した菊池寛は、四国の高松から東京に出てきて一高の寮生活をしていた明治四十五年の思い出として、

「われ〳〵の享楽生活は、しかし結局、おでんや洋食などを喰ひ歩くにすぎなか

つた。然し、気の合つた同士が、わづかの金で、さう云ふものを喰ひ歩くのは楽しかつた。そのとき、一白舎のカツレツと云ふのが、われ〳〵にとつて一番うまいものだつた。厚切りにした十二銭のカツレツが、われ〳〵にとつては大牢の美味だつた」

と、厚切りカツレツの美味かったことを懐かしんでいる（「半自叙伝」昭和三年）。

（四）カツレツにウスターソース

カツレツを食べるときの調味料には、醬油、塩、グレービーソース、トマトソース、塩を加えたレモン汁ソースなどが使われていたが、明治末年にはウスターソースが使われている。先の『四季毎日三食料理法』（明治四十二年）では、

「此揚肉《このあげにく》にはウスタソースと云《い》ふ西洋の醬油をかけるのですが、若《も》しウスタソースがないときは、日本の醬油に粉蕃椒《こたうがらし》を少し加えまして一度沸《わか》して日本酢を注《さ》したものを代用してもよろしいです」

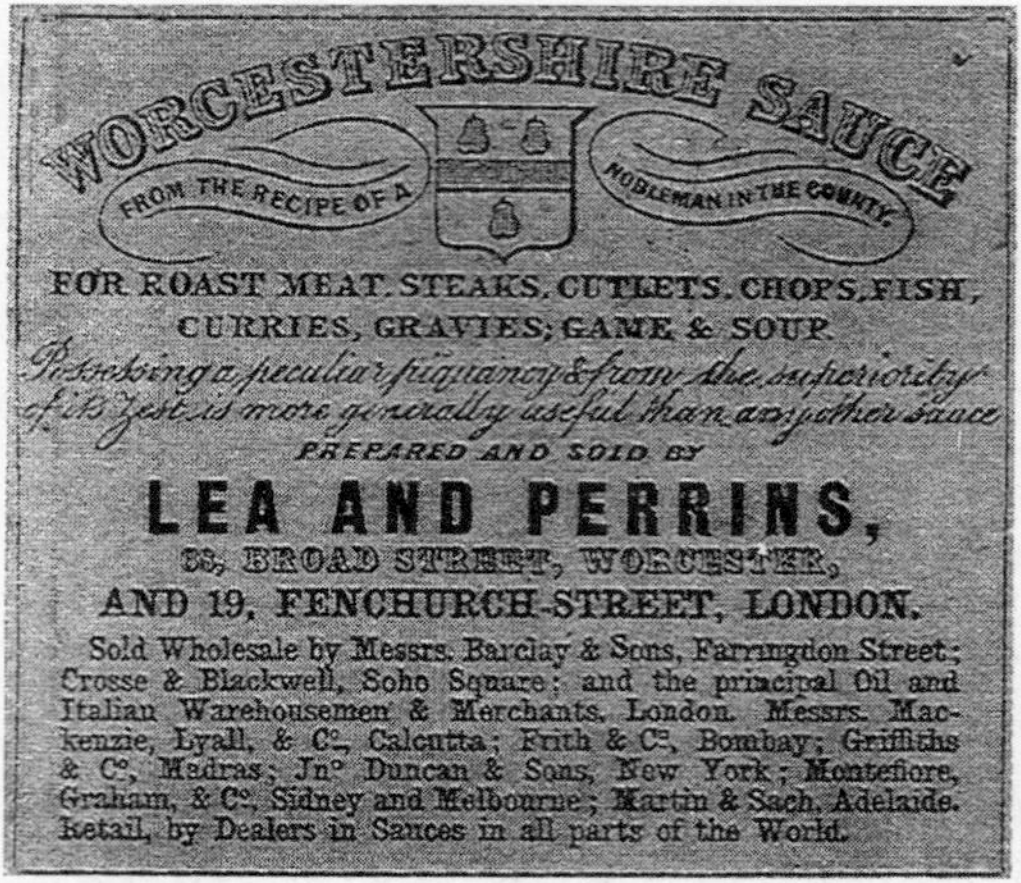

図83　1850年代初期のLEA　&　PERRINSのラベル。『The Secret Sauce—A history of Lea & Perrins』（1997年）

と輸入品のウスターソースを掛けて食べることを勧めている。大正三年の『家庭料理講義録』「ビーフ・カツレツ」にも「ウスターソースを添えて食卓に供します」とある。

明治末から大正にかけて、カツレツにはウスターソースが使われているのが分かるが、ウスターソースは、イギリスの南西部にあるウスターシャー州（現在は隣の州と合併してヘレフォード・アンド・ウスター州）の州都ウスター市で生まれたのでその名がある。これを最初に売り出したのはリー（LEA）とペリン（PERRINS）の二人で、一八三七年には売り出されている（*The Secret Sauce: A history of Lea & Perrins*, 1997 図83。なおこのソースは「LEA & PERRINS WORCESTERSHIRE SAUCE」として今でも輸入されている)。その後他社でもウスターソースを製造するようになり、イギリス製品が日本に輸入されるようになった。

日本に輸入された時期は、はっきりしないが、明治の初めころには輸入されていたようだ。明治五年刊の『西洋料理指南』には、卓上調味料セットの「罇子《ビン》」が描かれているが、その一つの「ハ」については、「醬油ナリ。此品ハ我国《ワガ》ニ有セズ、我醬油ヨリ上品トス。船来ノ品ヲ用ユベシ」と説明されている(図84)。これはウスターソースであろう。

『丸善百年史』上巻(昭和五十五年)によると、丸善の卸売部門である丸善唐物店が作成した明治二十～二十一年の「和洋品相場表」には「ウースター・ソース」を輸入していることが記載されているという。明治二十九年刊の『西洋料理法』には「物価は時の銀相場に依りて高低あり。然れども大概此位の者と知るべし」として、輸入品類の価格が載っているが、そこにはバターやカレー粉と並んで「小瓶一本三十銭位(ウヲルセスタソース)」とみえる。明治二〇年代には輸入品のウスターソースが出回っていた。

輸入品のウスターソースが出回っている一方で、国産品の製造も始まった。最初

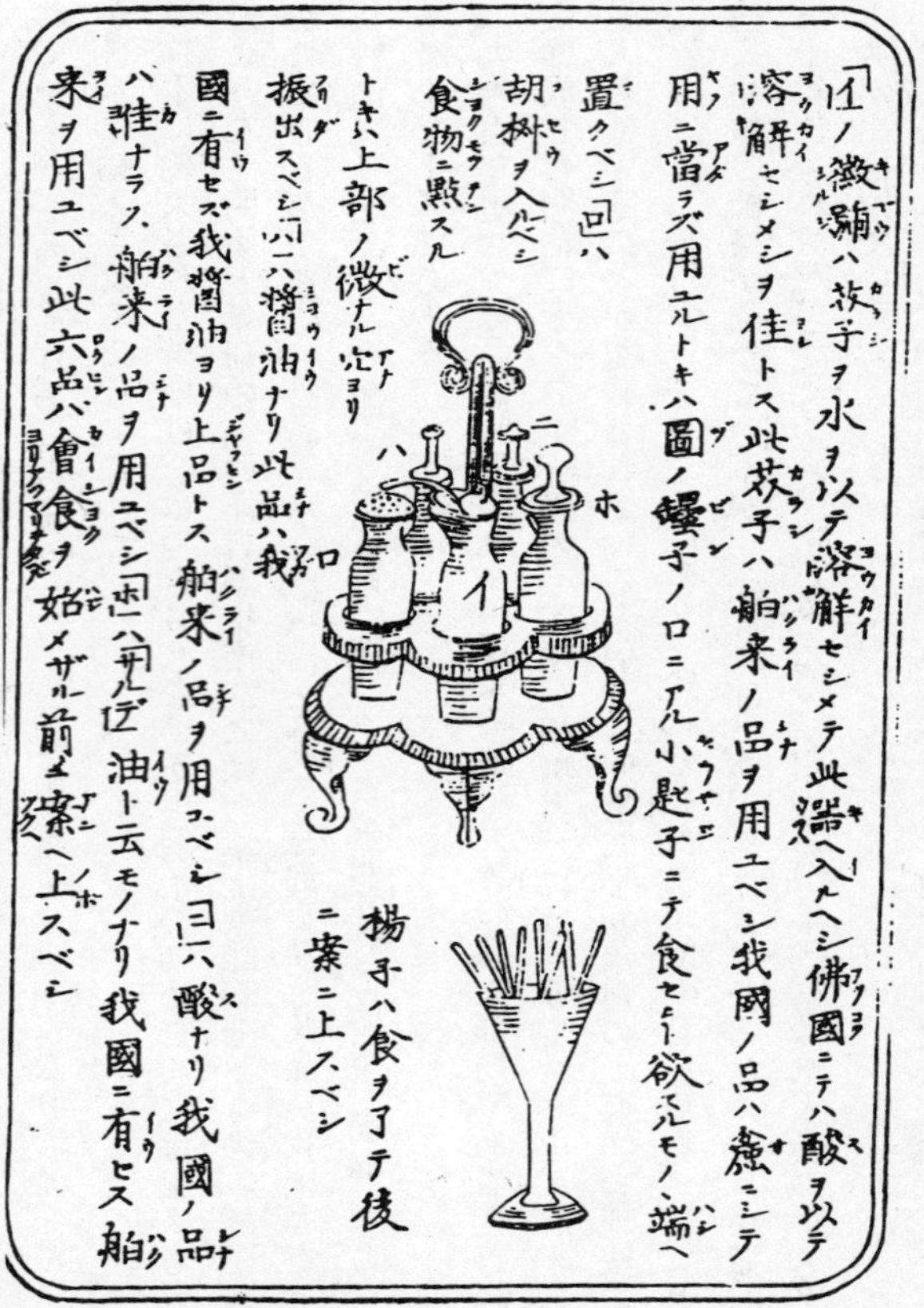
「イ」ノ徴瀾ハ芥子《カラシ》ヲ水ヲ以テ溶解《ヨウカイ》セシメテ此端《キ》ヘ入ルヘシ佛國ニテハ酸《ス》ヲ以テ溶解セシメシヲ佳トス此芥子《カラシ》ハ舶来《ハクライ》ノ品《シナ》ヲ用ユベシ我國ノ品ハ鹹《サ》ニシテ用ニ當《アタ》ラズ用ユルトキハ圖ノ罎子《ビン》ノ口ニアル小匙子ニテ食セント欲スルモノ、端《ハシ》ヘ置クベシ「ロ」ハ胡椒《コセウ》ヲ入ルベシ食物《ショクモツ》ニ點スルトキハ上部ノ微《ビ》ナル穴《アナ》ヨリ振《フリ》出《ダ》スベシ「ハ」ハ醬油《ショウイウ》ナリ此品《シナ》ハ我國ニ有《イウ》セズ我醬油ヨリ上品トス舶来《ハクライ》ノ品《シナ》ヲ用ユベシ「ニ」ハ酸《ス》ナリ我國ノ品《シナ》ハ佳《カ》ナラス舶来《ハクライ》ノ品《シナ》ヲ用ユベシ「ホ」ハサルレット油《イウ》ト云モノナリ我國ニ有《イウ》セス舶《ハク》来ヲ用ユベシ此六品《ロクヒン》ハ會食《カイショク》ヲ始《ハジ》メザル前メ案ヘ上《ノボ》スベシ
楊子ハ食ヲ了テ後ニ案ニ上スベシ

図84　卓上調味料セット。「ハ」はウスターソースの罎《びん》であろう。『西洋料理指南』（明治５年）

にウスターソースに着目したのはヤマサ醤油で、明治十八年に「ミカドソース」の名で製造された。当時、ソースという名称では大衆にアピールしにくかったとみえ「新味醬油」の商標で売り出したが、一年で製造中止になっている。「ミカドソース」の製造中止後、十年ほど過ぎると、国産ソースが次々と製造され出した。明治二十七年に三つ矢ソース、二十九年に錨印ソース（現イカリソース）、三十年に矢車ソース、三十一年に白玉ソース、三十三年に日の出ソース、三十八年にブルドックソース、三十九年にMT大町ソース、四十一年にカゴメソース、四十五年にスワンソースと明治後半に日本のソース業が勃興したという（『調味料・香辛料の辞典』平成三年）。

ウスターソースは輸入品から国産品の時代を迎え、日本独自のウスターソースが生まれた。そして、昭和二十六年（一九五一）にはカツレツ専用のとんかつソース（濃厚ソース）まで発売されている。

カツレツにウスターソースはマッチする。容易に入手できるウスターソースの普及によってカツレツは身近な存在になっていった。

三　とんかつの名が出現

(一) 増えた豚肉の消費量

幕末の開国によって欧米人の食文化の影響を受け、肉食が広まっていったが、肉食の中心をなしていたのは牛肉食で、明治十年における牛の食肉処理数は六五一四頭であったのに対し、豚はわずかに六一三頭に過ぎなかった(『明治十年東京府統計表』明治十一年)。その後、次第に豚肉の消費量は増えていき、明治三十年代の後半になると食肉処理数は牛と接近するようになっている。『風俗画報』第三百三十九号(明治三十九年四月二十五日)には「東京市民の食肉量」と題して、次のような記事が載っている。

「肉食の発達は年を追ふて愈々盛んとなり、中にも豚肉の需要は昨年以来著しき増加を示すに至りたるが、一昨年日露戦争の為め、多くの牛豚を陸海軍に於て買占めたる結果、市中における生肉に大影響を及ぼし、引いて是までになき高値を現はしたれば、随つて需要者の減少を見るに至りし所、戦役終ると共に昨今漸く相場も下向きとなり、需要者も追々増加するに至るべきが、今其筋《そのすじ》に於ける取調べたる昨三十八年の東京市食肉の消費高を聞くに左の如し。

牛｛東京屠殺　二二、五九二頭／管外輸入　二二七頭｝計　二二、八一九頭
馬｛同　五、八二二頭／同　四五頭｝計　五、八六七頭
豚｛同　二一、七〇二頭／同　一四七頭｝計　二一、八四九頭」

牛と豚の食肉処理数がほぼ同じになっているが、さらに明治四十二年になるとその数は逆転し、牛の食肉処理数は二万二一三八頭なのに対し、豚は三万八六一〇頭に達している（『東京府統計書』第三巻　明治四十三年）。

(二) とんかつの名が現われる

このように豚肉の消費量が増加していくなかで、とんかつの名が現われてきた。永井荷風は『紅茶の後』「銀座」(明治四十四年七月)のなかで、

「こゝに於て、或る人は、帝国ホテルの西洋料理よりも寧《むし》ろ露店の立ち喰ひにトンカツの嗳《おくび》をかぎたいと云つた。露店で食《くら》ふ豚の肉の油揚げは、既に西洋趣味を脱却して、然も従来の天麩羅《てんぷら》と牴触する事なく、更に別種の新しきものになり得てゐるからだ。カステラや鴨南蛮《かもなんばん》が長崎を経て内地に進み入り、遂に渾然《こんぜん》たる日本的のものになつたと同一の実例であらう」

といっている。とんかつの語の出現の早い例になる。ある人は帝国ホテルの西洋料理よりも屋台で揚げているとんかつの好い匂いを嗅ぎたいといったとあって、この頃には屋台でとんかつを揚げていたことが分かる。

天麩羅は屋台売りからはじまった。「天丼の誕生」のところで述べたように(九一頁)、天麩羅を揚げるには屋台が適した営業形態だったからだが、とんかつにも同じことがいえる。たっぷりの油で揚げるとんかつを売ることは屋台から始まった

聞新

第一萬四千五百三十九號（七）

立食ひの歡樂　夜の銀座裏で

洋食屋のノレンからはジユウ〳〵と音を立てゝトンカツの臭ひが鼻をつく、中に入つてゐる職人さん、流しのヴアイオリンを聽きいりながら手ビリ〳〵御機嫌の體だ

図85　新聞に載った立ち食い洋食の屋台。「東京朝日新聞」（大正15年11月10日）

のではなかろうか。大正十五年十一月十日の「東京朝日新聞」は、手軽洋食屋の屋台の写真を載せ、「立食ひの歡楽　夜の銀座裏で　洋食屋のノレンからジュウ〳〵と音を立てゝトンカツの臭ひが鼻をつく。中に入つてゐる職人さん、流しのヴアイオリンを聴きいりながらチビリ〳〵御機嫌の体《てい》だ」と報じている（図85）。

とんかつを揚げる音と匂いが伝わってくる。荷風はこんな光景を描写しているのであろう。

（三）一品洋食店にとんかつ

とんかつは、一品洋食店のメニ

ユーにも現われた。

石角春之助《いしずみはるのすけ》（明治二十三年生まれ）の『銀座解剖図』「洋食一品料理時代」（昭和九年）には、西洋料理が普及するなかで、一品料理を提供する店が現われてきたことを次のように述べている。

「明治末期になると、誰れ云ふとなく、洋食と云ひ、又定食主義の例外として、一品料理を提供するやうになつた。殊に学生相手の神田や、浅草の如きは一皿四銭、五銭と云ふ安価さで提供するものも出来た。無論、銀座界隈に於ても、一品料理店は、次々と出来た。又爾来定食主義の店も、大勢に押されて一品料理に、方針を変えるなど、西洋料理もだん〳〵と普遍化して行つた。つまり一品料理の普及は、大衆的常食を意味し、日本料理と同列に取扱はれることを物語る前兆でもあつたのだ。〈略〉僕は学生時代、油つこいカツレツが、とても好きで、金さへあればよく食ひに行つたものだ」

一品洋食が普及していくなかで、西洋料理の大衆化をもたらし、カツレツが人気食になっている。著者の石角春之助は明治四十五年に明治大学法科を卒業している

ので、明治四十年代のことになる。杉韻居士の『東京の表裏　八百八街』「新食傷新道」（大正三年）には、

「神田駿河台下の停留場から小川町の方へ十間程行つて右に曲るところに、〈略〉一品洋食小川軒がある。一皿七銭より十五銭までとあるからには、定めし味や材料もと思へるが、其の割に料理は上手で、この近辺に出没する学生や中小僧連《ぞうれん》には格好な店として喜ばれて居る。四劈《しへき》には鏡を矢鱈《やたら》に掛け、一通りの洋食屋の体裁をなしてる。料理は斯《か》かる家《うち》の慣《なら》ひとして、トンカツが一番多く出た。オムレ、テキ、スチユウ、カキなどと云ふあり普《ふ》れた名前のものは、何処へ行つても相当に売れる」

とある。『銀座解剖学』のカツレツはとんかつと名を変え、学生相手の神田界隈の一品洋食店で一番人気になっている。

このあおりを受けたのが学生相手の牛乳屋で、『東都新繁昌記』（大正七年）には、「神田のみならず他区に於ても学生相手の牛乳屋は何故減少するであろう。思ふ

に之《こ》れは牛乳屋の近頃流行のカフェーにその領分を荒《あら》されると共に、昔は牛乳とパンで済してゐた学生の口が奢つて、ビフテキか豚《とん》カツ位は何時でも出来る安西洋料理屋に化けねばならぬやうになつたのが其の原因ではあるまいか」

と牛乳屋がビフテキや豚かつを出す安西洋料理屋に転業している様子を伝えている。

(四) とんかつの普及

大正時代になると、とんかつの語がよくみられるようになる。長谷川濤涯の『東京の解剖』(大正六年)には、浅草の「酒場《バー》」を訪れた青年が「生ビールに豚《とん》カツ」を注文する場面が描かれている。バーでもとんかつが食べられている。岸田劉生は、大正十一年四月十五日の日記に「夜食は米沢の肉を煮てトンカツその他でビールのみ〔飲み〕大へんうまい」と記していて、自家製のとんかつを食べている(『劉生絵日記』第一巻、昭和二十七年)。

関東大震災後の東京を訪れた「大阪毎日新聞」の記者は、上野界隈の惨状を報じているが、「桜ヶ丘の友人のうちに寄つたら精養軒からトンカツを出前さして食わせてくれた」と記している(大正十二年十一月十八日)。上野の精養軒のような高級西洋料理店でもとんかつをメニューに加えるようになっている。

とんかつの語は辞典にも載るようになった。『現代新語辞典』（大正八年）には、

「豚《とん》カツ　西洋料理の一種。豚肉のカツレツのことをいふのであつて、現代式新語中の尤《ゆう》なる言葉である」

と出ていて、新語中最も優れた言葉、としている（図86）。当時にあっては、とん

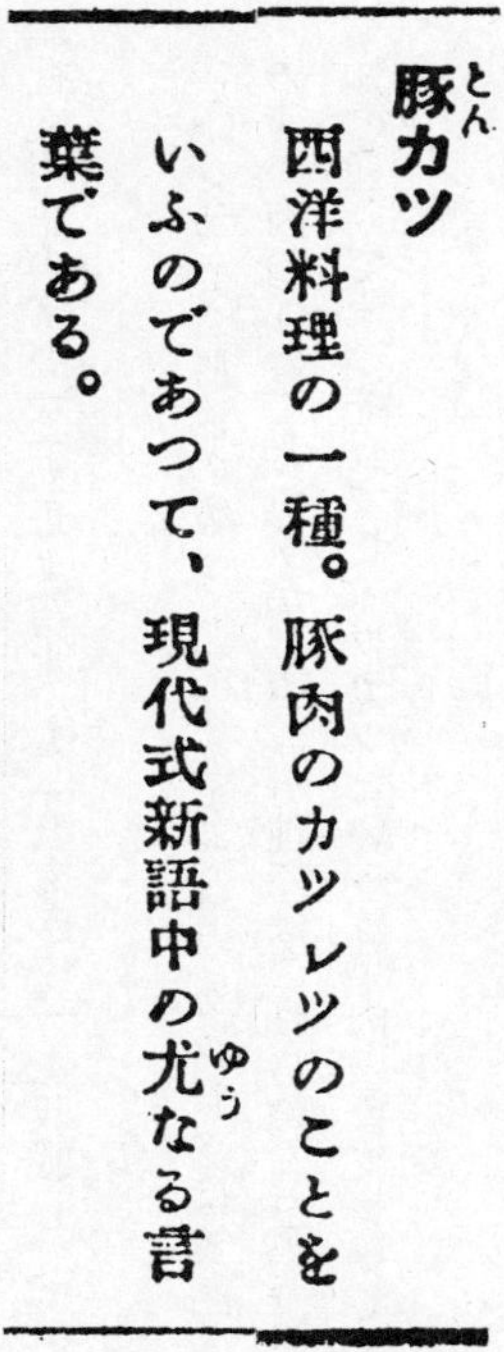
豚《とん》カツ　西洋料理の一種。豚肉のカツレツのことをいふのであつて、現代式新語中の尤《ゆう》なる言葉である。

図86　豚カツの説明が載る辞典。『現代新語辞典』（大正八年）

かつという言葉が斬新な意味合いを持っていたことが分かる。

『社交用語の字引』(大正十四年)も「とんかつ」を収載し、

「トンカツ　豚肉のカツレツのことです。カツレツは英語のcutlet《カツレツト》で、犢《こうし》や羊の薄い肉の片《きれ》のことですが、西洋料理ではこれらの肉を揚げたのを呼ぶのはご存知の通りです。それでビイフカツといへば牛肉のカツレツです」

と、とんかつの名の由来について説明している。英語のCUTLETがカツレツになり、豚肉《とんにく》のカツレツだからとんかつというようになった、というわけだ。

（五）厚みを増したとんかつ

カツレツからとんかつへと名前を変えるようになって、とんかつの厚みがさらに増した。小説家・演出家として活躍した獅子文六(明治二十六年〜昭和四十四年)は「トンカツ談義」のなかで、

「東京の一流のトンカツ屋が、あれだけの厚みの肉を、あれだけ柔らかく、しか

も頃合に火を透して揚げる術を発見するには、なかなか精進を要したろうと思われる。

よほど以前に、久保田万太郎宗匠が、ポンチ軒のトンカツの厚さと大きさを評して「現代の驚異」といったが、その頃から、ボツボツ、厚切りトンカツが東京で幅を利かせ始め、トンカツ屋という料理店が、現われ出したように思う」

といっている（『飲み・食い・書く』昭和三十六年）。

ポンチ軒は御徒町駅近くにあったとんかつ屋で、山本嘉次郎は、「土地の古老から、聞いたところによれば、昭和の初めごろ、宮内庁の大膳寮に勤めていたひとが、定年退職かでやめ、上野御徒町にポンチ軒という洋食屋を開店した」といっている（『日本三大洋食考』昭和四十八年）。昭和八年に出版された『大東京うまいもの食べある記』「上野界隈」には、「ぽんち軒（略）これが下谷で有名なトンカツを食べさせる家《うち》かと驚く程小さい構の家で、名前丈け聞いて来た人は、屹度探すのに骨折るでせう」と紹介されている。久保田万太郎が「現代の驚異」といったのはこのころのことであろう。

昭和初期にかなり厚みのあるとんかつが生まれていた。カツレツが厚みを増してとんかつに進化し、とんかつ屋が生まれて和食化していくなかで、かつ丼が誕生した。

四 かつ丼の誕生

(一) かつ丼が売り出される

とんかつをどんぶり飯の上にのせればかつ丼ができる。

かつ丼にも二種類あって、ソースかつ丼と玉子とじかつ丼がある。ソースかつ丼は、どんぶり飯の上にとんかつをのせてソースを掛けるか、ソースにくぐらせたとんかつをどんぶり飯の上にのせるかしたもので、玉子とじかつ丼は、とんかつと玉葱などを甘辛い汁で煮て、玉子でとじ、それをどんぶり飯のうえにのせたものである。

かつ丼の誕生については諸説がある。ソースかつ丼については、現在福井に本店を構えるヨーロッパ軒が大正二年に考案したとする説や、早稲田高等学院の学生だった中西敬二郎が大正十年に考案したとする説などがある。玉子とじかつ丼については、早稲田の蕎麦屋三朝庵が大正七年に考え出したと主張していた。

いずれの説も当時の記録が残されているわけではなく、確かなことは分からないが、大正時代の終わりころにはかつ丼が誕生している。

（二）洋食店にかつ丼

『大東京繁昌記』「山手篇」（昭和三年）には、島崎藤村、高浜虚子、有島生馬、谷崎精二、徳田秋声といった文士たちによる山の手ルポが収められているが、そのなかで高浜虚子は昼時の丸ビルの混雑ぶりを次のように描写している。

「ドンがなると丸ビルの各事務所から下の食堂めがけて行く人は大変なものである。各エレベーターはことごとく満員で、そのエレベーターが吐き出す人数は、下の十字路を通る群衆の中になだれ込んで、肩摩《けんま》轂撃《こくげき》の修羅場を現出する。これは少し仰山《ぎょうさん》な言葉かも知れんが、兎《と》に角《かく》大変な混雑である。私はこの状態を毎日のように目撃しながら

「斯くの如くもまれにもまれて、古いもの新しいものはだん〳〵調和して行くのだ」と考えてニヤリとする。そのニヤリとしている私は、忽《たちま》ち人にぶっつかり、横にはねとばされ、元来小男の私は、忽ち群衆の中に没し去られて存在を失ってしまう。

漸《ようや》く群衆の中から抜け出た私は、やっと食堂の片隅に椅子を見出してそこで空腹を充《み》たす。弁当、すし、天どん、うなぎどんぶり、しるこ、萩の餅、そばなどの食堂もあれば、ランチ、ビイフステーキ、ポークカツレツ、蠣フライ、メンチボール、カツどんなどの洋食屋もある」

丸ビルは大正十二年二月二十日に竣工した。高浜虚子はまだ丸ビルが建ち終らないうちから俳句雑誌「ホト、ギス」の発行所にあてるためにその一室を契約していて、出来上がるとすぐにそこに入室している。

これはその頃の昼時のようすで、洋食屋ではかつ丼が売られている。丸ビルの一階にはキャッスルという洋食屋が、地下には中央亭という洋食屋が出店していた。こうした洋食店がかつ丼を出していたのであろう。大正十二年頃にはかつ丼が売られていたものと思える。

池田弥三郎は「カツレツ」と題して、

「三田の学生だった時分、三田の界隈では、大和屋、明菓、白十字、三丁目、加藤、紅葉軒、三田バーといった店々があって、大てい昼食はそれらの店のカツレツやカツドンですましていた。〈略〉紅葉軒のカツドンは、かけてあるつゆが、どうゆうくふうがしてあるのか、おいしかったし、三田バーのカツドンは、カツのころもがうすくて、これもほかと違ってうまかった」

と述懐している（『私の食物誌』昭和四十年）。池田弥三郎は、昭和六年（一九三一）四月に慶応大学に入学し、昭和十二年に卒業している。したがってその頃の話になるが、ここに挙げられている店は洋食店のようで、「かけてあるつゆが、おいしかった」とか、「カツのころもがうすくて、うまかった」とある。洋食店で出されていたかつ丼はソースかつ丼であろう。

（三）食堂にかつ丼

かつ丼は食堂のメニューにも登場する。震災後間もないころに東京の街の看板をスケッチした『新帝都看板考』（大正十二年十二月）には、上野駅近くで箱型の看板を吊るして「カツ丼　牛丼」「特製ライスカレー　豚汁」を売っているのが描かれている（大正十二年十月八日のスケッチ、**図87**）。

この頃にはかつ丼が売られていたことが確認できるが、震災から一か月くらいし

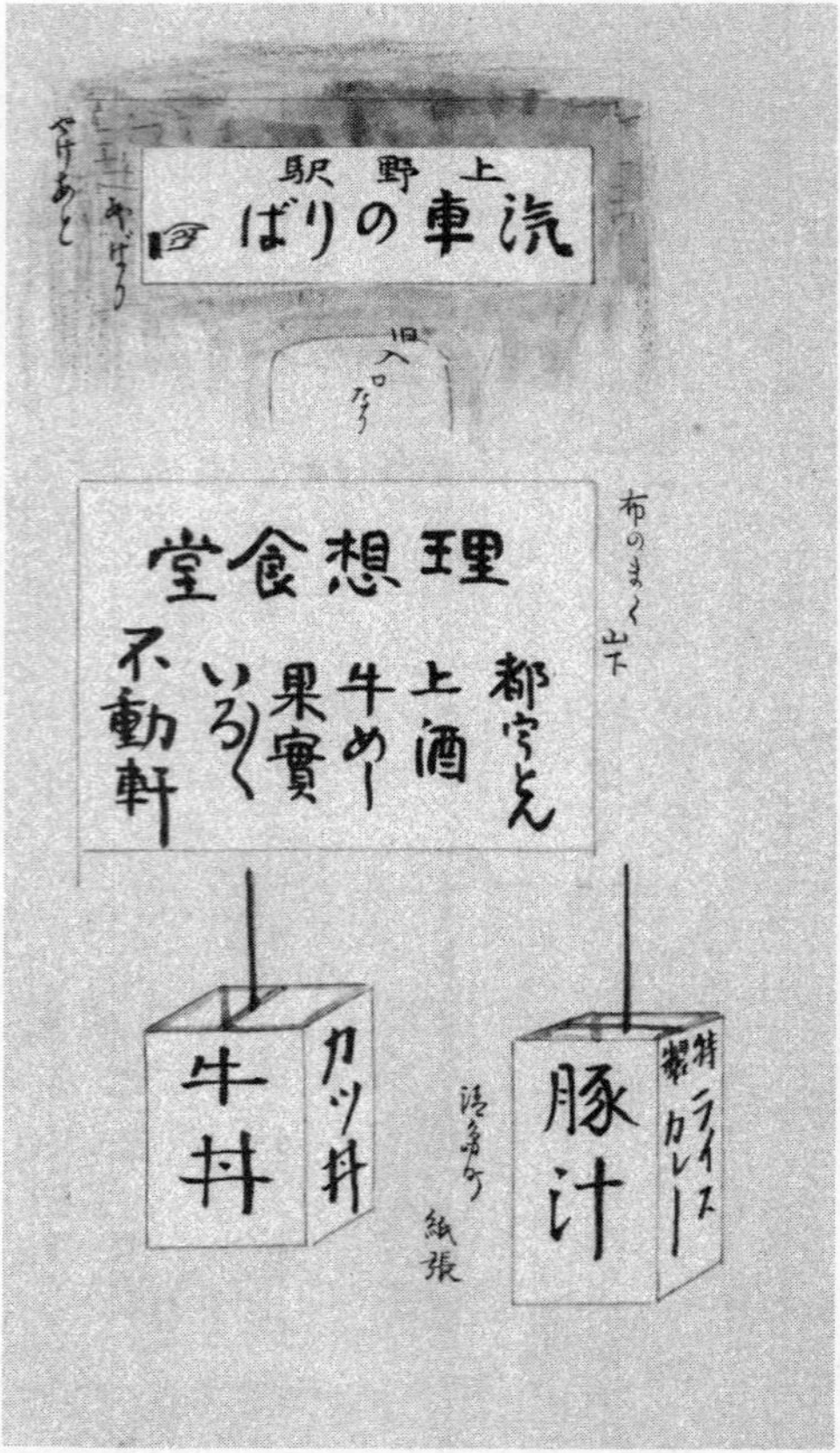

図87　カツ丼の看板を吊るした店。『新帝都看板考』（大正12年12月）

か経っていない混乱のなかでかつ丼という新メニューを考え出したとは考えられないので、かつ丼はもっと前に売り出されていたことが想定できる。営業品目からみて、この看板を吊り下げていたのは大衆食堂のようだ。

デパートの食堂にもかつ丼がお目見えする。時事新報社（新聞社）のグルメ案内記『東京名物食べある記』（昭和四年）には、家庭部記者の食べ歩きルポが載っているが、「銀座松坂屋食堂」を訪れた四人の記者の一人が「カツレツ丼五十銭」を注文し、「このカツ丼は諸君の食べているような家庭向のもの、多いこの食堂に相《ふ》応《さ》はしいもので、この程度なら家のお台所でも作れ相《さう》な気がするね」と感想を洩らしている。

また、白木正光の『大東京うまいもの食べある記』（昭和八年）には、渋谷道玄坂の食堂が紹介されているが、「大体本郷バー式の食堂で、カツ丼（二十銭）親子丼（十五銭）」とあって、この食堂ではかつ丼と親子丼が売られている。

こうした食堂で売られていたのは玉子とじかつ丼ではなかろうか。

五　カツ丼の普及

（一）蕎麦屋にかつ丼

一方、そば屋でも玉子とじかつ丼を売り始めた。

東京都麺類協同組合が組合創立五十年を記念して出版した『麺業五十年史』（昭

和三十四年）には次のようにある。

「（大正の大震災後）銀座、浅草、新宿を始め盛り場という盛り場には、東京の虚に入った大阪式の飲食店が、大資本を擁して進出してきた。〈略〉そこで私たちの麺類が、古い歴史と庶民性をほこったとしても、所詮、同じ客を争う商店とすれば、私たちがこれに、対抗しなければならないと覚悟をすえたのは、当然の成行きではないだろうか。そこで私たちの店々も、市内の殆どが、三和土（たたき）に椅子テーブルの形態になった。勿論、郊外の非焼失区域では、まだ昔の半手打式の店が多かったが、少くとも震災の焼失区域は、殆んど例外なくテーブル式を採用したばかりか、商う品物にも、ライスカレーやカツ丼などの濃厚食が登場したのは、恐らくこの頃、場所により店により、他への対抗上やむを得ず、始められたものに違いない」

関東大震災後に大阪の飲食店が大資本を擁して東京に進出してきた。これに危機感を抱いた東京の蕎麦屋は、店舗を改築し、ライスカレーやかつ丼をメニューに加えて、生き残りを図っている。

蕎麦屋ではすでに天丼や親子丼を出していた。天丼の天ぷらを揚げる技術や、親子丼の鶏肉を玉子とじにする技術をとんかつに応用すればたやすくかつ丼が作れる。そばつゆはかつ丼の煮汁に利用できる。蕎麦屋がかつ丼を出す舞台は整っていたが、蕎麦屋にかつ丼が登場するのは関東大震災後のことのようだ。

蕎麦屋の数は多い。震災直後に蕎麦屋が何軒あったか分からないが、昭和十一年には「大東京蕎麦商組合」に「二千五百余名」の蕎麦屋が加盟していたという(『麵業五十年史』)。老舗といわれるような少数の蕎麦屋ではどんぶり物を出さないが、ほとんどの蕎麦屋でかつ丼を売るようになって、かつ丼は日本人に馴染みのあるどんぶり物になっていった。かつ丼の普及に蕎麦屋の果たした役割は大きい。

山本嘉次郎は『日本三大洋食考』(昭和四十八年)のなかで、

「安食堂や、そば屋で、カツどんを食うひとがかなりいる。その中の、三分の一くらいは、めしと、その上へかけるトンカツと玉子の煮たのを別々にしてもらって、それをおかずにめしを食っている。やってみると、これも割合に旨いのだ。カツどんより旨いくらいである。自分で味の調節ができるからであろう。その方式を「ワカレ」と呼んでいる」

図88　『家庭経済料理』の表紙。昭和9年

といっている。食堂やそば屋で出していたのは玉子とじかつどんなので、こうした食べ方もできた。

蕎麦屋や食堂などで玉子とじかつ丼を売り始めると、これがかつ丼の主流になっていく。

(二) 料理書にかつ丼の作り方

婦人之友社の『家庭経済料理』(昭和九年、図88)には「カツ丼」の作り方が載っていて、

「(一) まづ豚肉を切つて一口に食べられるやうに一口カツレツを作つておきます。
(二) 玉葱は縦二つに割つて、小口から刻み、味醂と醤油と砂糖とで煮ます。
(三) 玉葱が煮えた所にカツレツを入れ、手早く玉子を溶いてとじます。
(四) 丼に御飯を盛り、右のとぢたものを適宜に上から盛り、青味をかけて出し

ます。青味にはグリンピースがよいでせう」

とある。ここには「平常着《ふだんぎ》のやうな総菜料理」のひとつとして玉子とじかつ丼の作り方が示されていて、「カレー・カツ丼」の作り方も載っている。この頃にはかつ丼が日常の総菜料理として家庭でも作られるようになっていたことがうかがえる。かつ丼には玉葱が使われている。すでに親子丼や牛丼に玉葱が使われていた。それがかつ丼にも応用されている。

グリンピースが上置きにされているが、グリンピースは、明治初期にエンドウの野菜用品種が欧米から導入されて広まり、それがかつ丼の青味として利用されるようになっている。

(三) かつ丼は和洋折衷料理の傑作

かつ丼が生まれる前には親子丼が生まれていたが、牛肉を玉子でとじたどんぶり物も作られていた。『飯百珍料理』(大正二年)には「ま、子丼飯の調理法」が載っていて、「これは親子丼飯に対する鶏肉の代用に牛肉を加へて使用するのでございます。又その一名を合の子丼飯とも申します」とあって、小鍋で牛肉と玉葱を味醂と醤油で煮て、玉子でとじ、「炊立《たきたて》の御飯を茶碗又は丼に八分めほど盛り、その上《うへ》部に載せて」供する料理法が紹介されている。

幕末の開国を迎え、日本人は牛肉と豚肉を本格的に食べるようになったが、好まれた食べ方は異なっていた。牛肉は江戸時代の獣鍋やしゃも鍋の延長である牛鍋という食べ方が人気を得たのに対し、豚肉はイギリスから伝えられたカトレットという食べ方が人気を得た。その結果、牛鍋の料理法からは牛丼が生まれた。カトレットからはカツレツの名が生まれ、カツレツに天ぷらを揚げる技術が導入されて、厚切りの豚肉を揚げたとんかつが生まれた。そして、とんかつに親子丼や「まゝ子丼飯」のような肉を醤油や味醂で煮て玉子でとじる料理法が応用されてかつ丼が誕生した。かつ丼にはヨーロッパから伝来した玉葱も使われている。かつ丼はヨーロッパ由来のカツレツや玉葱を日本の伝統的な調味料で調味した和洋折衷料理の傑作といえるが、蕎麦屋や食堂がメニューに取り入れることによって完全に和食化して今日に至っている。

牛丼は関東大震災を契機として第一次牛丼ブームが起こり、その後、吉野家のような牛丼チェーン店が生まれて第二次牛丼ブームが起こって全国版になっていった。かつ丼にはそのようなエポックメイキングなブームは起こらなかったし、かつ丼専門店もつい最近まで生まれなかったが、そこそこの値段で、腹いっぱいになって、どこでたべてもそれほど当たりはずれがないどんぶり物として、日本人に愛されるようになっていった。

おわりに

鰻丼・天丼・親子丼・牛丼・かつ丼を好んで食べる人は多いだろう。私もこの五大名物丼にはいつもお世話になっていて、長い歴史の中から育まれてきた魅力ある味を、機会をとらえて楽しんでいる。

したがって、この五大名物丼をテーマに本を書くのは楽しい仕事であったが、戸惑いも大きかった。これまで江戸期を中心に研究を進めてきた者にとっては、史料の多くを明治期以降に当たらなければならなかったからだ。明治期以降の史料は膨大で、小説、随筆類はもとより、江戸期にはない雑誌、新聞にも目を通す必要があった。

これらのさまざまな史料を調べているうちに、あっという間に三年余の歳月が過ぎてしまった。五つものどんぶり物を一冊にまとめようと欲張ったからで、まだまだ調べ足りないことや、書き残したことがたくさんあるが、主要なことは書き表せたと考えて、筆をおくことにした。

江戸時代や明治時代の文献を多数引用したが、一部読みやすいように書き改めたりしたので、原文に当たることができるよう、巻末に「参考史料・文献一覧」を掲げておいた。本書がどんぶり物文化探求の一助になれば幸甚である。

本書の出版にあたっては、先に出版した『居酒屋の誕生』『すし 天ぷら 蕎麦 うなぎ』(共に、ちくま学芸文庫)と同じく、藤岡泰介氏が編集に携わってくれて、校正から挿絵のレイアウトまで、時には未見の史料までご提供いただき、さまざまな面でお力添えいただいた。また、なかなかはかどらない原稿に対し、絶えず助言や励ましの言葉をかけてくださり、執筆活動を励ましていただいた。この場を借りて厚く御礼申し上げたい。

二〇一九年七月

飯野亮一

参考史料・文献一覧

『安愚楽鍋』仮名垣魯文　誠之堂　明治四〜五年　岩波文庫　昭和四十二年
『海人藻芥』恵命院宣守　応永二十七年（一四二〇）『群書類従』28　平成三年
『一外交官の見た明治維新』下　アーネスト・サトウ　一九二一年　岩波文庫　昭和三十五年
『一事《いちじ》千金《せんきん》』田にし金魚　安永七年（一七七八）『洒落本大成』第八巻　中央公論社　昭和五十五年
『いろは引節用辞典』大田才次郎編　博文館　明治三十八年
『いろは引江戸と東京風俗野史』巻の一　伊藤晴雨　六合館　昭和四年
『いろは分家庭料理』浅井伝三郎　女子家庭割烹実習会　大正元年
『虚言弥次郎傾城誠』市場通笑作・鳥居清長画　安永八年（一七七九）　国立国会図書館蔵
『うなぎ』吉岡保五郎編　全国淡水魚組合連合会　昭和二十九年
『鰻・牛物語』植原路郎　井上書房　昭和三十五年
「江戸江発足日記帳」酒井伴四郎　万延元年（一八六〇）『地図で見る新宿区の移り変わり』四谷篇　昭和五十八年
「江戸自慢蒲焼茶漬番附」江戸後期　東京都立中央図書館蔵
『江戸の食生活』「天麩羅と鰻の話」三田村鳶魚　『江戸読本』昭和十四年八月号　『三田村鳶魚全集　第十巻　中央公論社　昭和五十年
『江戸の夕栄《ゆうばえ》』鹿島萬兵衛　紅葉堂書房　大正十一年　中公文庫　昭和五十二年
『江戸は過ぎる』河野桐谷編　万里閣書房　昭和四年
『江戸繁昌記』初篇　寺門静軒　天保三年　『新日本古典文学大系』100　岩波書店　昭和六十四年
「江戸前大蒲焼」鰻鱧堂　嘉永五年（一八五二）　東京都立中央図書館蔵

『江戸見草』小寺玉晁　天保十二年『鼠璞十種』第二　国書刊行会　昭和四十五年
『江戸名所図会』斎藤幸雄作・長谷川雪旦画　天保五〜七年（一八三四〜三六）『日本名所図会全集』名著普及会　昭和五十年
『江戸名物詩』方外道人　天保七年（一八三六）　東京都立中央図書館蔵
『絵本江戸大じまん』著者不詳　安永八年（一七七九）東京都立中央図書館蔵
『絵本江戸名所』十返舎一九　文化十年（一八一三）　国立国会図書館蔵
『絵本続江戸土産』鈴木春信画　明和五年（一七六八）　有光書房　昭和五十年
『鶯亭金升日記』花柳寿太郎・小島二朔編　演劇出版社　昭和三十六年　国立国会図書館蔵
「大阪朝日新聞」明治十七年九月六日（「聞蔵Ⅱビジュアル」朝日新聞社）
「大阪毎日新聞」大正十二年九月十七日
『御触書寛保集成』高柳眞三・石井良助編　岩波書店　昭和三十三年
『親子草』喜田順有　寛政九年（一七九七）『新燕石十種』第一巻　中央公論社　昭和五十五年
『女嫌変豆男』朋誠堂喜三二作・恋川春町画　安永六年（一七七七）国立国会図書館蔵
『開歌新聞都々一』明治七年頃『明治文化全集』「風俗篇」日本評論新社　昭和三十年
『街談文々集要』石塚豊介子　万延元年（一八六〇）『近世庶民生活史料』三一書房　平成五年
『書雑春錦手』雀声　天明八年（一七八八）　国立国会図書館蔵
『春日権現験記絵』高階高兼画　延慶二年（一三〇九）『日本絵巻全集』16　角川書店　昭和五十三年
『家中竹馬記』伊豆守利綱　永正八年（一五一一）『群書類従』23　続群書類従完成会　平成五年
『家庭経済料理』沢崎うめ子　婦人之友社　昭和九年
『家庭実用献立と料理法』西野みよし　東華堂　大正四年
『家庭日本料理』越智キヨ　六盟館　大正十一年
『家庭日本料理法』赤堀峯吉他　大倉書店　大正六年

『家庭料理講義録』東京大正割烹講習会　大正三年
『金草鞋』十五編　十返舎一九　文政五年（一八二二）　大空社　平成十一年
『彼女とゴミ箱』一瀬直行　交蘭社　昭和六年　国立国会図書館蔵
『簡易料理』民友社　明治二十八年
『寛至天見聞随筆』稲光舎　天保十三年　『随筆文学選集』第四　書斎社　昭和二十四年
『官府御沙汰略記』小野直方　延享二年～安永二年（一七四五～七三）　文献出版　平成四年～六年
『嬉遊笑覧』喜多村信節　文政十三年　岩波文庫『嬉遊笑覧』（五）平成二十一年
『牛鍋』森鷗外　明治四十三年一月　『名家傑作集』第十二集　春陽堂　大正六年　国立国会図書館蔵
『旧聞日本橋』長谷川時雨　岡倉書房　昭和十年　岩波文庫　昭和五十八年
『狂歌江戸名所図会』天明老人内匠編・広重画　安政三年（一八五六）『江戸狂歌本選集』第十三巻　東京堂出版　平成十六年
『狂歌四季人物』歌川広重　安政二年（一八五五）　国立国会図書館蔵
『仰臥漫録』正岡子規　岩波書店　大正七年　岩波文庫　昭和二年
『享保撰要類集』享保元年～宝暦三年（一七一六～五三）『旧幕府引継書影印叢刊』1　野上出版　昭和六十一年
『玉滴隠見』成立年不詳（天正元年～延宝八年〈一五七三～一六八〇〉の雑史）　国立国会図書館蔵
『金々先生造化夢』山東京伝作・北尾重政画　寛政六年（一七九四）　国立国会図書館蔵
『銀座解剖図』石角春之助　丸之内出版社　昭和九年　国立国会図書館蔵
『銀座十二章』池田弥三郎　朝日新聞社　昭和四十年　朝日文庫　平成十九年
『近世職人尽絵詞』鍬形蕙斎　文化二年（一八〇五）　国立国会図書館蔵
『近代日本食物史』昭和女子大学食物学研究室　近代文化研究所　昭和四十六年
『食いしん坊2』小島政二郎　文化出版局　昭和四十七年

『くるわの茶番』楚満人　文化十二年『洒落本大成』第二十五巻　中央公論社　昭和六十一年
『経済要録』佐藤信淵　安政六年（一八五九）岩波文庫　昭和三年
『軽便西洋料理法指南』松井鉉太郎　新古堂書店　明治二十一年　国立国会図書館蔵
『月刊食道楽』有楽社　明治三十八年五月号　明治三十八年七月号　明治三十八年十一月号　明治三十九年八月号　明治四十年一月号
『現代新語辞典』時代研究会編　耕文堂　大正八年　国立国会図書館蔵
『建内記』万里小路時房　『大日本古記録』（東京大学史料編纂所編纂）岩波書店　昭和四十九年
『紅茶の後』「銀座」永井荷風　明治四十四年七月　『荷風全集』第十三巻　岩波書店　昭和三十八年
『慊堂日暦』松崎慊堂　『平凡社東洋文庫』全六巻　昭和四十五〜五十五年
「公文通誌」明治六年一月十二日　『日本初期新聞全集』45　ぺりかん社　平成六年
『黒白精味集』江戸川散人・孤松庵養五郎　延享三年（一七四六）『千葉大学教育学部研究紀要』第36巻・第37巻
『古今料理集』寛文十年〜延宝二年（一六七〇〜七四）頃　『江戸時代料理本集成』第二巻　臨川書店　昭和五十三年
『古事記』和銅五年（七一二）『日本古典文学大系』1　岩波書店　昭和三十三年
『古事談』源顕兼　建暦二年〜建保三年（一二一二〜一五）頃　『新日本古典文学大系』39　岩波書店　平成十七年
『御当家令条』巻十八・巻二十九（『近世法制史料叢書』第二）石井良助編　弘文堂書房　昭和十四年
『後水尾院様行幸二条城御献立』小川勘右衛門　寛永三年　『日本料理大鑑』第二巻　昭和三十三年
『最暗黒の東京』松原岩五郎　民友社　明治二十六年　国立国会図書館蔵
『最新和洋料理』割烹研究会　積善館本店　大正二年
『歳盛記』玉家如山　明治元年　『江戸明治流行細見記』太平書屋　平成六年

『細撰記』 王家面四郎 嘉永六年 『江戸明治流行細見記』 太平書屋 平成六年

『The Secret Sauce : A history of Lea & Perrins』 by Brian Keogb LEAPER Books 1997

『三百藩家臣人名事典』 家臣人名事典編纂委員会編 新人物往来社 昭和六十三年

『四季毎日三食料理法』 安西古満子 博文館 明治四十二年 国立国会図書館蔵

『四時交加』 山東京伝作・北尾政演画 寛政十年（一七九八） 『江戸風俗図絵』 柏美術出版 平成五年

『四十八癖』 三編 式亭三馬 文化十四年（一八一七） 国立国会図書館蔵

『四条流庖丁書』 延徳元年（一四八九） 『群書類従』19 続群書類従完成会 昭和四十六年

『七福神大通伝』 伊庭可笑作・北尾政演画 天明二年（一七八二） 国立国会図書館蔵

『実業之日本』 実業之日本社 明治三十九年二月十五日 国立国会図書館蔵

『実用養鶏百科全書』 花島得二他 日本家禽学校出版部 大正十四年

『社交用語の字引』 鈴木一意 実業之日本社 大正十四年 国立国会図書館蔵

『沙石集』 無住和尚 弘安六年（一二八三） 『日本古典文学大系』85 岩波書店 昭和四十一年

『趣味研究大江戸』 大江戸研究会 大屋書房 大正二年 国立国会図書館蔵

『春色恋廼染分解』 四編 朧月亭有人 文久二年（一八六二） 『人情本刊行会叢書』10 大正五年

『商業取組評』 尾崎富五郎編輯兼出版 明治十二年 国立国会図書館蔵

『串戯《じょうだん》しつこなし』 後編 十返舎一九 文化三年（一八〇六） 『十返舎一九集』 国書刊行会 平成九年

『食行脚』 奥田優曇華 協文館 大正十四年 国立国会図書館蔵

『食肉衛生警察』 上巻 津野慶太朗 長隆社書店 明治三十九年 国立国会図書館蔵

『続日本紀』 延暦十六年（七九七） 『新日本古典文学大系』13 岩波書店 平成二年

『食の考古学』 佐原真 東京大学出版会 平成二十二年

『食味の真髄を探る』 波多野承五郎 万里閣書房 昭和四年 新人物往来社 昭和五十二年

『諸色調類集』 旧幕府引継書 国立国会図書館蔵

『諸事留』五　旧幕府引継書　国立国会図書館蔵
『新式いろは引節用辞典』大田才次郎編　博文館　明治三十八年
『新帝都看板考』楽只園主人　大正十二年　国立国会図書館蔵
「新版御府内流行名物案内双六」歌川芳艶画　嘉永年間（一八四八〜五四）　都立中央図書館蔵
『新聞集成大正編年史』明治大正昭和新聞研究会　昭和五十三年〜六十三年
『新聞集成明治編年史』明治編年史編纂会編　財政経済学会　昭和九年〜十一年
『新聞集録大正史』　大正出版　昭和五十三年
『振鷺亭噺日記』振鷺亭　寛政三年（一七九一）『噺本大系』第十二巻　東京堂出版　昭和五十四年
『西洋道中膝栗毛』六編　仮名垣魯文　明治四年　岩波文庫　昭和三十三年
『西洋料理指南』敬学堂主人　雁金屋　明治五年
『西洋料理法』大橋又太郎　博文館　明治二十九年
『尺素往来』伝一条兼良　室町中期　『群書類従』9　続群書類従完成会　平成四年
『全国方言辞典』東条操編　東京堂出版　昭和二十六年
『千里一刎勇天辺』十返舎一九　寛政八年（一七九六）　国立国会図書館蔵
『雑司ヶ谷紀行』十返舎一九　文政四年（一八二一）『古典文庫』第四四三冊　昭和五十七年
『雑談集』無住和尚　嘉元三年（一三〇五）　二書堂　明治十五年　国立国会図書館蔵
『増訂華英通語』福沢諭吉　万延元年（一八六〇）『福沢諭吉全集』第一巻　岩波書店　昭和三十三年
『増補改訂明治事物起原』石井研堂　春陽堂　昭和十九年
『俗事百工起原』宮川政運　慶応元年（一八六五）『未完随筆百種』第二巻　中央公論社　昭和五十一年
『蕎麦通』村瀬忠太郎　四六書院　昭和五年　東京書房社　昭和五十六年
『損者三友』石井八郎　寛政十年（一七九八）『洒落本大成』補巻　中央公論社　昭和六十三年
『大東京うまいもの食べある記』白木正光　丸の内出版　昭和八年　『コレクション・モダン都市文化』第十

三巻　ゆまに書房　平成十七年
『大東京繁昌記』「山手篇」東京日日新聞社編　春秋社　昭和三年　平凡社　平成十一年
『太平洋』博文館　明治三十六年十二月十日号　明治三十九年二月一日号　明治三十九年八月一日号　国立国会図書館蔵
『たねふくべ』三集・十二集　三友堂益亭評　弘化年間（一八四四〜四八）　太平書屋　平成三年
『旅硯』饗庭與三郎（篁村）　博文館　明治三十四年　国立国会図書館蔵
『旅恥辱書捨一通』十返舎一九　享和二年（一八〇二）　国立国会図書館蔵
『だまされぬ東京案内』池田政吉　誠文堂書店　大正十一年　国立国会図書館蔵
『茶漬原御膳合戦』萩庵荻声作・歌川豊広画　文化二年（一八〇五）　国立国会図書館蔵
『忠臣蔵即席料理』山東京伝作・北尾重政画　寛政六年（一七九四）　国立国会図書館蔵
『調味料・香辛料の辞典』小林彰夫編　朝倉書店　平成三年
「朝野新聞」明治十年十一月八日、明治二十四年十一月六日　『朝野新聞　縮刷版』ぺりかん社　昭和五十六年
『珍味随意素人料理』中村柳雨　矢島誠進堂書店　明治三十六年
『徒然草』兼好法師　元弘元年（一三三一）頃　『新日本古典文学大系』39　岩波書店　平成元年
『ティチング日本風俗図誌』文政五年（一八二二）『新異国証書』7　雄松堂書店　昭和四十五年
『帝都復興一覧』楽只園主人　大正十三年　国立国会図書館蔵
『手前味噌』中村仲蔵　安政二年〜明治十九年　青蛙房　昭和四十四年
『天下の記者』薄田貞敬　実業之日本社　明治三十九年　国立国会図書館蔵
『天麩羅通』野村雄次郎　四六書院　昭和五年　廣済堂文庫　平成二十三年
『天婦羅物語』露木米太郎　自治日報社　昭和四十六年
「東京朝日新聞」大正十二年九月十七日
『東京おぼえ帳』平山蘆江　住吉書店　昭和二十七年

『東京開化繁昌誌』萩原乙彦　島屋平七　明治七年　国立国会図書館蔵
『東京買物独案内』上原東一郎撰兼発行　明治二十三年　渡辺書店　昭和四十七年
「東京牛肉しやも流行見世」明治八年　『江戸明治庶民史料集成』「番付下」柏書房　昭和四十八年
『東京語辞典』小峰大羽編　新潮社　大正六年　国立国会図書館蔵
『東京商工博覧絵』深満池源次郎編集兼出版　明治十八年　湘南堂書店　昭和六十二年
『東京新繁昌記』服部誠一　山城屋政吉　明治七年　『明治文学全集』4　筑摩書房　昭和四十四年
『東京新繁昌記』金子春夢　東京新繁昌記発行所　明治三十年　国立国会図書館蔵
「東京名代食物番付」大正十二年　『江戸明治庶民史料集成』「番付下」柏書房　昭和四十八年
「東京日日新聞」大正十二年九月二日、九月十日、九月二十四日
『東京の表裏　八百八街』杉韻居士　鈴木書店　大正三年　『近代日本地誌叢書』42　龍溪書舎　平成四年
『東京の解剖』長谷川濤涯　研文堂　大正六年　『近代日本地誌叢書』39　龍溪書舎　平成四年
『東京の三十年』田山花袋　博文館　大正六年　岩波文庫　昭和五十六年
『東京の下町』吉村昭　文藝春秋　明治六十年　文春文庫　平成元年
『東京百事便』三三文房編　三三文房　明治二十三年　国立国会図書館蔵
『東京風俗志』平出鏗二郎　冨山房　明治三十四年　原書房　昭和四十三年
『東京府統計書』第三巻　東京府内務部庶務課　明治四十三年　国立国会図書館蔵
「東京名勝筋違目鏡之真景」広重画　明治期　国立国会図書館蔵
『東京名物志』松本順吉編　公益社　明治三十四年　国立国会図書館蔵
『東京名物食べある記』時事新報家庭部編　正和堂書房　昭和四年　国立国会図書館蔵
『東京流行細見記』清水市次郎編集兼出版　明治十八年　『江戸明治流行細見記』太平書屋　平成六年
『東都歳時記』斎藤幸雄作・長谷川雪旦画　天保九年　『日本名所図会全集』名著普及会　昭和五十年
『東都新繁昌記』山口義三　京華堂書店・文武堂書店　大正七年　『文学地誌「東京」叢書』7　大空社　平

成四年
『徳川禁令考』「前集第五」　石井良助編　創文社　昭和三十四年
『なぐさ見草』　松永貞徳　慶安五年（一六五二）『日本古典文学影印叢刊』28　貴重本刊行会　昭和五十九
年
『男重宝記』　艸田子三径　元禄六年　教養文庫　平成五年
『日用舶来語便覧』　棚橋一郎　光玉館　明治四十五年『近代用語の辞典集成』24　大空社　平成七年
『日葡辞書』　日本イエズス会宣教師編纂　慶長八年（一六〇三）　岩波書店　土井忠生他編訳　昭和五十五年
『日本教会史』上　ジョアン・ロドリーゲス　元和八年（一六二二）頃『大日本航海叢書』第9巻　岩波書
店　佐野泰彦他訳　昭和四十二年
『日本古代家畜史』　鋳方貞亮　有明書房　昭和五十七年
『日本西教史』　クラッセ　一六八九年　太陽堂　太政官翻訳係訳　明治十三年
『日本三大洋食考』　山本嘉次郎　昭文社出版部　昭和四十八年
『日本書紀』　養老四年（七二〇）『日本古典文学大系』68（昭和四十年）・69（昭和四十二年）　岩波書店
『日本食志』　小鹿島果纂著兼出版　明治十八年
『日本食肉史』　福原康雄　食肉文化社　昭和三十一年
『日本人の誕生』　佐原真『日本の歴史』1　小学館　昭和六十二年
『日本西洋支那家庭料理大全』　秋穂敬子　甲子書院　大正十三年
『日本養鶏史』　養鶏中央会編　帝国畜産会　昭和十九年　国立国会図書館蔵
『日本霊異記』　僧景戒　弘仁年間（八一〇～八二四）『日本古典文学大系』4　岩波書店　昭和三十二年
『値段の明治・大正・昭和風俗史』　週刊朝日編　朝日新聞社　昭和五十六年
『続続値段の明治・大正・昭和風俗史』　週刊朝日編　朝日新聞社　昭和五十七年
『年中行事絵巻』　住吉家模本（江戸前期）『日本の絵巻』8　中央公論社　昭和六十二年

『年中総菜の仕方』花の屋胡蝶　静観堂　明治二十六年
『農家宝典』指宿武吉　大日本農桑義会　明治三十三年
『農業全書』宮崎安貞　元禄十年（一六九七）　岩波文庫　昭和十一年
『農林省累年統計表』農林大臣官房統計課　昭和七年
『残されたる江戸』柴田流星　洛陽堂　明治四十四年　中公文庫　平成二年
『飲み・食い・書く』獅子文六　角川書店　昭和三十六年　角川選書21『好食つれづれ草』昭和四十四年
『誹風柳多留全集』岡田甫校訂　三省堂　昭和五十一〜五十二年
『幕末明治女百話』篠田鉱造　四条書房　昭和四年　岩波文庫　平成九年
『舶来穀菜要覧』竹中卓郎編　明治十九年　国立国会図書館蔵
『早道節用守』山東京伝　寛政元年　国立国会図書館蔵
『播磨国風土記』和銅八年（七一五）頃『日本古典文学大系』2　岩波書店　昭和三十三年
「万国新聞紙」慶応三年三月下旬号　慶応三年六月中旬号　慶応三年十二月下旬号『日本初期新聞全集』ぺりかん社　昭和六十三年
「半自叙伝」菊池寛『文藝春秋』昭和三年八月号『菊池寛全集』第二十三巻　文藝春秋　平成七年
『彦根市史』中冊　中村直勝編　彦根市役所　昭和三十七年
『美味廻国』本山荻舟　四条書房　昭和六年
『美味求真』木下謙次郎　啓成社　大正十四年　五月書房　昭和五十一年
『続々美味求真』木下謙二郎　中央公論社　昭和十五年　五月書房　昭和五十一年
『百人百色』骨皮道人　共隆社　明治二十年　国立国会図書館蔵
『風俗』風俗社　大正六年六月一日号　国立国会図書館蔵
『風俗画報』東陽堂　第二六号（明治二十四年三月十日）　第百二号（明治二十八年十一月十日）　第百五十号（明治三十年十月）　第百五十九号（明治三十一年二月二十五日）　第二百六十一号（明治三十五年十二

月十日）第三百三十九号（明治三十九年四月二十五日）
『風俗粋好伝』鼻山人作・渓斎英泉画　文政八年（一八二五）　国立国会図書館蔵
『深川のうなぎ』宮川曼魚　住吉書店　昭和二十八年
『福翁自伝』福沢諭吉　時事新報社　明治三十二年　岩波文庫　昭和五十三年
『武江年表』後篇「附録」斎藤月岑　明治十一年　平凡社東洋文庫　『増訂武江年表』2　昭和四十三年
『フロイス・日本史』「五畿内篇」ルイス・フロイス　十六世紀後半　中央公論社　松田毅一・川崎桃太訳
昭和五十三年
『文藝春秋』昭和十五年九月号　高田保「鰻どん「どん」」
『文明本節用集』室町中期　『文明本節用集研究並びに索引』影印篇　勉誠社　昭和五十四年
『本草綱目啓蒙』小野蘭山　享和三年（一八〇三）～文化三年（一八〇六）　早稲田大学出版部　昭和六十一
年
『本朝食鑑』人見必大　元禄十年　『食物本草本大成』第九巻・第十巻　臨川書店　昭和五十五年
『真佐喜のかつら』青葱堂冬圃　成立年不詳　『未完随筆百種』第八巻　中央公論社　昭和五十二年
『丸善百年史』上巻　丸善　昭和五十五年
『漫談明治初年』同好史談会編　春陽堂　昭和二年　批評社　平成十三年
『萬宝料理献立集』天明五年（一七八五）　『江戸時代料理本集成』第五巻　臨川書店　昭和五十五年
『萬宝料理秘密箱』「前篇」天明五年（一七八五）　『江戸時代料理本集成』第五巻　臨川書店　昭和五十五年
『万葉集』巻第二　八世紀後半　『日本古典文学大系』70　岩波書店　昭和四十二年
『味覚極楽』東京日日新聞社会部編　昭和二年
『三升屋二三治劇場書留』三升屋二三治　天保年間（一八三〇～四四）末頃　『燕石十種』第一　国書刊行会
明治四十年
『娘消息』初編　三文舎自楽　天保五年　国立国会図書館蔵

『名語記』沙門経尊　建治元年（一二七五）　勉誠社　昭和五十八年
『未来之夢』坪内逍遥　晩青堂　明治十九年　『逍遥選集』別冊第一　春陽堂　昭和二年
『明治事物起原』石井研堂　橋南堂　明治四十一年　国立国会図書館蔵
『増補改訂明治事物起原』石井研堂　春陽堂　昭和十九年
『明治十年東京府統計表』東京府　明治十一年　国立国会図書館蔵
『明治節用大全』博文館編纂局編　明治二十七年　国立国会図書館蔵
『明治のおもかげ』鶯亭金升　山王書房　昭和二十八年　芸友センター　昭和四十九年
『明治の東京生活』小林重喜　角川選書　平成三年
『名飯部類』杉野権兵衛　享和二年（一八〇二）　『江戸時代料理本集成』第七巻　臨川書店　昭和五十五年
『飯百珍料理』赤堀峯吉　朝倉屋書店　大正二年
『麺業五十年史』組合創立五十年誌編纂委員会編　東京都麺類協同組合　昭和三十四年
『模範新語通語大辞典』上田景二編　大正八年　『近代用語の辞典集成』4　大空社　平成六年
『守貞謾稿』（『近世風俗志』）喜多川守貞　嘉永六年（一八五三、慶応三年〈一八六七〉まで追記あり）　国立国会図書館蔵
『柳樽二篇』万亭応賀　天保十四年　冨山房　昭和四年
「郵便報知新聞」明治九年七月十二日、明治十九年二月十二日、明治二十四年十月三日　『復刻版郵便報知新聞』柏書房　昭和六十四年
『洋食考』山本嘉次郎　すまいの研究社　昭和四十五年
『洋食料理法独案内』近藤堅三編　浜本伊三郎　明治十九年　国立国会図書館蔵
『能時花舛』岸田杜芳　天明三年（一七八三）　東京都立中央図書館蔵
『横浜市史稿』「産業編」「風俗編」　横浜市役所　昭和七年　国立国会図書館蔵
『世の中探訪』川村古洗　大文館　大正六年　国立国会図書館蔵

「読売新聞」大正十二年十二月十日
『劉生絵日記』第一巻　岸田劉生　龍星閣　昭和二十七年
『料理辞典』斎藤覚次郎　郁文舎　明治四十年
『料理集』橘川房常　享保十三年（一七二八）『千葉大学教育学部研究紀要』第30巻　昭和五十六年
『料理物語』寛永二十年（一六四三）『江戸時代料理本集成』第一巻　臨川書店　昭和五十三年
『律』黒板勝美・国史大系編修会編　『国史大系』吉川弘文館　昭和四十九年
『類集撰要』旧幕府引継書　国立国会図書館蔵
『魯文珍報』第七号　開珍社　明治十一年二月十八日　国立国会図書館蔵
『我衣』巻十九　加藤曳尾庵　文政八年（一八二五）『日本庶民生活史料集成』第十五巻　三一書房　昭和四十六年
『和漢三才図会』寺島良安　正徳二年（一七一二）東京美術　昭和四十五年
『私の食物誌』池田弥三郎　河出書房新社　昭和四十年
『和洋総菜料理』桜井ちか子　実業之日本社　大正元年

本書は「ちくま学芸文庫」のために新たに書き下ろしたものである。

ちくま学芸文庫

天丼《てんどん》　かつ丼《どん》　牛丼《ぎゅうどん》　うな丼《どん》　親子丼《おやこどん》

日本《にほん》五大《ごだい》どんぶりの誕生《たんじょう》

二〇一九年九月十日　第一刷発行
二〇二〇年二月五日　第四刷発行

著　者　飯野亮一（いいの・りょういち）

発行者　喜入冬子
発行所　株式会社　筑摩書房
東京都台東区蔵前二―五―三　〒一一一―八七五五
電話番号　〇三―五六八七―二六〇一（代表）

装幀者　安野光雅
印刷所　三松堂印刷株式会社
製本所　三松堂印刷株式会社

ISBN978-4-480-09951-8 C0177